Wandern mit Hund
Schwarzwald

42 Touren zwischen Kraichgau und Hochrhein

Martin Kuhnle

ROTHER
BERGVERLAG

verunreinigtes Wasser, Mountainbiker, die wie aus dem Nichts auftauchen, Wildtiere wie Rehe oder auch Wildschweine. Bitte handeln Sie stets bedacht und vorausschauend und lassen den Hund nicht unbeaufsichtigt!

Bitte überschätzen Sie auch nicht die Kondition und die Konstitution Ihres Hundes. Zum Wandern sollte er ausgewachsen sein und keine gesundheitlichen Einschränkungen aufweisen, wie beispielsweise Herz- oder Atemprobleme. Steiles Bergabgehen oder zu lange Belastung kann sich negativ auf noch nicht ausgereifte Gelenke auswirken. Im Zweifelsfall bitte vorher mit dem Tierarzt besprechen! Auch große Hitze kann einem Hund zusetzen – immer genügend Trinkwasser mitführen und schattige Pausen einlegen – nicht vergessen, auch für den Hund sollte man einen zusätzlichen Imbiss einplanen. Bei Regen können manche Wege sehr rutschig werden – auch hier gilt besondere Vorsicht. Sie tragen die Verantwortung nicht nur für sich selbst, sondern auch für Ihren vierbeinigen Begleiter, denn nicht nur die Beschaffenheit eines Weges, sondern auch die Reaktion Ihres Hundes sollten Sie einzuschätzen wissen!

Anforderungen und Schwierigkeiten

Die meisten Touren dieses Hunde-Wanderbuchs sind als leicht oder mittelschwer einzustufen. Sie verlaufen meist auf gut beschilderten, deutlichen Wegen und Pfaden. Leichte Wanderungen haben eine Länge von unter 10 Kilometern und nur geringe Steigungen. Die Wege sind ausreichend breit und können auch bei Schlechtwetter relativ gefahrlos begangen werden. Mittelschwere Touren hingegen können weit mehr als 10 Kilometer sowie lange und kräftezehrende Anstiege umfassen. Schwere Touren weisen entweder große Höhendifferenz auf, sind auf schmalen Pfaden angelegt oder haben eine Länge von mehr als 20 Kilometern. Deshalb sollte man

Hey, das sind aber große Vierbeiner! Kühe gibt es immer wieder am Wegesrand. Aber Achtung, Viehweiden sind häufig mit einem spannungsführenden Elektrozaun eingesäumt! Und eine Hundeschnauze ist empfindlich.

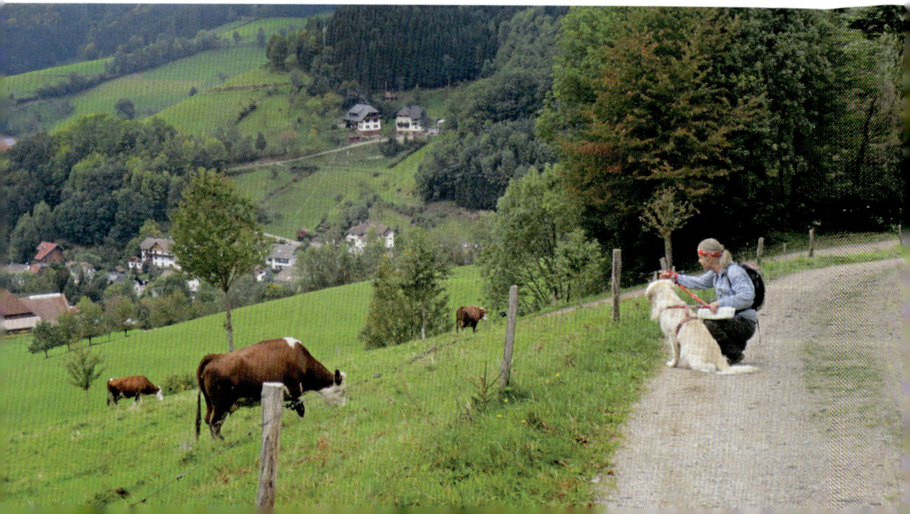

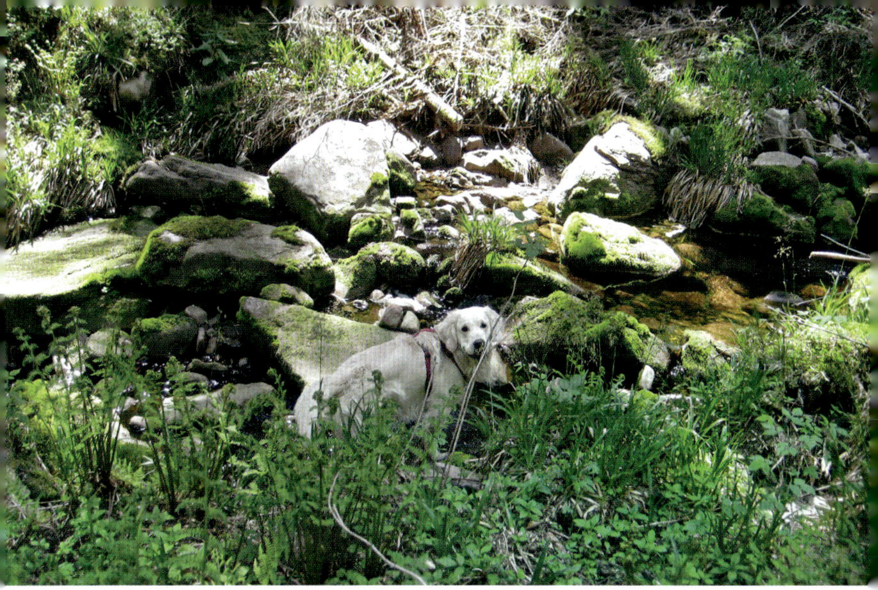

Bäche, Brunnen Wasserläufe, Wildbäche … einfach Wasser. Das ist bei einer langen Wanderung für den Hund das eigentlich Wichtige.

bei diesen Wanderungen seine Kräfte bewusst einteilen. Da diese Wanderungen auch häufig über schmale, abschüssige Pfade führen, die man bei Nässe eher vorsichtig begehen sollte, ist Trittsicherheit, Schwindelfreiheit und Orientierungsvermögen auch bei Schönwetter von Vorteil. Auf alle Fälle ist bei schlechter Witterung (Nebel, Regen, Schnee) dringend von diesen Touren abzuraten, da sich ihr Schwierigkeitsgrad dann drastisch erhöhen kann.

Wir haben die Touren für Mensch und Hund in verschiedene Schwierigkeitsstufen unterteilt und auch mit zwei unterschiedlichen Symbolen gekennzeichnet. Der Fußabdruck bezieht sich auf den Zwei-, und die Pfote auf den Vierbeiner. Die Schwierigkeiten sind, wie auch vom alpinen Skifahren bekannt, in blau, rot und schwarz gehalten.

So sind Sie in der Lage, die jeweilige Tour richtig einzuschätzen, damit sich keiner über- oder unterfordert fühlt. Grundsätzlich sollte der Spaß und die Erholung an erster Stelle stehen! Bitte berücksichtigen Sie das bei der Auswahl Ihrer Tour.

Mensch

▸ Leicht (blauer Fußabdruck)

Diese sind einfache Wanderungen und auch für Ungeübte bedenkenlos zu bewältigen. Sie verlaufen auf Forstwegen oder anderen gut befestigten Wegen. Zwar können durchaus mal kurze Passagen steil ansteigen, aber trotzdem weisen diese Touren keine problematischen Stellen auf. Verwenden Sie dennoch auch bei einfachen Touren feste Schuhe mit griffigen Profilsohlen.

▸ Mittel (roter Fußabdruck)

Mittelschwere Wandertouren bewegen sich durchaus auf schmalen Wegen und sind häufig länger steil. Auch können die Wanderpfade mit Steinen und Wurzeln durchsetzt sein, was natürlich bei Nässe eine erhöhte Rutschgefahr darstellt.

▸ **Schwierig (schwarzer Fußabdruck)**
Schwierige Wege können über längere Wegabschnitte schmal sein und durchaus in steiniges Gelände führen. Schwindelfreiheit, Trittsicherheit und eine gute Kondition sind hier von großem Vorteil, weshalb diese Touren nur von erfahrenen Wanderern begangen werden sollten. Diese Wanderungen dauern meist auch länger, sie weisen mehr Kilometer auf, und meist gilt es auch, mehr Höhenmeter zu bewältigen.

Hund

Für Hunde gelten teilweise andere Schwierigkeitseinteilungen als für Menschen, auch sind die Schwierigkeiten aus Sicht des Menschen wesentlich schwerer zu beurteilen. Es kann durchaus sein, dass ein Vierbeiner Angst vor einer Metallgitterbrücke oder einer durchsichtigen Treppe hat, ein anderer aber diese Hürde problemlos meistert. Für Hunde gibt es keine allgemeingültigen Kategorien, deshalb haben wir für dieses Wanderbuch folgende speziellen Einteilungen vorgenommen, die jeder Hundebesitzer aber mit dem Können seines treuen Freundes abgleichen muss:

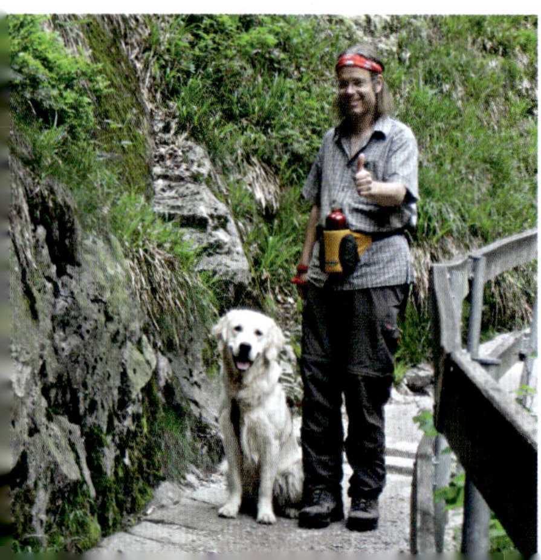

▸ **Leicht (blaue Hundepfote)**
Die leichten Hundewanderungen sind an keiner Stelle schwierig, sie sind im Regelfall relativ kurz und deshalb für junge sowie auch ältere Hunde geeignet. An- und Abstiege sind dabei eher gering, und viele der Touren fast flach. Aber Vorsicht, die Waldpassagen können nach einem kräftigen Regenguss durchaus matschig und rutschig sein!

▸ **Mittel (rote Hundepfote)**
Diese Wanderungen führen teilweise auf schmale und steile Wege. Sie sind aber für wandererfahrene Hunde gut zu meistern. Hölzerne Brücken und Treppen können vorkommen, sollten also für den Hund kein Problem sein. Auch weisen diese Hundewanderungen im Vergleich zu den leichten Touren meist mehr Höhenmeter auf und sind in der Regel etwas länger.

▸ **Schwierig (schwarze Hundepfote)**
Diese Hundewanderungen sind teilweise recht lang und weisen durchaus auch eine enorme Höhendifferenz auf. Für den Vierbeiner ist Trittsicherheit Voraussetzung. Teils führt die Route über felsige Wegabschnitte, über möglicherweise lückenhafte Holzbohlenwege und gelegentlich über schmale und steile Steige. Dies erfordert eine erhöhte Konzentration und Ausdauer. Einem wandererfahrenen Hund sollten diese Touren aber keine Probleme bereiten. Der Hund muss ausgewachsen und in einer gesundheitlichen Topform sein. Diese Touren keinesfalls mit einem Seniorhund erwandern! Für kleinere Rassen sind diese Touren nur bedingt zu empfehlen.

Bringen Sie Ihrem Hund schon frühzeitig die wichtigsten Kommandos »Komm!«, »Sitz!« und »Platz!« bei.

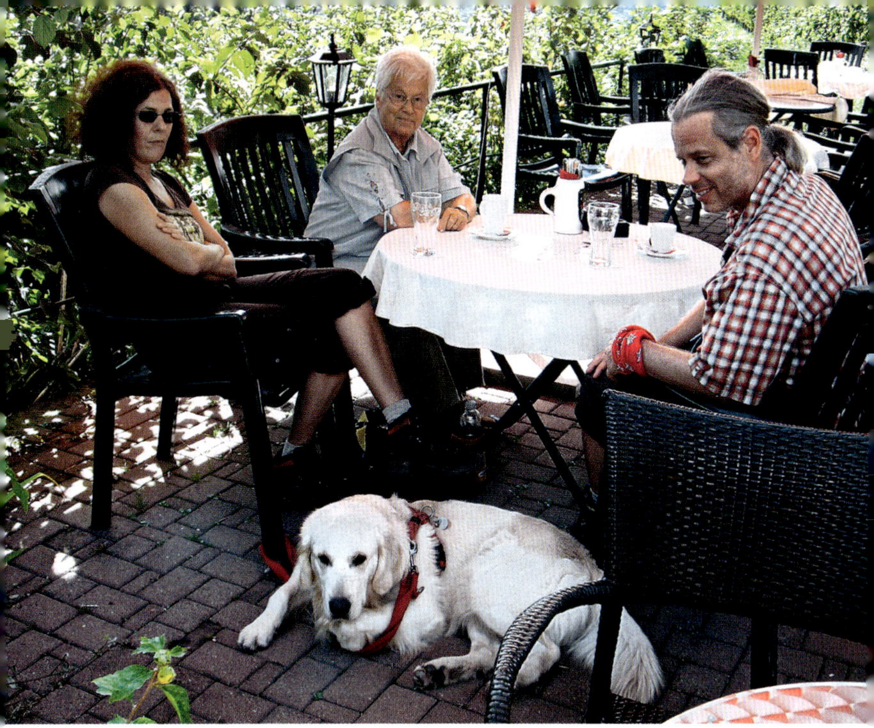

Einkehr und eine herrliche Wanderung gehören einfach zusammen. Beachten Sie beim Gastronomiebesuch aber, dass nicht jeder Mensch Hunde mag, und wählen deshalb Ihren Platz so, dass sich niemand belästigt fühlt.

Gehzeiten

Die angegebenen Zeiten sind als Richtwert zu verstehen, denn jeder Mensch hat ein anderes Schritttempo. Da die Gehzeiten nie objektiv für alle angegeben werden können, basieren sie auf einem Durchschnittswert von vier Kilometern pro Stunde horizontal. Bei Höhendifferenzen gilt die Faustregel etwa 300 Höhenmeter pro Stunde im Anstieg und ca. 500 Höhenmeter im Abstieg. Diese Angaben können allerdings je nach Topografie sowie Kondition jedes Einzelnen enorm schwanken. Auch Hunde laufen unterschiedlich schnell – Hunde lassen sich auch gerne mal ablenken und »beschnuppern« ihre Umgebung – dies kann unter Umständen länger dauern. Pausen sind in den Angaben nicht mit einkalkuliert. Außerdem gilt zu beachten, dass ein frei laufender Hund ein Mehrfaches der Wegstrecke absolviert, die ein Mensch auf dem direkten Weg zurücklegt.

Übernachtung und Einkehr

Bei den genannten Gasthöfen und Hotels sind Hunde erlaubt (Änderungen vorbehalten). Bitte aber eine Decke oder gar einen Lagerplatz zum Schlafen für den Hund mitnehmen. Dass der Hund von grobem Schmutz befreit und stubenrein ist, versteht sich von selbst. Bitte in den Gasträumen den Hund stets anleinen und darauf bedacht sein, dass sich andere Gäste nicht gestört fühlen.

Mit dem Hund unterwegs

Erziehung des Hundes

Jedem, der einen Hund besitzt, sollte klar sein, dass eine gewisse Erziehung Grundvoraussetzung für ein gutes Zusammenspiel zwischen Mensch und Tier ist. Auf grundlegende Erziehungstipps möchten wir hier aber verzichten, dafür gibt es genügend spezifische Literatur.

Muss der Hund an die Leine, braucht er einen Maulkorb oder nicht? Dies sind ja schon im Alltag keine einfachen Fragen! Generell sollte der Hund beim Wandern immer an die Leine, zumindest dann, wenn er (noch) nicht gut erzogen ist oder wildert. Sie müssen als Halter selbst einschätzen, inwieweit Sie Ihr Tier frei laufen lassen. Wichtig hierbei ist allerdings, dass Sie Ihren Hund in kritischen Situationen verbal abrufen können. Er sollte keine Leute belästigen und nicht an Joggern oder Radfahren hochspringen. In Baden-Württemberg besteht übrigens keine grundsätzliche Leinenpflicht. In Naturschutzgebieten sowie an Weideflächen von Kühen, Geißen, Schafen ist allerdings das Freilaufen der Hunde untersagt. Oftmals ist dort aber noch ein zusätzliches Hinweisschild angebracht. Bitte achten Sie darauf, dass Sie und Ihr Tier sich stets im Einklang mit der Natur verhalten, so steht einer entspannten Wanderung mit vielen tollen Eindrücken für alle Parteien nichts mehr im Wege.

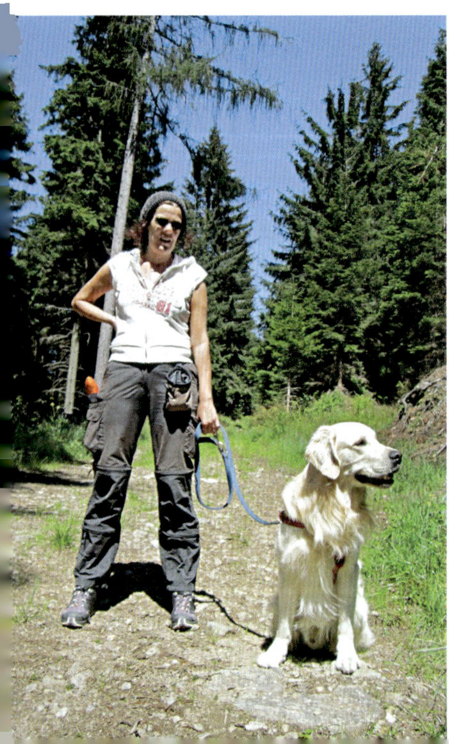

Zum Thema Leinenpflicht

Es gilt eine generelle Leinenpflicht in Naturschutzgebieten und im Bereich des Nationalparks. In Waldgebieten muss sich der Hund stets im Einflussbereich seines Halters befinden. Sobald ein Wildtier auftaucht oder andere Personen in seine Nähe kommen, muss der Halter sofort auf seinen Hund einwirken können. Ob in der Flur Leinenzwang herrscht, regeln aber die einzelnen Gemeinden für ihre jeweilige Gemarkungen. Grundsätzlich gilt: Innerorts, d.h. in bebauten Gebieten sowie auf öffentlichen Plätzen und Straßen gilt grundsätzlich immer Anleinpflicht.

Um die Gültigkeit der Tollwutimpfung nachzuweisen, ist es auch

Eine Leine mitzunehmen ist sehr wichtig und das Kommando »Sitz!« sollte Ihr Hund beherrschen! Ängstliche Mitmenschen danken es Ihnen, wenn Ihr Hund beim Entgegenkommen sich kurz absetzt – jedenfalls ersparen Sie sich so unnötige, nervige Diskussionen.

Ausrüstung für den Hund

Mit der richtigen Ausrüstung kann nichts schieflaufen ...
Diese Gegenstände sollten beim Hundewandern nicht fehlen:

- Ein einwandfrei sitzendes Brustgeschirr. Es sollte nicht zu groß und nicht zu eng sein, damit man im Notfall den Hund sicher im Griff hat. Halsbänder sind nur bedingt geeignet, denn der Hund könnte im Geäst hängen bleiben und sich schlimmstenfalls strangulieren.
- Bitte prüfen, ob auch die Tasso-Marke am Hundegeschirr angebracht ist! Das ist wichtig, sollte der Hund verlorengehen; Telefonnummer und Tasso-Nummer griffbereit hinterlegen.
- Erste-Hilfe-Set sowie Pfotenschutz (Lederstrumpf), sollte sich der Hund verletzen (auf gute Passform achten).
- Eine zwei bis drei Meter lange Leine, bzw. Flexileine, evtl. auch Ersatzleine mitnehmen.
- Falls eine Übernachtung geplant ist, an eine Decke denken.
- Handtuch zum Säubern und Abtrocknen des Hundes nicht vergessen. (Auch, bzw. gerade, wenn man in ein Gasthaus geht!)
- Wasser und Futternapf – bitte Tourenbeschreibung beachten ob Wasser-/Trinkmöglichkeit gegeben sind.
- Maulkorb für größere Hunde, z. B. wenn Sie öffentliche Verkehrsmitteln nutzen. Für Hunde gilt übrigens der gleiche Fahrpreis wie für Kinder zwischen 6 und 15 Jahren. Gewöhnen Sie Ihren Hund frühzeitig an Bahn- und Busfahrten.
- Ganz wichtig: Kottüten nicht vergessen! (Für alle Fälle, wenn es mal im Wohngebiet oder an einem Seeufer passiert.)
- Genügend Wasservorrat und ausreichend Futter mitnehmen.
- Keinesfalls dürfen Belohnungs-Leckerchen fehlen!
- Hundeausweis und Hundemarke nicht vergessen.
- Oft ist eine Zeckenzange hilfreich.

beim Wandern ratsam, den blauen EU-Heimtierausweis mitzuführen. Außerdem sollte das Tier gechipt oder tätowiert sein.

Ernährung

Ein sehr wichtiges Thema, bei dem sich die Geister scheiden. Manche Hundehalter verfüttern am liebsten rohes Fleisch, andere wiederum schwören auf Trocken- oder Nassfutter. Was für Ihren Hund das Richtige ist, wissen Sie selbst am besten, jedenfalls aber sollte das Futter gut verträglich sein. Aber auch zu dieser Thematik gibt es ausreichend Schrifttum im Fachhandel.

Ein schwäbisches Sprichwort sagt: »Wer arbeitet bekommt Hunger!« Dies gilt übertragen natürlich auch für Hunde, die eine längere Wanderung absolvieren. Berechnen Sie deshalb die Futtermenge großzügig, sodass sich das geliebte Tier spätestens nach der Tour satt essen kann, denn wie auch der Mensch bei sportlichen Höchstleistungen mehr Energie verbraucht, so tut das auch der Hund. Planen Sie also, wie gesagt, etwas mehr an Futter ein, besonders dann, wenn die ausgewählte Tour die sonst übliche Länge der alltäglichen Gassigehrunde weit übersteigt!

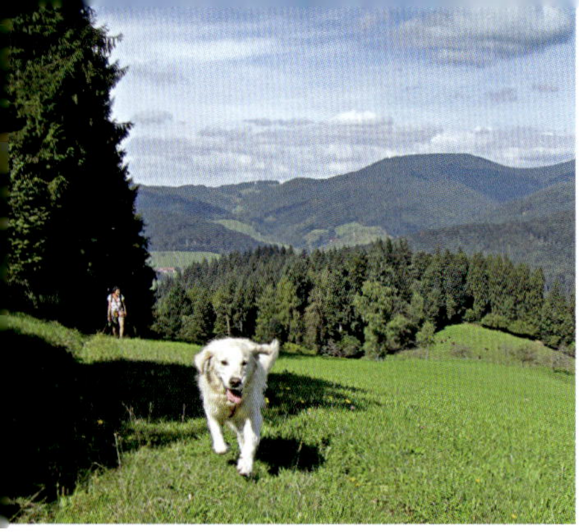

Hunde lieben Wiesen. Ohne größere Gefahren können sie dort nach Herzenslust toben, springen und rennen.

Extremsituationen und Notfälle

Wie bei allen Unernehmungen im Freien lassen sich auch bei Wanderungen extreme Situationen nicht völlig vermeiden. Vorausschauend kann man allerdings vielen Gefahren vorbeugen und diese in den Griff bekommen.
Sollte dem Vierbeiner auf einer Wanderung etwas zustoßen, haben wir zu jeder Tour den nächstliegenden Tierarzt aufgeführt.
Bei heißer, wolkenloser Witterung droht Hunden ein Hitzschlag. Um dem vorzubeugen, sollte man den Wetterbericht vor der Tour penibel beachten und bei Temperaturen über 35 °C am besten gar nicht zum Wandern gehen! Grundsätzlich ist es wichtig, ausreichend Wasser dabeizuhaben.
Verletzungen an Stacheldraht oder ein Stromschlag am Weidezaun lassen sich durch vorrausschauendes Wandern einschränken. Falls doch eine Notsituation eintritt, bewahren Sie auf jeden Fall Ruhe und werden nicht hektisch. Vorsicht, ein verletztes Tier kann im Schockzustand unberechenbar sein und aggressiver reagieren als gewohnt! Leinen Sie im Ernstfall den verletzten Hund an und benutzen, falls erforderlich, sogar einen Maulkorb.

Erste-Hilfe-Maßnahmen

Eine blutende Wunde muss verbunden werden. Dies geschieht notfalls mit einem Druckverband oder bei einer starken, pulsierenden Blutung sogar durch Abbinden! Suchen Sie in diesem Fall unbedingt sofort den nächsten Tierarzt auf!
Befindet sich Ihr Hund in einem Schockzustand, hat er eine wesentlich schnellere Atmung als üblich, einen überdurchschnittlich hohen Puls sowie eine ungewöhnlich niedrige Körpertemperatur. Seine Gliedmaßen sind kalt, und er wirkt geistesabwesend. Legen Sie ihn möglichst in den Schatten und bringen ihn in eine stabile Seitenlage. Strecken Sie dazu seinen Kopf. Legen Sie seine Hinterbeine und das Becken möglichst höher und decken den Hund vorsichtig zu.
Zur Pulsprüfung zählen Sie 15 Sekunden lang den Herzschlag und multiplizieren den Wert mit vier. Der normale Puls liegt zwischen 80 und 120 Schlägen pro Minute.
Wenn Sie die Atmung des Hundes prüfen wollen, beobachten Sie das Heben und Senken seines Brustkorbs.
Für die Prüfung des Kreislaufs heben Sie eine Lefze an und drücken mit dem Zeigefinger auf sein Zahnfleisch. Wenige Augenblicke nach dem Loslassen sollte die hellgefärbte Stelle wieder rosarot sein.
Liegt der Verdacht auf einen Hitzschlag vor, legen Sie den Hund in den Schatten und versuchen mit Wasser seine Körpertemperatur langsam wieder abzusenken. Geben Sie ihm dabei reichlich zu trinken.

Erste-Hilfe-Set

- Selbstklebende, elastische Fixierbinden
- Mullbinden für einen Druckverband
- Gewebeverstärktes Klebeband
- Schweizer Messer (Messer, Schere, Pinzette)
- Melkfett gegen wunde Pfoten
- Notfalltropfen oder Globuli (Bachblüten)
- Bepanthen Augengel bei Augenverletzungen

Wie verhalte ich mich bei einem Notfall?

Europaweit gilt die telefonische Notrufnummer 112, auch vom Handy aus. Für die Polizei wählt man die Notrufnummer 110. Ein Notruf wird dann automatisch zur nächst gelegenen Dienststelle weitergeleitet.

Das alpine Notsignal ist: 6 akustische oder optische Signale (rufen, pfeifen, leuchten …) pro Minute abgeben, dann 1 Minute Pause und gegebenenfalls, wenn notwendig wiederholen.

Die Antwort darauf: 3 Signale pro Minute, die nach einer einminütigen Pause wiederholt werden.

Die Bergwacht Schwarzwald e.V. gilt als moderne Rettungsdienstorganisation. Mit einem Netz von mehr als 60 Bergrettungswachen und Diensthütten helfen sie bei zahlreichen Rettungseinsätzen im Schwarzwald. Die Notrufnummer der Bergwacht ist ebenfalls: 112

Für Notfälle mit dem lieben Vieh, hier die Tasso-24-Stunden-Notruf-Hotline: +49 6190 937300. Über sie lässt sich ein verlorenes Tier oft wieder finden.

Ein Hundeschuh schützt verletzte Hundepfoten, dient aber auch vorbeugend dem Schutz empfindlicher Ballen bei scharfkantigem Untergrund.

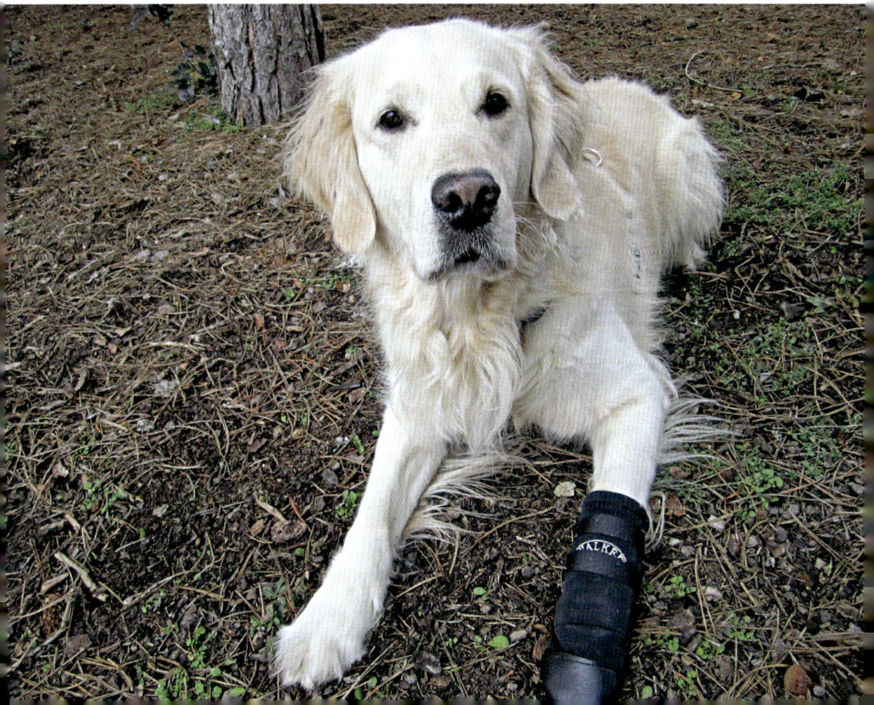

Grundsätzliches zum Hundewandern

- Die Leinenpflicht des Hundes, beispielsweise in Naturschutzgebieten ist grundsätzlich zu beachten.
- In allen Waldgebieten muss sich der Hund im Einflussbereich seines Halters befinden. Sobald ein Wildtier auftaucht oder andere Personen in seine Nähe kommen, muss der Halter sofort auf seinen Hund einwirken können.
- Innerhalb geschlossener Ortschaften und auf öffentlichen Plätzen gilt generell Anleinpflicht. Ob in der Flur Leinenzwang herrscht, regeln für ihre jeweilige Gemarkung wiederum die einzelnen Ortsgemeinden selbstständig.
- Spannungsführende Weidezäune können einer feuchten Hundenase empfindlich wehtun.
- Nehmen Sie grundsätzlich Kotbeutel für den Vierbeiner mit, da die Futterwiese eines Landwirts nicht auf diese Weise gedüngt werden sollte.
- Für Notfälle, hier die Tasso 24-Stunden-Notruf-Hotline: +49 6190 937300.
- Der Tasso e.V. bietet jedem Hundebesitzer die Möglichkeit, seinen Vierbeiner registrieren zu lassen, das heißt er bekommt eine Registriernummer, die, falls der Hund verlorengeht, wichtig bei der Findung ist. Wichtig dabei ist, dass Sie die Tasso-Nummer Ihres Hundes auch wissen!

Auch Hunde haben es nach einer anstrengenden Wanderung gerne mal gemütlich. Dann kuscheln sie ins Hundebett oder auf das Sofa.

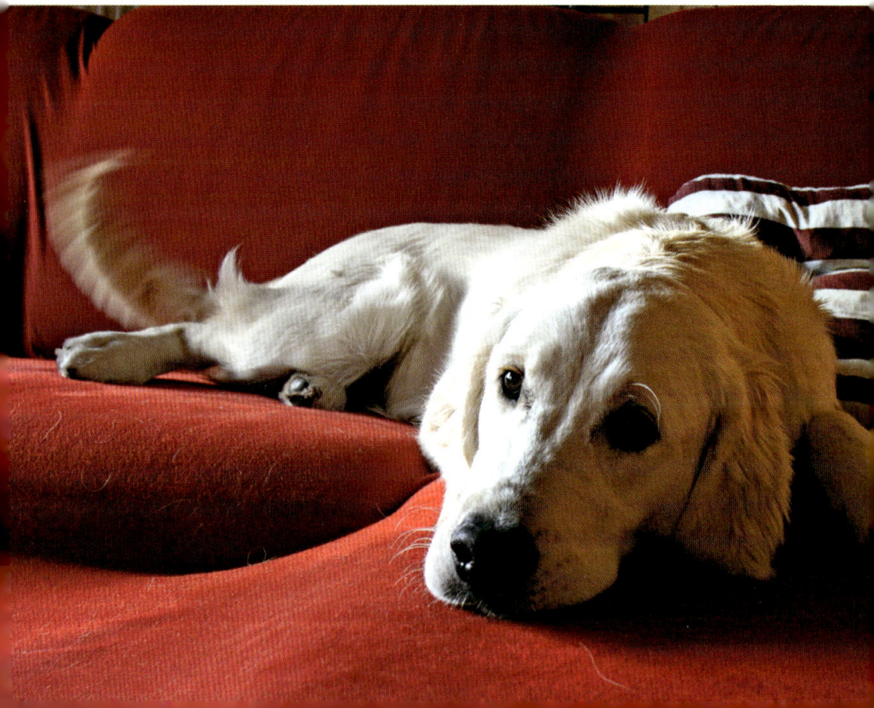

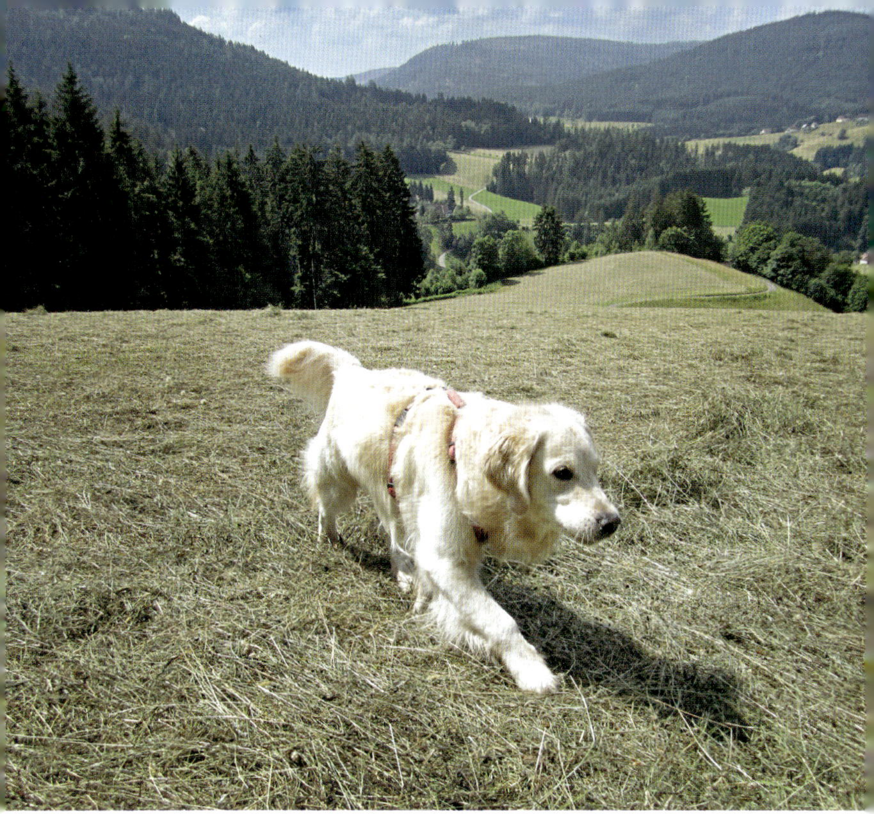

Gemähte Wiesen sind herrliche Spielplätze – aber Verunreinigungen sind tabu!

Noch ein paar wichtige Tipps zum Hundewandern im Schwarzwald

Der Winter vergeht, das Frühjahr kommt, draußen wird es zunehmend milder und die Lust steigt vehement wieder, Outdoor mehr zu unternehmen. Die ersten Blumen und Bäume blühen, die Sonnenstrahlen erwärmen nicht nur Herz und Seele, jetzt ist die Zeit wieder reif um die im letzten Jahr eingewinterten Wanderstiefel wieder hervorzuholen, den Tourenrucksack zu pa cken und einfach wieder in die Natur zu gehen. Eine Wandertour bereitet aber nicht nur den Menschen Freude, sondern auch den Hunden. Passen Sie aber die geplante Tour stets der Größe, dem Alter sowie der Gesundheit Ihres treuen Freundes an. Außerdem sollte der Hund für eine ausgedehnte Tour mindestens ein Jahr alt sein (besser noch etwas älter). Jedenfalls muss sein Knochenaufbau abgeschlossen sein, was wiederum bei großen Rassen etwas länger dauert als bei kleinen.

Grundsätzlich sollten auch Wanderpausen zur Regenerierung dem Alter und Hundetyp angepasst werden. Bei starker Hitze oder hoher Luftfeuchtigkeit mit dem Hund wandern zu gehen ist für Tier und Mensch keine schöne Sache, wobei es in den Hochlagen des Schwarzwalds natürlich in den Sommermonaten etwas kühler ist als drunten im Rheintal, im Hegau oder am Bodensee. Die allmorgendliche Frische und kühlere Tage eignen sich zum Hundewandern am allerbesten, genauso wie es ja auch im Volkslied »Im Frühtau zu Berge« besungen wird.

Verzichten Sie des Weiteren, vor Tourenbeginn Ihrem Hund ein XXXL-Menü zu servieren! Oder gehen Sie gerne mit überfülltem Magen zum Sport? Ausreichend Wasser in den Rucksack zu packen ist selbstverständlich, trotz Bächen, Brunnen und Seen am Wegesrand! Im Hochsommer können Wasserläufe durchaus ausgetrocknet sein und ein dehydrierter Körper kann keine Leistung mehr bringen. Wanderstrecken auf Straßen oder asphaltierten Strecken sind für die empfindlichen Hundefüße auf Dauer unangenehm. Hingegen sind naturbelassene Wege für Mensch und Tier viel schöner, und abseits des Verkehrs werden außerdem auch noch die Atemwege und Lungen geschont.

Wie Menschen können auch Hunde durch übermäßige Belastung Muskelkater bekommen – und das kann ja bekanntlich sehr schmerzhaft sein. Wählen Sie also für einen untrainierten Hund, jedenfalls aber grundsätzlich zur ersten Jahrestour, nicht die anstrengendste Strecke aus, sonst können Sie ihm den Spaß am Wandern regelrecht vermiesen!

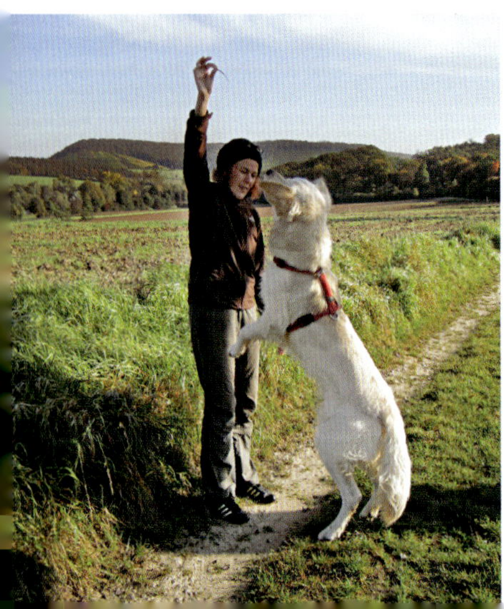

Um schmerzhafte Zerrungen zu vermeiden, sollte zu Beginn einer Wanderung der Hund nicht gleich einen Supersprint hinlegen dürfen, sondern sich erst langsam, mindestens eine Viertelstunde lang, angeleint aufwärmen.

Ältere Hunde sollten vor einer strapaziösen megalangen Wanderung ebenfalls geschont werden. Trotzdem aber ist für die Senioren Bewegung überaus wichtig! Wie auch beim Menschen gilt für den Hund das weithin bekannte Sprichwort: »Wer rastet, der rostet!« Passen Sie also die Tourenlänge und das Höhenprofil der körperlichen Leistungsfähigkeit sowie dem Gesundheitszustand von Ihnen und Ihrem Vierbeiner an.

Steigern Sie unterwegs die Spannung einer Wanderung, indem Sie das ein oder andere Leckerchen im Gras oder einer Baumwurzel verstecken und ihren treuen Freund danach suchen lassen – solche Such- und Versteckspielchen sind seiner geistigen Fitness immens zuträglich.

Wenn in höheren Lagen noch Altschneereste oder schon wieder Neuschnee liegt, finden es die meisten Hunde extrem spannend und prima darin zu toben, springen und spielen. Trotzdem sollten Sie ein wachsames Auge auf Ihren Hund haben und einer gewissen Gefahr gewärtig sein. Wenn er allzu große Mengen Schnee frisst, kann dies möglicher-

Spielen Sie mit Ihrem Hund – er wird immer Feuer und Flamme sein!

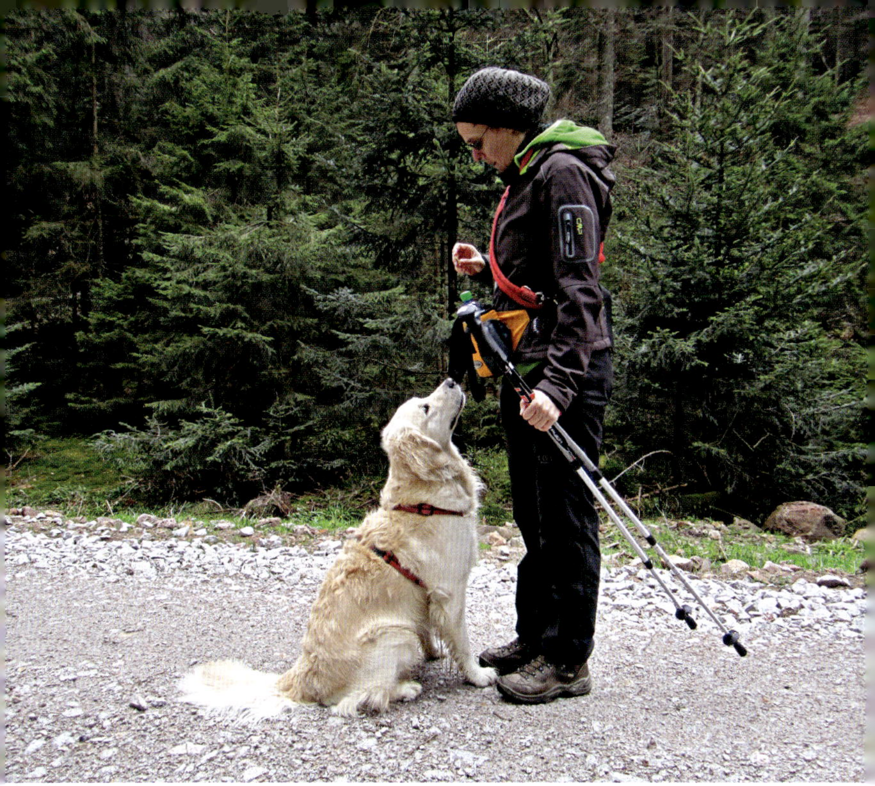

Leckerchen sind nicht nur bei einer Wanderung als Belohnung zwischendurch wichtig und werden stets gerne angenommen.

weise zu einer Magenschleimhautentzündung führen. Häufig sind dann Erbrechen und Durchfall die Folge. Außerdem kann der nass gewordene Bauch in der frühlingsfrischen oder frühwinterlichen Luft nur langsam trocknen und im Extremfall auch eine Blasenentzündung hervorrufen!

Nochmals das Allerwichtigste:

Beim Hundewandern ist grundsätzlich genügend Wasservorrat mitzuführen. Dies ist vor allem dann vonnöten, wenn Sie eine Tour begehen, die Sie hinauf zu den aussichtsreichen Höhen der teils baumfreien Schwarzwaldberge führt. Bedenken Sie dabei, dass Sie, je weiter Sie und Ihr Hund aufsteigen, desto weniger Wasserläufe, Brunnen und Seen vorfinden werden! Außerdem sollten Sie bei der Tourenauswahl beachten, dass Ihr Vierbeiner an einer grandiosen Aussicht nicht wirklich großes Interesse hat und er an den heißen Sommertagen möglicherweise lieber alle Viere von sich strecken, oder baden gehen würde. Hierzu gilt die Faustregel: Wenn Sie selbst gerne ins Freibad oder an den Badesee gehen würden, muten Sie Ihrem treuen Freund bitte keine Extremtour zu; er wird es Ihnen sicher danken.

Genießen Sie gemeinsam mit Ihrem Hund das Schwarzwaldwandern und beachten dabei ein paar von diesen (nicht-Angst-machen-wollenden) Tipps.

Zum Gebrauch des Wanderbuchs

Stolze 24.000 Kilometer markierte Wanderwege im Schwarzwald lassen das Herz eines jeden Wanderfreundes höher schlagen. Die in diesem Buch beschriebenen Tagesetappen sind so gewählt, dass die Gehzeiten meist nicht allzu lang sind, sodass auch Junghunde sowie kleine Vierbeiner und Seniorenhunde nicht überstrapaziert werden. Alle Wanderungen werden sorgfältig und explizit erklärt. In einer kurzen Übersicht finden Sie im Etappenkopf die Schwierigkeit für Mensch und Tier, den Ausgangspunkt sowie die Gehzeit und den Höhenunterschied. Der übersichtliche Tourensteckbrief informiert außerdem über Anfahrt, Verkehrsanbindungen, Parkmöglichkeiten, Wasserstellen, Anforderungen, Tierärzte in der Region, Einkehr- und Übernachtungsmöglichkeiten sowie die empfohlenen Wanderkarten.

In der nachfolgenden Wanderwegbeschreibung wird der Routenverlauf so genau wie möglich erklärt, sodass man den Weg auch bei schlechter Sicht finden kann. Zur bestmöglichen Orientierung sind im Beschreibungstext alle wichtigen Wegpunkte fett hervorgehoben, und in Klammern werden dazu die jeweiligen Höhenmeter aufgeführt. Jede Tourenbeschreibung wird durch einen Kartenausschnitt im Maßstab 1:50.000 mit eingezeichneter Wanderroute ergänzt, wobei die Hauptroute durchgehend rot eingezeichnet ist. Ein zusätzliches Höhenprofil veranschaulicht außerdem den Wegverlauf mit den diver-

Hundetransport im Auto gehört zum Wandern. Praktisch ist ein Kombi, aber Hunde können auch auf dem Rücksitz einer Limousine befördert werden. Auf jeden Fall gehört der Hund angeschnallt oder in eine Gitterbox.

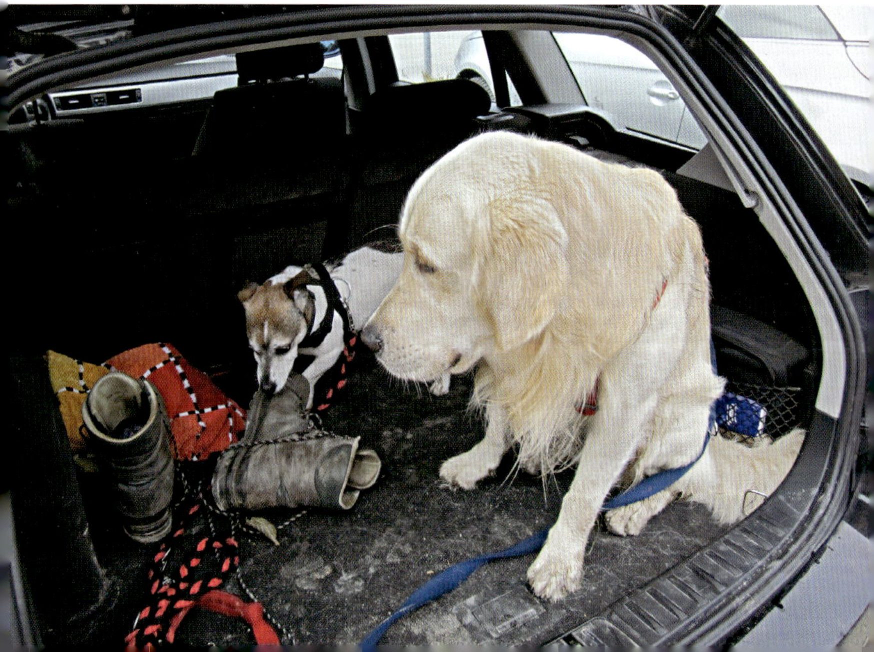

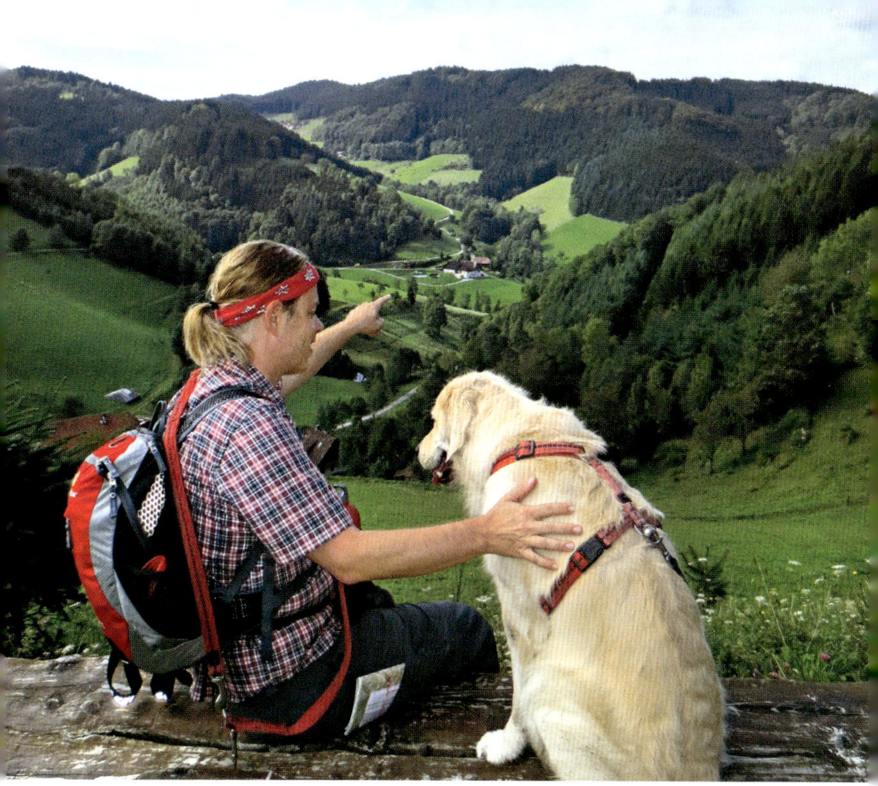

Schöne Aussichten sind eher für Menschen interessant, Hunde lieben beim Wandern hingegen meist anderes.

sen Höhendifferenzen sowie Etappenzeiten und gibt anhand von Symbolen wichtige Informationen zu örtlichen Gegebenheiten, Einkehr und Übernachtungsmöglichkeiten. Alle vorkommenden Symbole werden auf der vorderen Ausklappseite erläutert.
Ein Stichwortverzeichnis auf den letzten Buchseiten hilft Ihnen bei der Orientierung innerhalb des Wanderbuchs.

Anreise

Der Schwarzwald liegt im äußersten Südwesten Deutschlands, eingerahmt von den Orientierungspunkten Karlsruhe und Stuttgart im Norden sowie Basel und Schaffhausen im Süden. Eine Übersichtskarte mit allen Touren finden Sie auf der hinteren inneren Ausklappseite.
Vorsicht, wenn Sie mit dem Pkw anreisen: Im Sommer kann sich der Fahrzeuginnenraum, selbst eines schattengeparkten Wagens derart schnell erhitzen, dass er ruckzuck einem Backofen gleicht! Für Hunde kann dies eine tödliche Falle sein!

Günstigste Jahreszeit

Die günstigste Jahreszeit für das Wandern im Schwarzwald ist von Frühling bis Herbst, wobei es in den Sommermonaten schon mal recht heiß oder auch gewittrig werden kann. Oftmals liegen auf den Höhen bis nach Ostern noch Altschneereste.

Tourenvorbereitung und Gefahren

Obwohl alpine Gefahren im deutschen Mittelgebirge kaum vorkommen, sollten einige Dinge bei der Planung und Ausführung der Wanderungen besonders beachtet werden:

- Training und Konditionsaufbau im Vorfeld ist ratsam.
- Um die Morgenkühle auszunutzen, sollte im Sommer bei langen Wegstrecken frühzeitig aufgebrochen werden.
- Gehen im gleichmäßigen Rhythmus ist kräftesparender als ein unkontrolliertes Drauflosstürmen.
- Ein plötzlich aufziehendes Gewitter ist grundsätzlich ernst zu nehmen! Gipfel, Wasserläufe und frei stehende Bäume sind dabei unbedingt zu vermeiden.
- Bei Sturm und starken Windböen können im Wald Äste von den Bäumen gerissen werden, weshalb bei solcher Witterung von einer Wandertour dringendst abzuraten ist.
- Absperrungen des Weges wegen Wald- und Baumfällarbeiten sind grundsätzlich ernst zu nehmen und zu beachten.

Ausrüstung für den Mensch

Für eine Wanderung im Mittelgebirge sind Trekkingschuhe oder feste Bergstiefel mit griffiger Sohle und gute Wandersocken (zur Vermeidung von Wasserblasenbildung) sehr vorteilhaft. Turnschuhe oder gar Sandalen bieten nur unzureichend Halt und schützen nicht ausreichend vor Nässe. Eine Regenschutzjacke, gegebenenfalls auch eine Regenschutzhose gehören ebenso in den Rucksack wie die Sonnenmütze und Sonnenschutzcreme. Eine abzippbare Wanderhose ist an Sommertagen von größtem Vorteil, denn die ersten Morgenstunden im Schwarzwald können auch im Sommer ganz schön kühl sein – und gegenüber einer Zweithose spart sie im Rucksack Platz. Schnelltrocknende Wanderhemden bzw. Blusen haben sich außerdem bestens bewährt.

Jetzt fehlt nur noch der Rucksack, in den alles rein muss: Es ist empfehlenswert, für eine Tagestour einen angemessenen Rucksack zu tragen. Nehmen Sie nur das Allernötigste mit, denn das Gesamtgewicht sollte nicht zu groß werden, Ihr Rücken wird es danken.

Eine Taschenlampe kann sehr gute Dienste erweisen, auch kann ein Höhenmesser zum Kräfteeinteilen ganz nützlich sein. Für eventuelle Notfälle ist es wichtig, das Mobilfunktelefon dabei zu haben, wobei

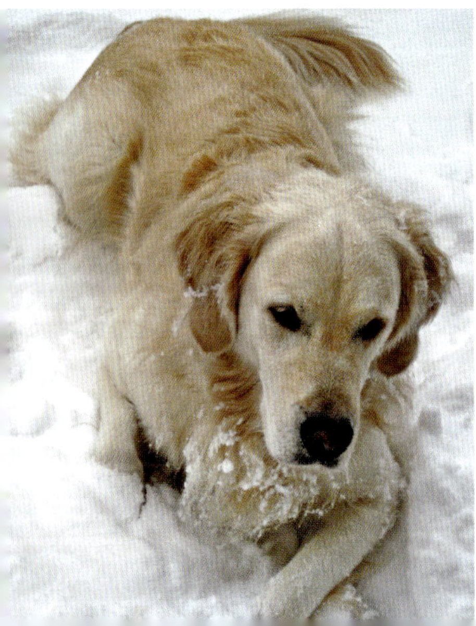

Die meisten Hunde lieben den Schnee, z.B. wenn Frau Holle im winterlichen Schwarzwald ihre weiße Pracht entfaltet hat.

Ausrüstungs-Checkliste

Was dabei sein sollte

- Rucksack (nicht zu überdimensioniert)
- Regenjacke und Regenhose
- Gut eingelaufene Bergstiefel oder auch Trekkingschuhe mit fester Profilsohle
- Strapazierfähige, bequeme Kleidung, der Jahreszeit angemessen
- Abzippbare Wanderhose
- Schnelltrocknendes Hemd
- Softshell-Jacke
- Leichter Fleece-Pullover (je nach Jahreszeit)
- Halstuch
- Sonnenschutzmütze oder sonstige Kopfbedeckung
- Sonnenschutzcreme und Lippenschutz mit hohem Lichtschutzfaktor
- Sonnenbrille
- Wäscheklammern oder Sicherheitsnadeln zur Befestigung nasser Kleidung am Rucksack beim Wandern
- Papiertaschentücher
- Ein paar Blätter Klopapier (man kann nie wissen ...)
- Taschenmesser
- Fußnagelschere (kann praktisch sein)
- Taschenlampe
- Große Wasserflasche
- Mobiltelefon (mit geladenem Akku)
- Bargeld
- Wanderkarte
- GPS-Gerät oder Kompass und Höhenmesser
- Fotoapparat
- Dieses Wanderbuch

Was sollte in die Rucksackapotheke?

- Verbandszeug: Pflaster, Mullbinde, Wasserblasenpflaster
- Desinfektionsmittel für Wunden
- Antibiotische Salbe
- Magnesiumtabletten (hilft gegen Muskelkrämpfe)
- Kopfwehtabletten
- Persönliche Medikamente
- Salbe gegen Sonnenbrand
- Salbe gegen Insektenstiche
- Zeckenzange

Wichtige Dokumente

- Personalausweis oder Reisepass
- Krankenversicherungskarte E 111 bzw. EHIC-Karte (European Health Insurance Card)
- EC- und Kreditkarte sowie die Notrufnummern zum Sperren

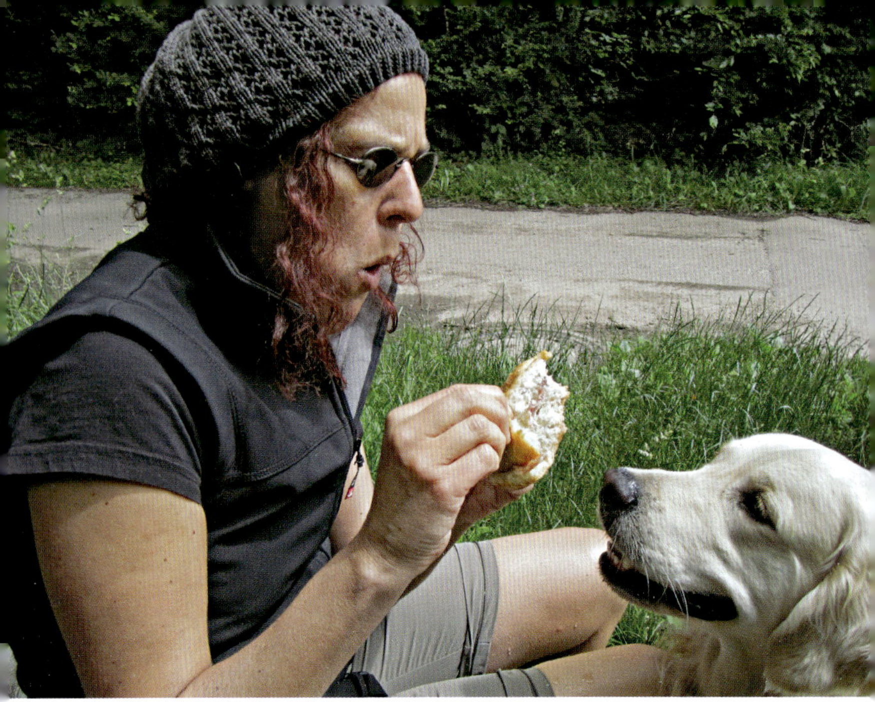

Hunger!!! Nahrung ist für jeden wichtig, der Energie verbraucht. Mit genügend Futter wird Ihr Hund bestimmt gerne mit auf Wanderschaft gehen.

es während des Wanderns stets ausgeschaltet bleiben sollte. Wer ein GPS-Gerät besitzt, kann damit die Tracks einspielen, die der Bergverlag Rother für die Touren dieses Buchs per Download zur Verfügung stellt, und findet somit auf jeden Fall immer den richtigen Weg. Die kleine Rucksackapotheke, Bankomat- und Kreditkarte, Krankenversicherungskarte, Personalausweis, Kartenmaterial, Kompass und natürlich dieses Wanderbuch dürfen keinesfalls vergessen werden.

GPS-Tracks und Koordinaten der Ausgangspunkte

Zu diesem Wanderbuch stehen auf rother.de GPS-Tracks und Koordinaten der Ausgangspunkte aller Wanderungen zum kostenlosen Download bereit.
2. Auflage, Passwort: **309302hks**
Sämtliche GPS-Daten wurden vom Autor im Gelände erfasst. Verlag und Autor haben die Tracks und Wegpunkte nach bestem Wissen und Gewissen überprüft. Dennoch können wir Fehler oder Abweichungen nicht ausschließen, außerdem können sich die Gegebenheiten vor Ort zwischenzeitlich verändert haben. GPS-Daten sind zwar eine hervorragende Planungs- und Navigationshilfe, erfordern aber nach wie vor sorgfältige Vorbereitung, eigene Orientierungsfähigkeit sowie Sachverstand in der Beurteilung der jeweiligen (Gelände-)Situation. Man sollte sich für die Orientierung auch niemals ausschließlich auf GPS-Gerät und -Daten verlassen.

Unterkunft

Es empfiehlt sich grundsätzlich, mit einem Vermieter im Voraus telefonisch Kontakt aufzunehmen und ein Bett vorzubestellen. Bitte bedenken Sie dabei, dass nicht in jeder Unterkunft Hunde willkommen sind! Fragen Sie hierzu einfach beim Herbergsbetreiber oder Hotelier nach und erkundigen sich dabei gleich nach dem zusätzlichen Übernachtungspreis für Ihren treuen Freund. Zu manchen Zeiten sind Unterkünfte stark frequentiert, meistens gibt es aber genügend Alternativen. Die Spanne der Unterkunftsmöglichkeit reicht vom privat vermietetem Zimmer über einfache Gasthäuser oder schnuckelige Berghotels bis zum nobelsten Hotel – dementsprechend ist der Preisunterschied.

Verpflegung

Die Verpflegung bei oder nach einer Wanderung stellt im Schwarzwald kein Problem dar. In den Orten und Städtchen finden sich meist mehrere Gasthäuser zur Auswahl. Fragen Sie aber am besten vorher in einer Gaststube nach, ob Hunde erwünscht sind, dies ist leider nicht immer der Fall!

Es empfiehlt sich grundsätzlich für die Tagestour ein Rucksackvesper einzupacken, da es während der Etappen nicht immer eine Einkehrmöglichkeit gibt. Die Einkehrmöglichkeiten sind im Tourensteckbrief aufgeführt, allerdings ist es ratsam, im Vorfeld einer Wanderung die Öffnungszeiten zu erfragen, da manche nur an Wochenenden oder in den Schulferien bewirtschaftet sind.

Was wäre eine Wanderung ohne ein gemütliches Rucksackvesper? Am besten suchen Sie sich einen windgeschützten und schattigen Platz und relaxen nach Herzenslust – sämtliche Pfoten und Füße von sich gestreckt.

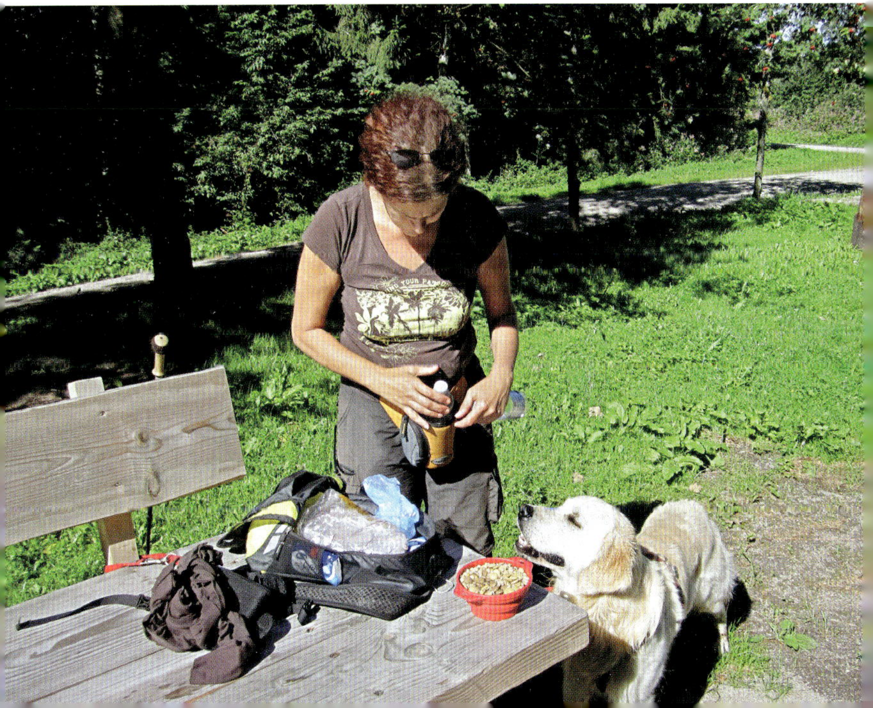

An heißen Sommertagen ist es unerlässlich, genügend zu trinken mitzunehmen. Am besten benutzt man wiederauffüllbare Wasserflaschen, die sind umweltfreundlicher als Dosen. Man kann sie auch an einem Brunnen wiederbefüllen.

Ein romantisches Rucksackvesper in einer der zahlreichen Schutzhütten am Wegesrand oder einfach nur auf einer saftig grünen Wiese, die dann als Picknickplatz dient, ist stets ein schönes Erlebnis. Aber bitte beachten Sie: Der Verpackungsabfall gehört grundsätzlich wieder in den Rucksack! Am Tagesende kann man den Müll dann gesondert in die jeweiligen Recyclingtonnen geben. Müll gehört niemals in die Natur! Am besten nehmen Sie erst gar keinen unnötigen Verpackungsmüll mit, was natürlich auch dem Gewicht Ihres Rucksacks zugute kommt und den Rücken schont.

Wetterbericht

Am besten ist es, sich am Abend vor einer Wanderung im Radio oder Fernsehen über die aktuelle Wetterlage zu informieren. Für die Schwarzwaldregion sind die regionalen Radiosender und das TV-Programm des SWR sehr empfehlenswert. Auch die lokale Presse gibt diesbezüglich verlässliche Informationen. Empfehlenswerte Internetseiten, das Wetter betreffend sind z. B.: wetter.de, wetter.info, wetter.com, wetter.net, wetteronline.de.

Natürlich muss für den faltbaren Trinknapf auch die entsprechende Portion Wasser mitgenommen werden. Dafür gibt es Metallflaschen in allen Größen.

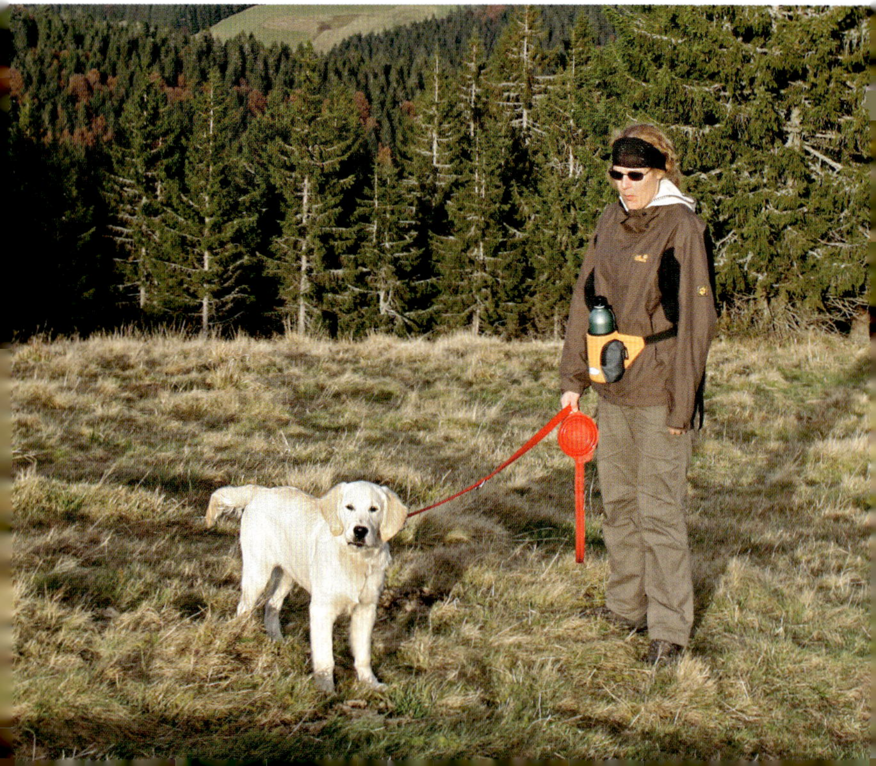

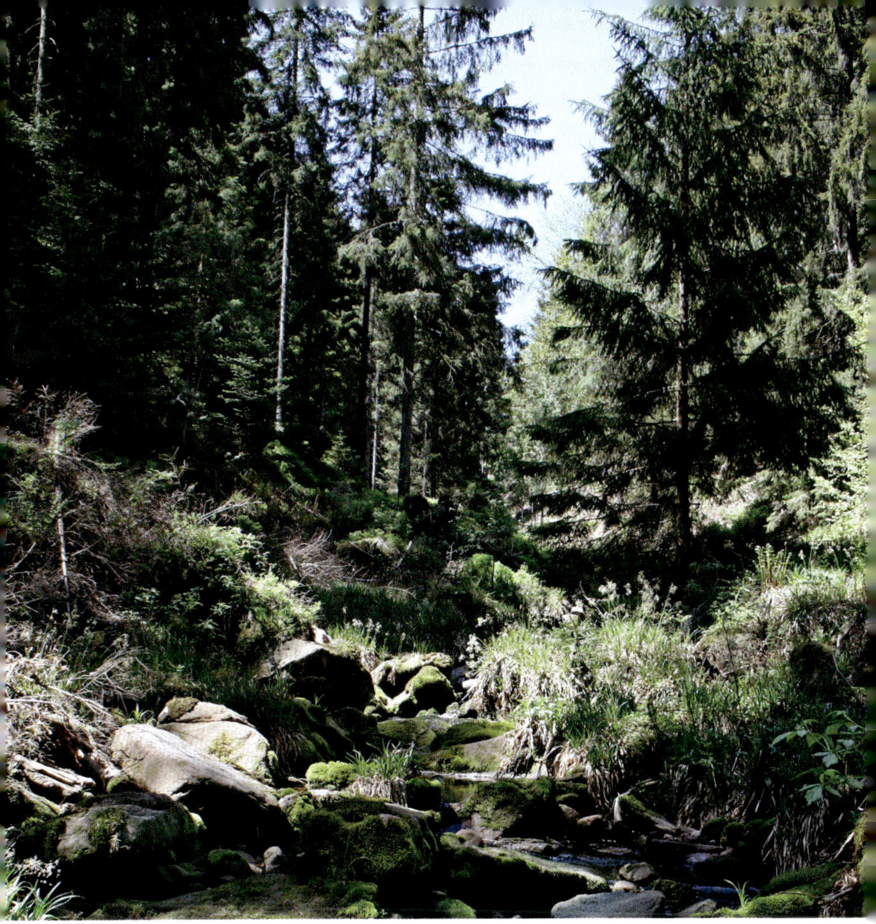

Hunde lieben das klare Bergwasser eines Wildbachs, der bei einer langen Wanderung für die gewünschte Abkühlung sorgt.
Folgende Doppelseite: Wälzen dient der Fellpflege und ist pure Lebensfreude.

Der Schwarzwaldverein

Der Schwarzwaldverein e.V. unterhält ein Wanderwegenetz von circa 24.000 Kilometern. Ab dem Jahr 2000 wurde das komplette Wegenetz mit einer neuen und einheitlichen Beschilderung versehen. Das Wegeleitsystem wurde vom Verein in Zusammenarbeit mit den Kommunen und den Natur- und Nationalparks entwickelt und realisiert. Die Wanderwegschilder zeigen dem Wanderer genau seinen momentanen Standort mit Höhenangabe in Metern, die Entfernungen in Kilometern zu Nah- und Fernzielen, den Namen des Wanderwegs sowie bewirtschaftete Vesperstuben, Zugänge zu öffentlichen Verkehrsmitteln und Aussichtspunkte an. Der Schwarzwaldverein bewirtschaftet überdies mehrere Übernachtungshütten mit Einkehrmöglichkeiten und kümmert sich neben dem Erhalt von Aussichtstürmen selbstverständlich auch um den Naturschutz.

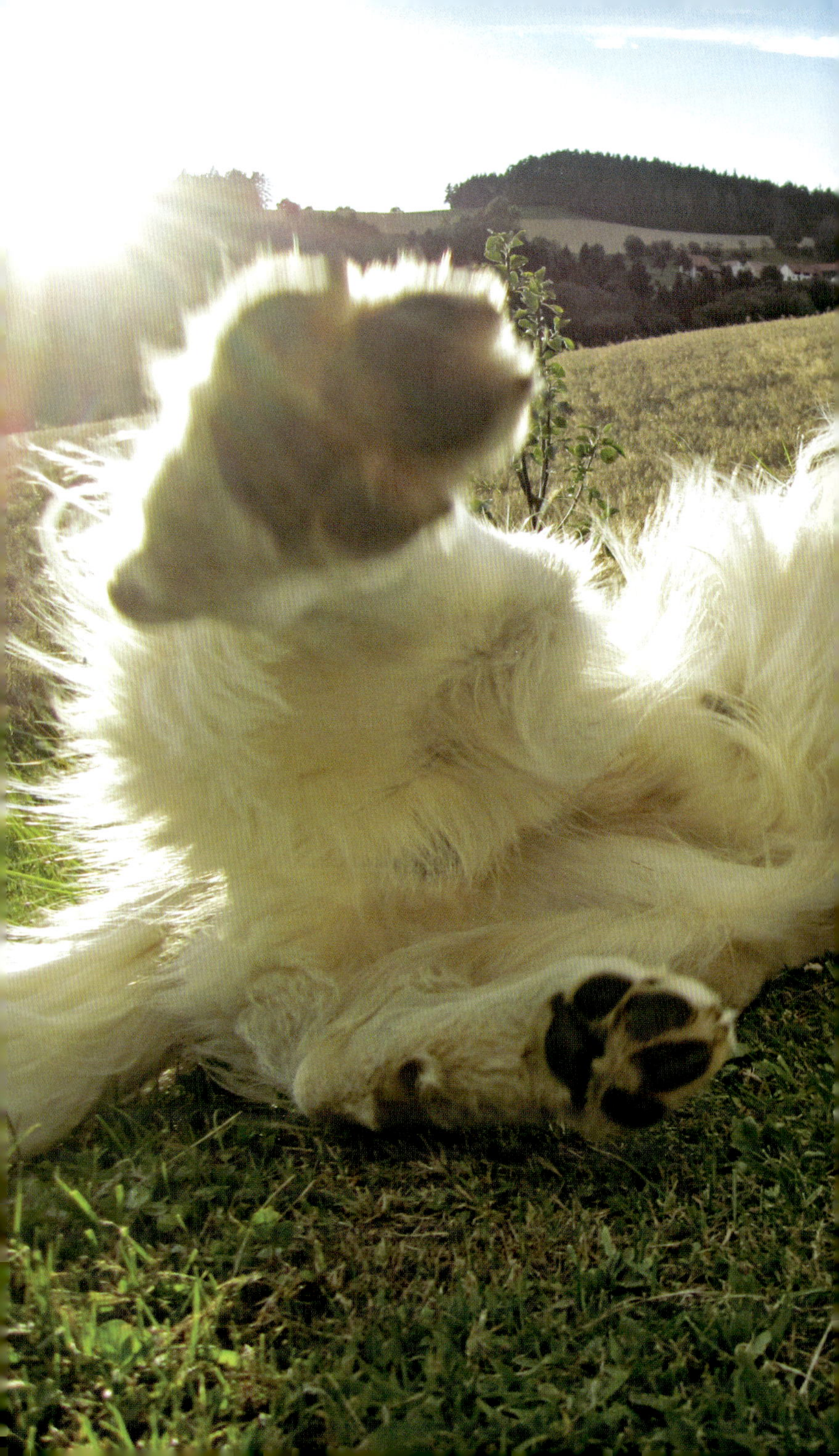

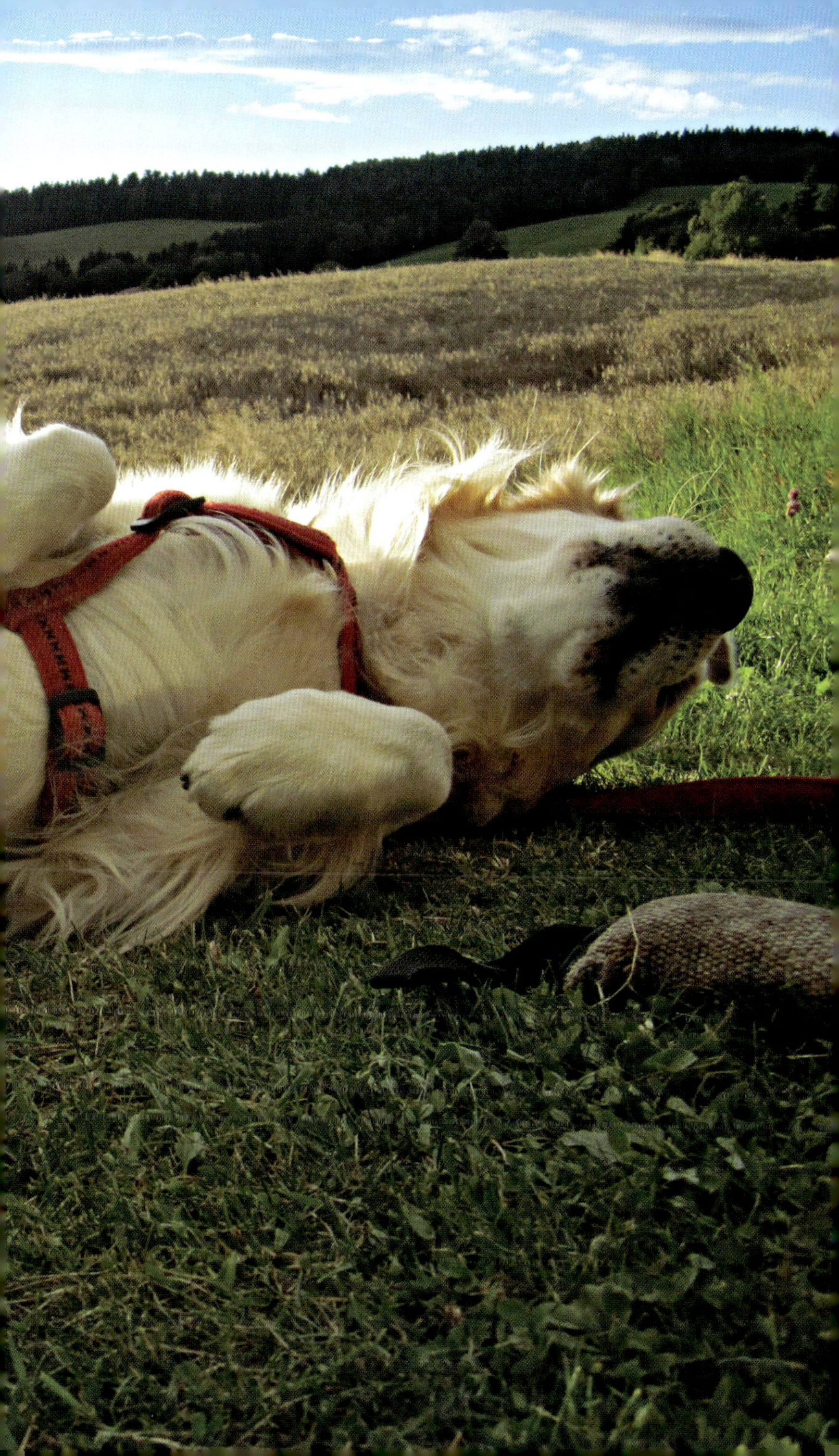

1 Der Turmberg

Blick zur Badischen Fächerstadt Karlsruhe

Vom Turmberg durch den Rittnertwald

Der Turmberg sowie der Rittnertwald bietet den stressgeplagten Stadtmenschen der badischen Metropole Karlsruhe ein willkommenes Naherholungsgebiet. Mit Ihrem treuen vierbeinigen Freund können Sie hier so richtig vom Großstadtdschungel abspannen. Wenn es auch Ihr Hund nicht kann, aber genießen Sie den grandiosen Blick von dem 131 Stufen hohen Aussichtsturm, der einfach überwältigend ist und bei klarer Sicht ein absolutes Muss darstellt! Der weitläufige Ausblick reicht über Durlach und Karlsruhe hinweg bis weit in den Pfälzerwald. Links ist die Nordrandkette der Schwarzwaldberge zu sehen. Der Rittnertwald hat eine sehr exotische Anmutung, denn hier sind zwanzig verschiedene fremdländische Baumarten gepflanzt. Mit seinem wild wuchernden Bewuchs sowie dem lautstarken Vogelgezwitscher erscheint er wie ein Paradiesgarten.

KURZINFO

Ausgangspunkt: Turmberg, östlich von Karlsruhe-Durlach, 248 m, Parkplatz, Bergbahn.
Anfahrt: A5 bis Karlsruhe-Durlach, dann B3 bis Grötzingen, von dort Straße zum Turmberg, oder von Durlach mit der Turmbergbahn.
Gehzeit: 2.45 Std.
Höhenunterschied: 260 m.
Anforderungen Mensch: Leichte Wanderung mit tollem Ausblick.
Anforderungen Hund: Keine allzu großen Steigungen auf Wirtschaftswegen. Wassermitnahme erforderlich.
Wasserstellen: Hirschbach.
Einkehr: Turmberg, Rittnerthof, Söllingen (etwas abseits).
Unterkunft: Hotel zum Erwin, Kelterstr. 10, 76227 Karlsruhe-Durlach, Tel. +49 721 943960, hotelzumerwin.de; Hotel Große Linde, Killisfeldstr. 18, 76227 Karlsruhe, Tel. +49 721 42295, grosse-linde.de.
Sehenswürdigkeiten: Aussicht vom Turmberg und Rittnertwald.
Tierarzt: Dr. Udo Schäfer, Dürrbachstr. 5, 76227 Karlsruhe, Tel. +49 721 44680.
Tierbedarf: Fressnapf, Käppelestr.5, 76131 Karlsruhe, Tel. +49 721 6236490.
Karte: Freizeitkarte Nr. 516, 1:50.000.

Auf dem **Turmberg (1)**, 248 m, halten wir uns in östliche Richtung und passieren dabei die Sportschule Schöneck sowie einen an Schönwetter-Sonntagnachmittagen gut besuchten Spiel- und Grillplatz. Wenn

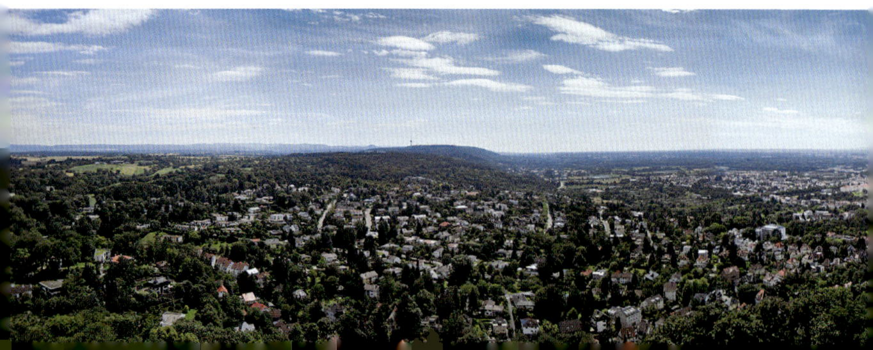

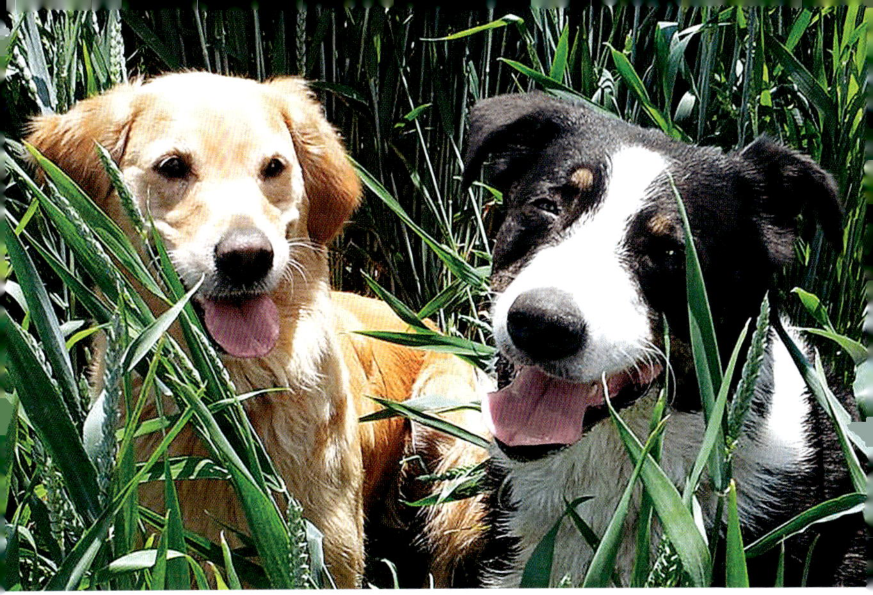

Die beiden haben jede Menge Spaß im Gras.

wir dem Fußweg und der Markierung des Nordrandwegs zum Rittnerthof folgen, wird es schon bald merklich ruhiger und Sie können Ihren Hund auch mal nach Herzensfreude springen lassen. Am **Rittnerthof (2)**, 229 m, verlassen wir dann den dreitägigen Schwarzwaldwanderweg und halten uns zunächst links auf dem Turmbergweg hinauf, der mit einem Dreiecksymbol gekennzeichnet ist. Beim Grenzgraben durchwandern wir ein kleines Waldstück und kreuzen danach eine unbefestigte Straße. Jetzt wandern wir meist entlang des Waldrands und biegen nach 800 Metern rechts über freies Feld hinab, bis wir am **Hirschbach (3)**, 170 m, zu einem Wirtschaftsweg treffen. Hier wenden wir uns rechts und entscheiden uns nach gut 200 Metern am Waldrand für den mittleren der drei Wege. Wir wandern in unmittelbarer Nähe entlang des Hirschbachs und genießen dabei die Stille des Waldes. Hier kann sich der Hund wohltuend erfrischen. Jedoch verlassen wir nach einem halben Kilometer das Gewässer und biegen links zu dem Pfad ab,

Weit reicht der Blick vom Turmberg über Karlsruhe.

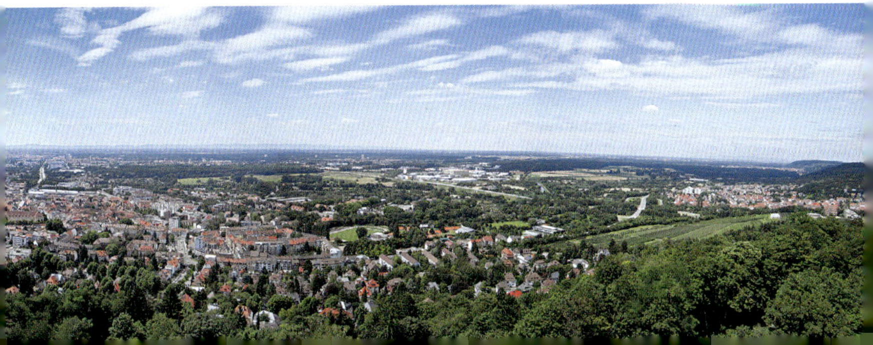

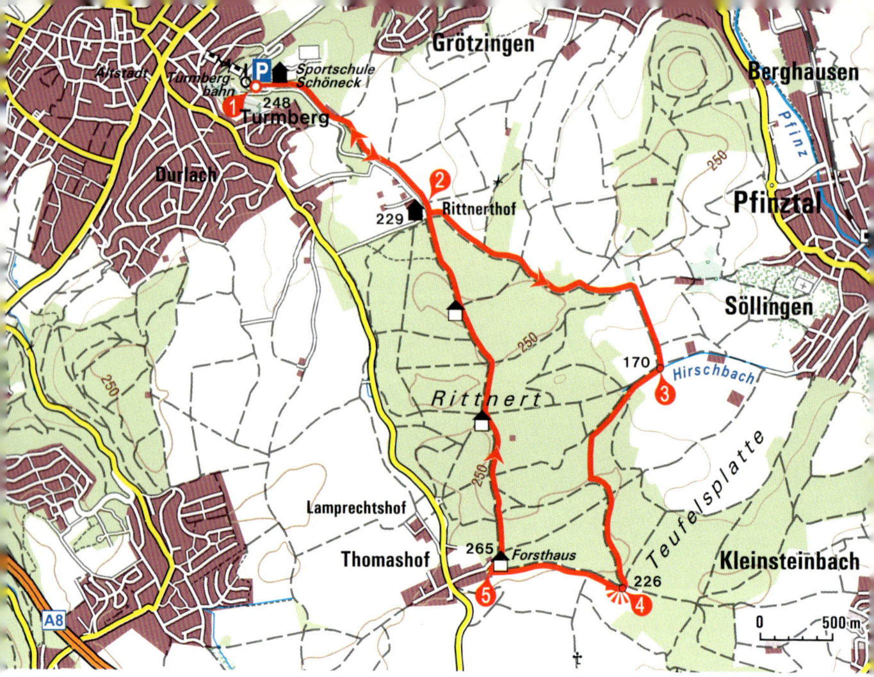

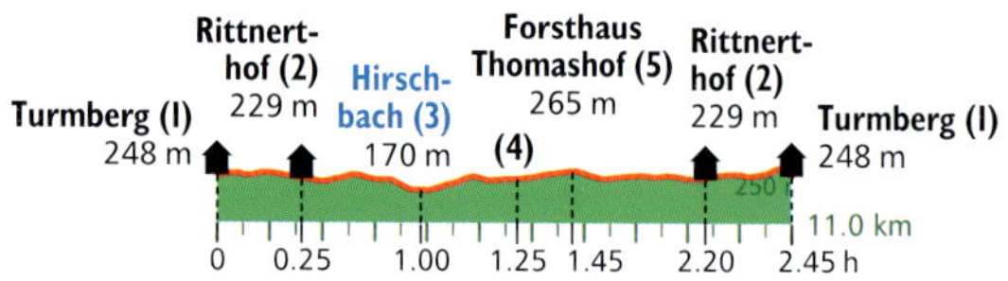

der uns in wenigen Minuten hinauf zu einem Forstweg bringt. Diesem folgen wir nun in einer lang gezogenen Rechtskurve und überqueren danach einen weiteren Waldwirtschaftsweg. Mit nur geringer Steigung gelangen wir nach etwa 15 Minuten zum Waldaustritt bei der **Teufelsplatte (4)**, 226 m, und wieder zum Nordrandweg. Wir wenden uns jetzt rechts und folgen dem Stupfericher Grenzweg entlang des Waldrands. Zur linken Seite eröffnet sich uns ein herrlich weites Blickfeld hinüber auf den Schwarzwald.

Beim **Forsthaus Thomashof (5)**, 265 m, biegen wir scharf rechts und halten uns im Wald an der Gabelung links. In dem Staatswald Rittnert folgen wir nun für fast 2,5 Kilometer dem Teerweg, passieren dabei zwei Holzhütten und erreichen nach etwa 35 Gehminuten wieder den **Rittnerthof (2)**. Rechts der Fahrstraße wandern wir ab hier auf dem bereits bekannten Fußweg nordwestlich dem **Turmberg (1)** zu. Wenn sich viele Personen auf dem Turmberg tummeln, sollten Sie erwägen, Ihren Hund wieder anzuleinen.

*Das **Staatsweingut Karlsruhe-Durlach** ist bei Weinkennern ein geläufiger Begriff. Mit seinen nach Südwesten geneigten Hängen und mineralreichen Kalkböden ist der geologisch im Muschelkalk liegende Turmberg für den Weinanbau geradezu prädestiniert.*

Des Schwarzwalds Nordwesten

Ausgedehnte Wälder

Herrliche Waldwanderung zum Wildsaugehege und Hedwigbrunnen
Südöstlich von Karlsruhe erhebt sich der Edelberg, er ist ein unerwartet abwechslungsreicher Berg, der durch herrliche Wälder, schmale Saumpfade, mehrere Klammen, ein großes Wegelabyrinth und teils fantastische Aussichten besticht. Gerade wegen der unmittelbaren Stadtnähe bietet der Edelberg stressgeplagten Karlsruhern ein ideales Naherholungsgebiet und eine erholsame Freizeit-Alternative. Wenn Ihr Hund gut erzogen ist, kann er sich auf den Waldwegen herrlich austoben. Es ist aber ratsam, ihn beim Wildsaugehege gut unter Kontrolle zu haben!

KURZINFO

Ausgangspunkt: Grünwettersbach, 267 m, Parkplatz am Ortsrand.
Anfahrt: Grünwettersbach liegt südöstlich von Karlsruhe direkt neben der A8. Links neben der ev. Kirche das Sträßchen »Am Steinhäusle« steil hoch zum Parkplatz gleich nach Ortsausgang.
Gehzeit: 2.30 Std.
Höhenunterschied: 250 m.
Anforderungen Mensch: Da der Edelberg von einem dichten Wegenetz überzogen ist, achten Sie genau auf die Beschreibung!
Anforderungen Hund: Bedingt durch die Stadtnähe, führen Hundebesitzer ihre Vierbeiner auf dem Edelberg gerne Gassi. Bedenken Sie, dass Sie möglicherweise mehreren Hunden begegnen könnten! Steiler Aufstieg neben der Hornklamm. Da nur wenig Wasserstellen sind, ist die Wassermitnahme unbedingt erforderlich!
Wasserstellen: Hedwigsquelle.
Unterkunft: Pension Schramm, Wiesenstr. 22, 76228 Karlsruhe-Grünwettersbach, Tel. +49 721 9453090, pension-schramm.de.
Tierarzt: Mybestfriend Tierpraxis, Stuttgarter Str. 79, 76337 Waldbronn, Tel. +49 7243 61203.
Tierbedarf: Zoo & Co, Hertzstr. 1, 76307 Karlsbad, Tel. +49 7202 938347.
Karte: Freizeitkarte Nr. 516, 1:50.000.

Gegenüber vom **Parkplatz (1)**, 267 m, schreiten wir auf dem Teerweg in südöstlicher Richtung bergan und erreichen bald eine Unterstandshütte. Hier biegen wir am Waldeck rechts und genießen dabei den weiten Ausblick zur Schwarzwaldnordkette. Entlang des Waldrands folgen wir dem Wiesenweg, und der überaus mächtige **Funkturm Wettersbach (2)**, 314 m, dient als unfehlbarer Orientierungspunkt. Auf der Wiese kann Ihr Hund nach aller Freude springen, leinen Sie ihn aber beim Sender besser wieder an. Dort gehen wir den gepflas-

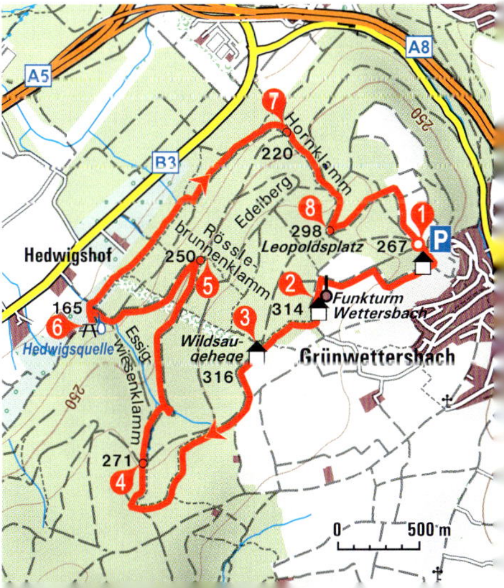

terten Weg an einem **Spielplatz** vorbei und schreiten am Wegetreff rechts. Auf dem Saumweg geht's jetzt eben weiter durch den anmutigen Mischwald, der vorrangig von mächtigen Buchen bestimmt ist, zum **Wildsaugehege (3)**, 316 m. Am Gehege können Hund und Mensch den Sauen zuschauen. Nach dem Unterqueren einer Hochspannungsleitung wandern wir weiter zum oberen Edelberg und am Wegetreff Stubenschlag biegen wir zum Ettlinger Weg halb rechts hinab in den Forst. Erst bei der Sattelklamm folgen wir dem schmalen Traumpfad links, dieser lässt teils schöne Aussichten zu. Beim querenden Pfad geht's rechts und noch vor dem Forstweg biegen wir scharf rechts talwärts. Unten, an der **Oberen Essigwiesenklamm (4)**, 271 m, angekommen, führen mehrere Wege zusammen; hier halten wir uns für zehn Meter rechts und biegen dann links hinunter. Linksseitig begleitet uns der Landgraben der Essigwiesenklamm bis zur nächsten Verzweigung. Hier gehen wir rechts und folgen fortan dem Forstweg in gleichbleibender Höhe und kreuzen nach 15 Minuten die aussichtsreiche Schneise einer Stromleitung. Vorsicht, mehrere Downhill-Bikepisten queren hier unseren Weg! Etwa 200 Meter später biegen wir zum schmalen Pfad links ab und wenden uns in der **Rösslebrunnenklamm (5)**, 250 m, scharf rechts hinab. Der alte Saumweg bietet eine ungehinderte Fernsicht, die bei klarem Wetter weit übers Rheintal und über Karlsru-

Freudig springt er über die Wiese beim Funkturm.

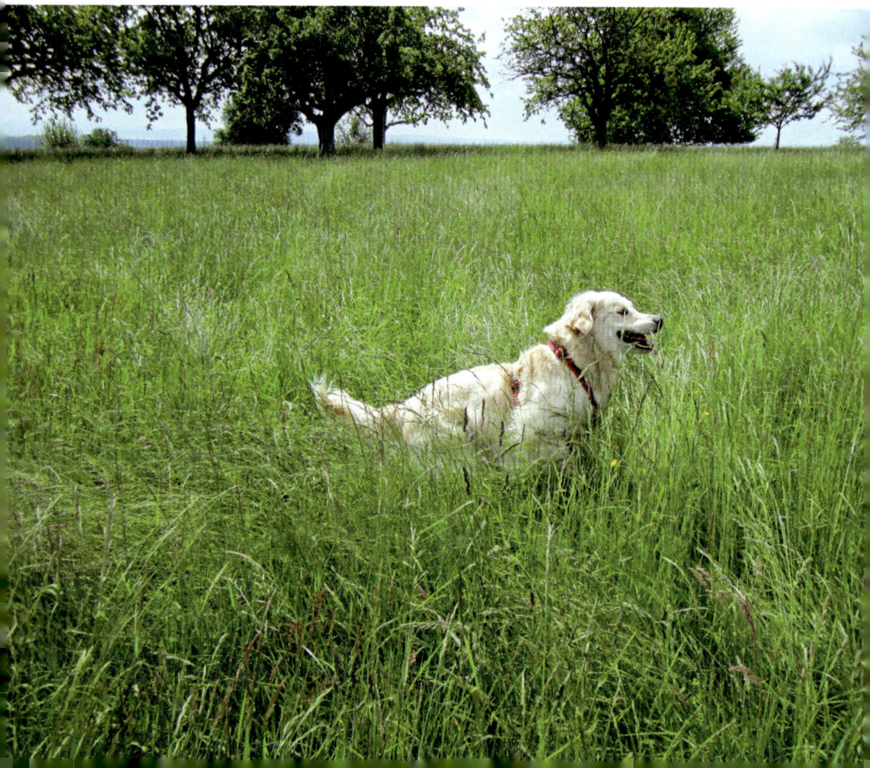

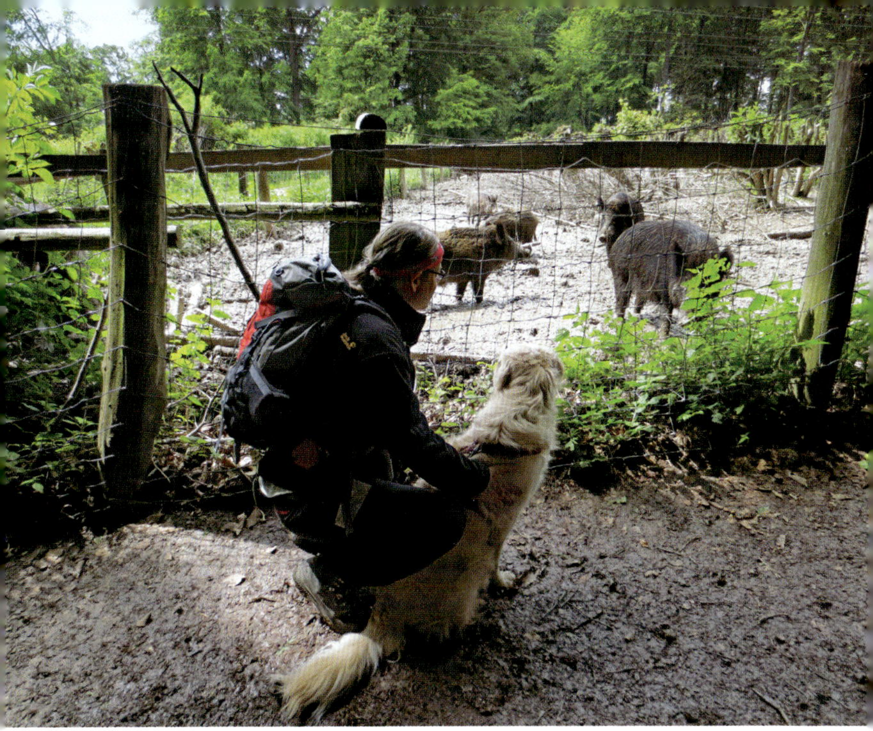

Spannung am Wildschweingehege.

he bis tief in die Pfalz reicht. Beim nächsten Wegetreff wandern wir links und gelangen linkerhand hinter dem Bach zum Rastplatz bei der **Hedwigsquelle (6)**, 165 m, wo sich Tier und Mensch laben können.
Nach der Rast gehen wir 100 Meter retour und wandern anschließend geradewegs den Feldweg dem Wald entgegen. Dort führt eine bei Nässe matschige Pfadspur in gleichbleibender Richtung weiter. Erst nach 700 Metern verlassen wir diese, indem wir in den schmalen Pfad rechts hinauf einbiegen und danach den Forstweg links gehen. An der folgenden Gabel steigen wir rechts bergan bis zur Rechtskurve, wo bei der **Hornklamm (7)**, 220 m, auf schmalem Fußweg geradeaus ein sportlicher Anstieg beginnt. Oben angekommen, treffen wir erneut wieder auf breite Wege, gehen dort kurz links und gleich wieder rechts. Ein Teerweg führt uns zum Wegdreleck **Leopoldsplatz (8)**, 298 m, wo wir am Rastplatz zwei Mal links abbiegen. Auf dem eingeschotterten Sportplatzweg gelangen wir jetzt mühelos wieder zum **Ausgangspunkt (1)** zurück.

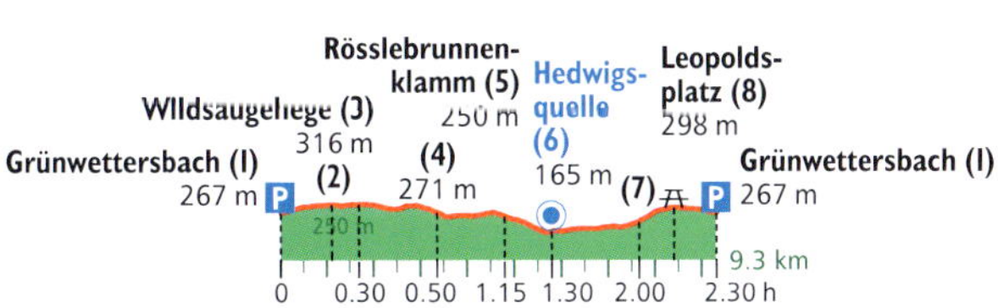

3 Pforzheims Südwesten

Die Goldstadt lädt zum Wandern ein

Auf den Spuren der legendären Fernwanderwege

Der Kupferhammer ist für Wanderer, insbesondere für Fernwanderer ein fast magischer Ort, beginnen hier doch die drei längsten Schwarzwaldwanderwege Westweg, Mittelweg und Ostweg. Der Westweg ist selbstredend der populärste der drei, weshalb dieser hier vorgeschlagenen »Hunderunde« durchaus stark bewandert sein kann! Der Schönheit tut dies jedoch überhaupt keinen Abbruch, ist doch der Reiz dieser Tour, ein bisschen Westweg-Feeling zu schnuppern, ein ganz besonderer. Außerdem ist das Gasthaus Kupferhammer ein beliebtes Ausflugsziel am Schwarzwaldnordrand. Da die Drei-Flüsse-Stadt Pforzheim eine relativ große Stadt ist, leben hier natürlich auch viele Menschen mit Hund. Wenn Ihr vierbeiniger Freund gerne Artgenossen zum Beschnuppern und Spielen trifft, dann ist diese stadtnahe Wanderung exakt die Richtige für ihn. Außerdem kann diese Rundtour, ihrer Kürze und geringen Höhendifferenz wegen, problemlos von Hunden (und Haltern) im fortgeschrittenen Alter erwandert werden.

KURZINFO

Ausgangspunkt: Pforzheim Kupferhammer, 252 m. Parkplatz, Busanschluss. Wohnmobile: Beim Sportplatz, 500 m entfernt ins Würmtal.

Anfahrt: Auf der B463 in Richtung Calw; der Kupferhammer liegt noch vor Dillweißenstein (beim Abzweig Würmtal), oder mit Stadtbus Linie 3 bis Kupferhammer.

Gehzeit: 1.30 Std.

Höhenunterschied: 200 m.

Anforderungen Mensch: Einfache, kurze Wanderung.

Anforderungen Hund: Auf der gesamten Strecke kann es durchaus mal stark bevölkert sein, was Ihren Hund möglicherweise stresst. An den heißesten Sommertagen nicht zu empfehlen.

Wasserstellen: Nagold.

Einkehr: Kupferhammer, Hoheneck, Dillweißenstein.

Unterkunft: Parkhotel Pforzheim, Deimlingstr. 32–36, 75175 Pforzheim, Tel. +49 7231 1610, parkhotel-pforzheim.de.

Tierarzt: Dr. Wolfgang Swidersky, Schellingerstr. 45, 75175 Pforzheim, Tel. +49 7231 61716, kleintierpraxis-pforzheim.de.

Tierbedarf: Fressnapf, Hohenzollerstr. 16, 75177 Pforzheim, Tel. +49 7231 4247964; Hundeleben, Stuttgarter Str. 4, 75179 Pforzheim, Tel. +49 7231 140477.

Karte: Freizeitkarte Nr. 502, 1:50.000.

Die Hundewanderung startet am Gasthof **Kupferhammer (1)**, 252 m, im Südwesten der Goldstadt Pforzheim. Auf den Spuren des Westwegs (rote Raute) sowie des Mittelwegs (rote Raute mit mittig weißem Strich) schreiten wir durch das **Westwegportal** und folgen den Stufen aufwärts. Zu Beginn unserer Wandertour sind beide Fernwanderwege kurz vereint. Links im Wald erkennen wir jetzt den Ludwig-Auerbach-Gedenkstein, und uns wird jetzt bewusst, dass wir uns hier auf historischen Spuren unserer Heimat bewegen. Der Stein wurde hier in Erinnerung an den Pforzheimer Dichter des alten Volksliedes »O Schwarz-

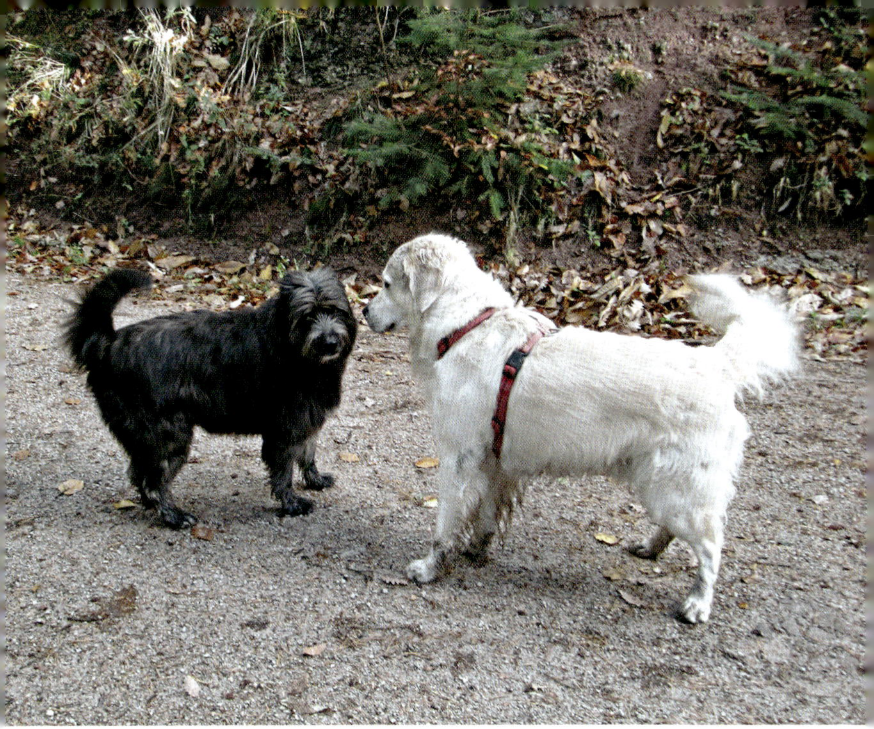

Das gegenseitige Beschnuppern ist für Hunde wichtig.

wald, o Heimat« platziert. Alsbald wird aus dem Stufenweg ein weicher Waldpfad, der auch von den zarten Hundepfoten geliebt wird. Nach dem Queren eines Fahrsträßchens wandern wir den farngesäumten Fußweg weiter, bis ein Fahrweg uns rechts abzweigen und danach die alte Huchenfelderstraße überqueren lässt. Im Anschluss schreiten wir auf einem wildromantischenWeg durch den Mischwald fast eben weiter.

Nach einer Straßenüberquerung wenden wir uns dem rechten Pfad,

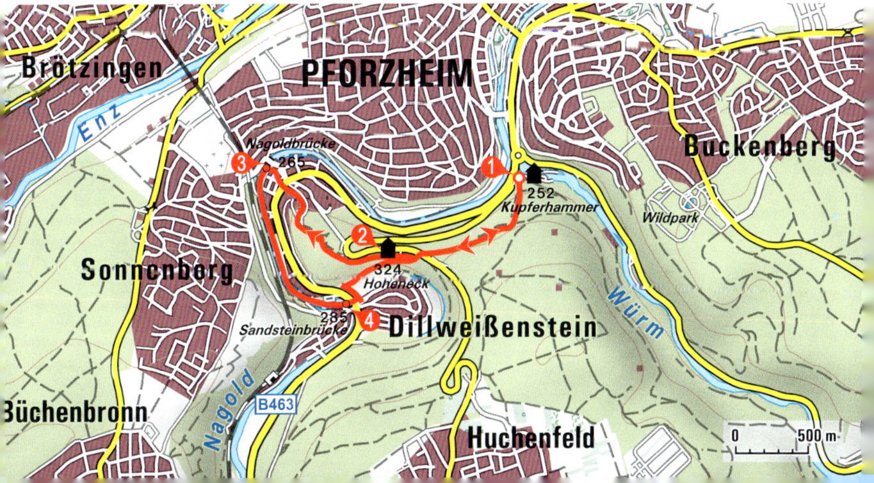

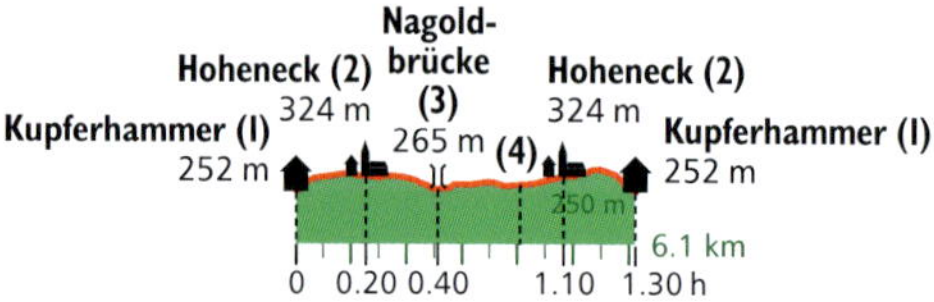

in Richtung **Hoheneck (2)**, 324 m, zu. Hier verlassen wir den Mittelweg, kommen aber von dort später wieder zurück. Beim Waldaustritt halten wir uns links. Jetzt sollte Ihr Hund auf jeden Fall für kurze Zeit an die Leine, denn wir gehen für wenige Meter auf dem Gehsteig entlang der Straße. Bald aber biegen wir links zu einem Waldweg ab und folgen diesem. Der Westweg leitet hier an gepflegten Schrebergärten vorbei, bis uns eine Staffel abwärts nach **Dillweißenstein**, 265 m, hinunter bringt. Wir gehen rechts entlang der Straße und wenden uns an der Ampel links. Nach dem ansehnlichen Ludwigsplatz schreiten wir über die **Nagoldbrücke (3)**, um danach am orografisch linken Ufer flussaufwärts zu flanieren. Wenn Ihr Hund das Wasser liebt, wird er diesen Streckenabschnitt besonders mögen. Bedenken Sie aber bitte die Strömung der Nagold! Wir halten in der romantischen Flussaue, wo wir unseren vierbeinigen Freund auch mal rennen lassen können, dem Fußweg bis die Mühlbergstraße die Treue. Hier gelangen wir zur alten **Sandsteinbrücke (4)**, 285 m, treffen wiederholt auf die Markierung des Mittelwegs und überqueren erneut die rauschende Nagold. Dann nehmen wir den Hund für kurze Zeit besser an die Leine und wandern links entlang der B463 in Richtung des Freibads. Nach ca. 250 m biegen wir rechts zu dem Fußweg bei der ehemaligen Dillweißensteiner **Papierfabrik** ab. Bald steigen wir im nahen Wald leicht bergan und gelangen nach Kurzem wieder zu der Stelle, wo wir zuvor auf dem Westweg den Mittelweg verlassen haben. Ab hier ist der Wegverlauf zurück zum **Kupferhammer** bereits bekannt und wir gelangen in einer guten Viertelstunde wieder zum **Ausgangspunkt (1)** zurück.

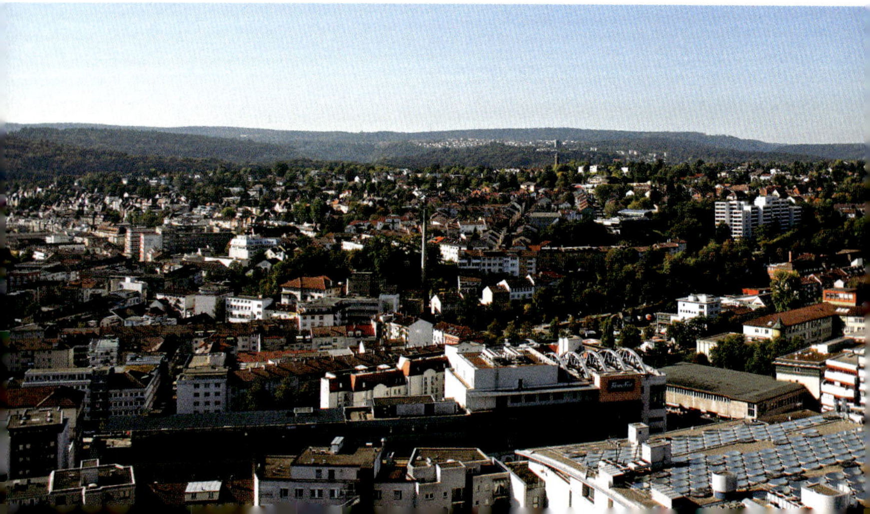

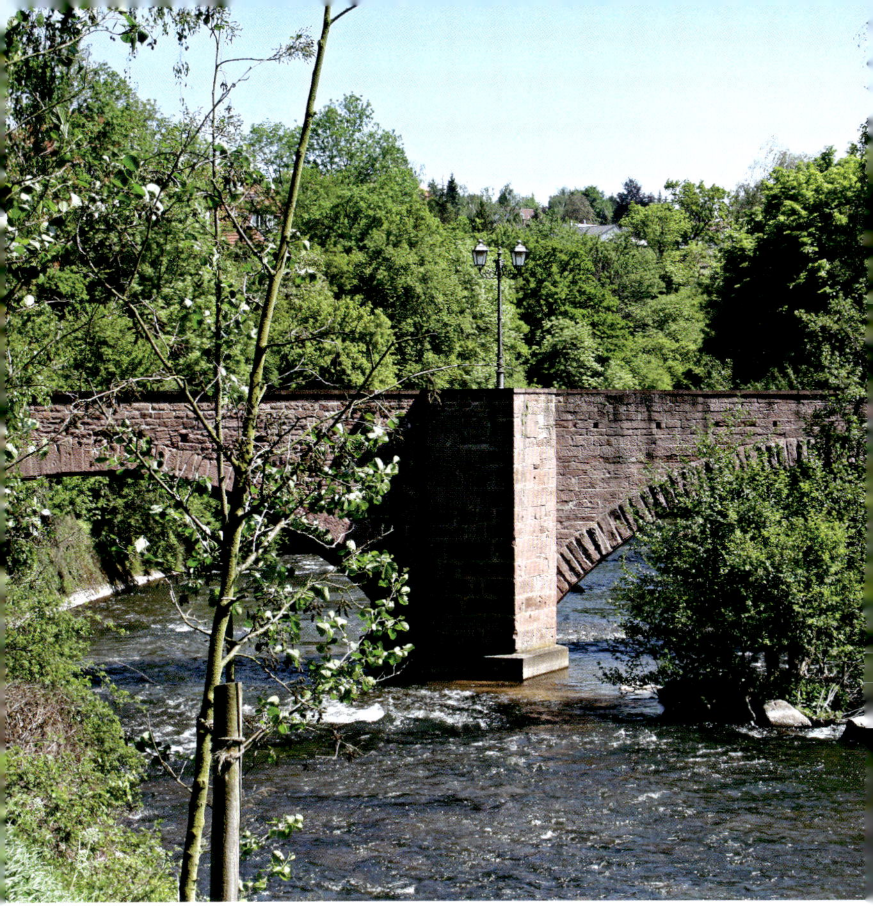

Oben: In Dillweißenstein führt die Sandsteinbrücke über die Nagold.
Unten: Vom Sparkassenturm blickt man über Pforzheim zum Schwarzwald.

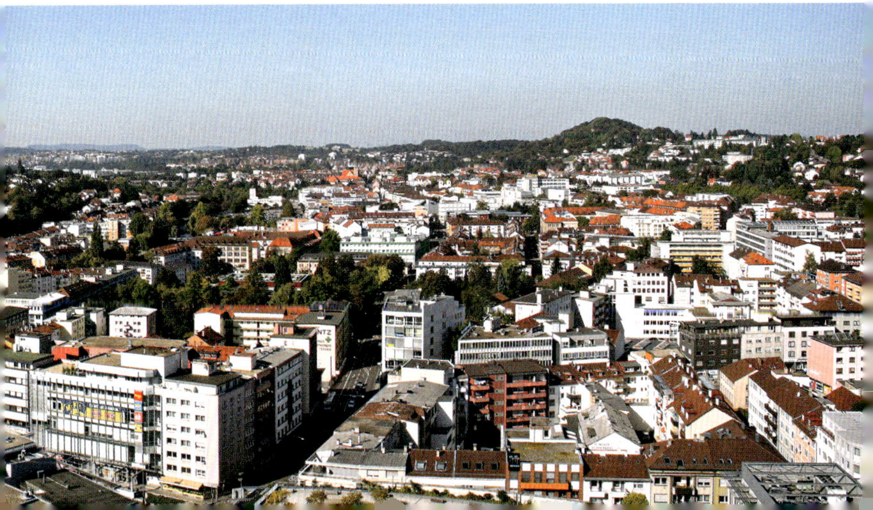

4 Auf dem Dobel

Auf den Spuren des Westwegs

Zum Volzemer Stein

Im sogenannten Hüttwald wandert man inmitten des tiefen Schwarzwälder Nadelwalds, fernab der Zivilisation zu der beeindruckenden Felsformation des Volzemer Steins, die man hier im Nordschwarzwald eigentlich nicht vermutet. Das Felsengewirr zeigt den Schwarzwald von seiner ganz besonderen Seite. Die Wanderung lässt sich auch an Sommertagen, durch die Waldkühle und Meereshöhe begünstigt, gut durchführen.

KURZINFO

Ausgangspunkt: Dobel, 700 m, Parkplatz Horntannhalde, Busanschluss.
Anfahrt: A8 bis Pforzheim, B294 bis kurz vor Höfen und die L 340 nach Dobel, oder über Bad Herrenalb und von dort die L340 nach Dobel.
Gehzeit: 1.30 Std.
Höhenunterschied: 90 m.
Anforderungen Mensch: Einfache Wanderung.
Anforderungen Hund: Leichte Genusswanderung. Wasser mitnehmen!
Wasserstellen: Keine.
Einkehr: Dobel.
Unterkunft: Hotel Rössle, Johann-Peter-Hebel-Str. 7, 75335 Dobel, Tel. +49 7083 9359959, roessle-dobel.de; Gasthof Zur Linde, Hauptstr. 19, 75335 Dobel, Tel. +49 7083 8873, linde-dobel.de.
Tierarzt: Tierheilpraxis Meike, Neckarstr. 51, 775334 Straubenhardt, Tel. +49 152 56811413, tierheilpraxis-meike.de.
Tierbedarf: Fressnapf, Schwarzwaldstr. 10, 76593 Gernsbach, Tel. +49 7224 993415.
Karte: Freizeitkarte Nr. 502, 1:50.000.

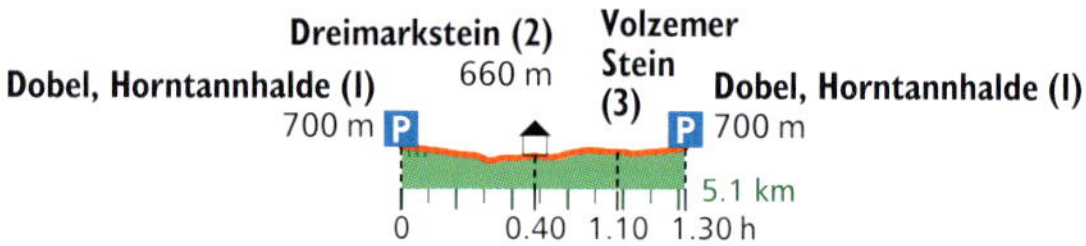

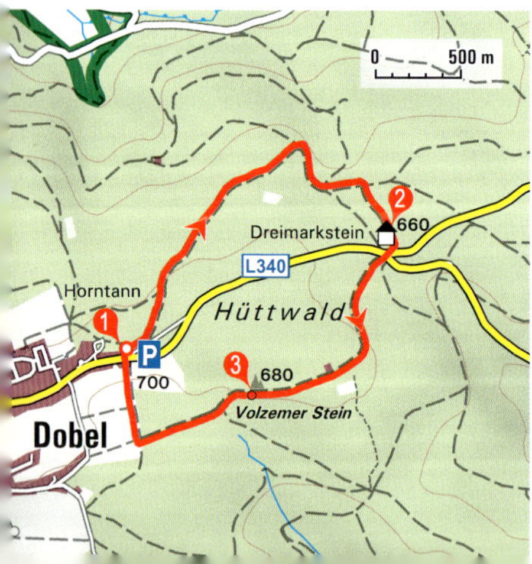

Am östlichen Ortsausgang des herrlich gelegenen Luftkurorts **Dobel** beginnen wir am Waldparkplatz **Horntannhalde (1)**, 700 m, neben der Landstraße L340, die kurze aber genussvolle Wanderung. Sogleich nimmt uns die Markierung des Schwarzwaldradwegs auf und wir folgen dem breiten Schotterweg in nord-nordöstliche Richtung. Ohne nennenswerten Höhenverlust verläuft der gemütliche, von blühenden Blumen und Bäumen gesäumte Weg durch den Wald und leitet

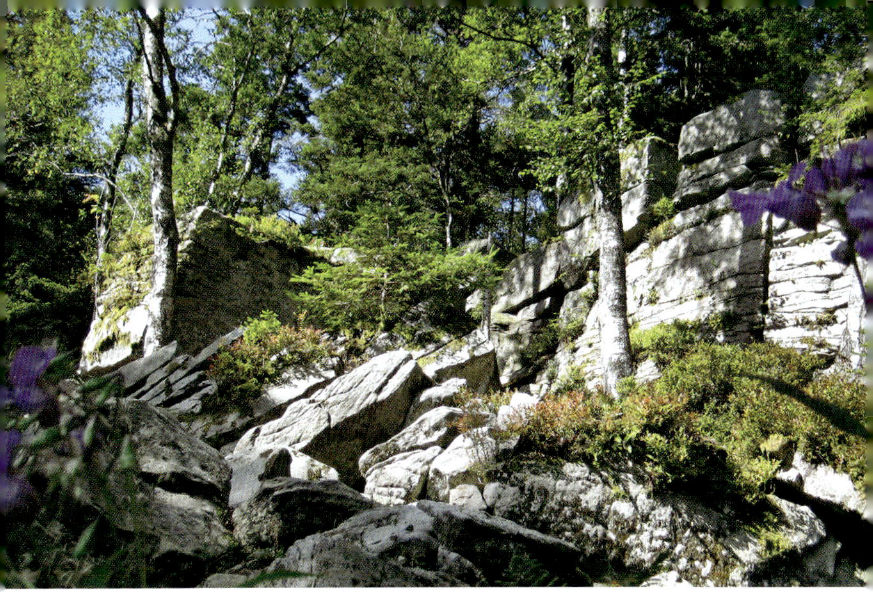

Der Volzemer Stein ist eine sehr interessante Steinformation.

nach fast zwei Kilometern in einen weiteren Forstweg. Diesen schreiten wir weiter zum fünf Minuten entfernten großen Wegetreff. Hier könnte man bereits rechts abbiegen, wir aber gehen für gut fünf Minuten weiter geradeaus und treffen dann auf die Markierung des bekanntesten Schwarzwälder Fernwanderwegs, des Westwegs. Die rote Raute leitet uns jetzt rechts zu einem holprigen Waldpfad, der uns empor zu einer herrlich gelegenen, dreieckig geformten Holzhütte und dem weitläufigen Rast- und Grillplatz **Dreimarkstein (2)**, 660 m, führt. Auf der großen Wiese kann der Hund spielen. Werfen Sie ihm ein Dummy oder einen Futterbeutel und lassen ihn apportieren.

Nach der ausgiebigen und spielerischen Waldrast sowie dem obligatorischen genüsslichen Rucksackvesper überqueren wir vorsichtig eine Fahrstraße und wandern auf dem breiten Waldwanderweg weiter. Wir halten diesem konstant die Treue und gelangen zu dem grandiosen Felsengewirr **Volzemer Stein (3)**, 680 m. Wenn möglich, achten Sie bitte darauf, dass Ihr Hund hier beim Naturdenkmal nicht unbedingt im Moos buddelt!

Die Westwegmarkierung führt uns weiter in Richtung Südwesten und mehrere Künstlerskulpturen säumen den Wegesrand. Beim Waldaustritt halten wir uns nun rechts und wandern zunächst entlang des Waldrands und anschließend über freies Feld wieder unserem **Ausgangspunkt (1)** entgegen.

Spaß am Rastplatz Dreimarkstein.

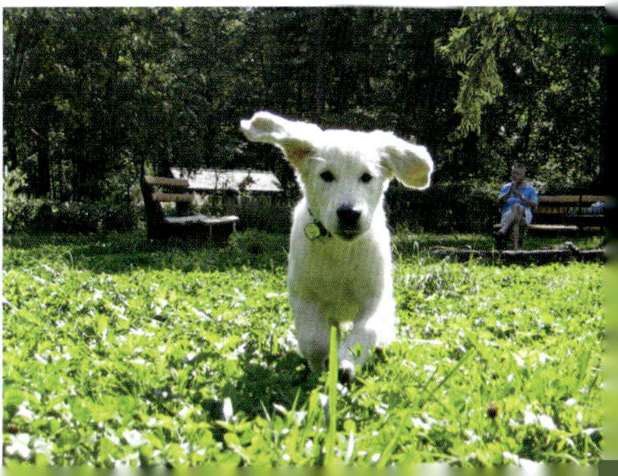

5 Das Kleine Enztal

Wunderbar wanderbar

Traumtour durchs Kleine Enztal und zum Fronwald

Das prägnante Landschaftsbild wird anfangs durch die wunderbare Flusslandschaft der Kleinen Enz bestimmt. An heißen Sommertagen ermöglichen zahlreiche Furten und Badestellen, den Hunden die gewünschte Abkühlung zu finden. Steil geht's dann zum Fronwald hinauf, aber ein Rucksackvesper (natürlich auch eine Hundemahlzeit) bei einer wunderschön gelegenen Holzhütte entschädigt für die vorausgegangene Strapaze. Übrigens gilt im Winter das Loipennetz hier oben im Agenbacher Fronwald als regelrechter Geheimtipp!

KURZINFO

Ausgangspunkt: Parkplatz Erholungsgebiet Vogel- und Gewässerschutzlehrpfad, Holzwiesenhütte, 490 m.
Anfahrt: B 294 von Pforzheim in Richtung Freudenstadt, etwa 4 km nach Ortsausgang Calmbach, bzw. 1 km nach Kleinenzhof.
Gehzeit: 3 Std.
Höhenunterschied: 280 m.
Anforderungen Mensch: Nach extremen Regenfällen sollte der Pfad neben der Enz gemieden werden.
Anforderungen Hund: Da der Pfad im Enztal über mehrere kleine Holzbrückchen führt, sollte Ihr Hund vor solchen keine Scheu haben. Der Anstieg nach dem Enztal führt steil bergauf.
Wasserstellen: Kleine Enz, Talbach, Brunnenwasen und Heselbach.
Tipp: An heißen Sommertagen kann die Tour in Gegenrichtung gewandert werden, so haben die Hunde den Wasserspaß am Schluss.
Einkehr: Forellenpark Kleinenztal.
Unterkunft: Kleinenzhof, Kleinenzhof 1, 75323 Bad Wildbad, Tel. +49 7081 3435, kleinenzhof.de.
Tierarzt: B. Kaiser, Kernerstr. 221, 75323 Bad Wildbad, Tel. +49 7081 3464.
Tierbedarf: Fressnapf, Heilbergstr. 20, 71131 Oberjettingen, Tel. +49 7452 882375.
Karte: Freizeitkarte Nr. 502, 1:50.000.

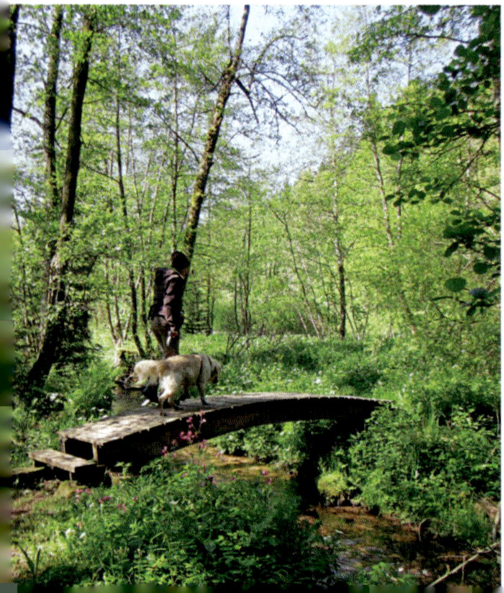

Immer wieder führen Brücklein über die Kleine Enz.

Am Parkplatz des **Erholungsgebietes Vogel- und Gewässerschutzlehrpfad** im Kleinen Enztal gehen wir über die Enz zur **Holzwiesenhütte (1)**, 490 m. Zuvor aber kann sich Ihr Hund auf der Wiese beim Parkplatz erst einmal von der Fahrt erholen und etwas austoben.
Jenseits der Enz treffen wir auf den Graf-Eberhard-Weg und wandern dort links. Mehrere Tafeln informieren über heimische Vögel, Pflanzen und Fische. Nach etwa 500 Metern

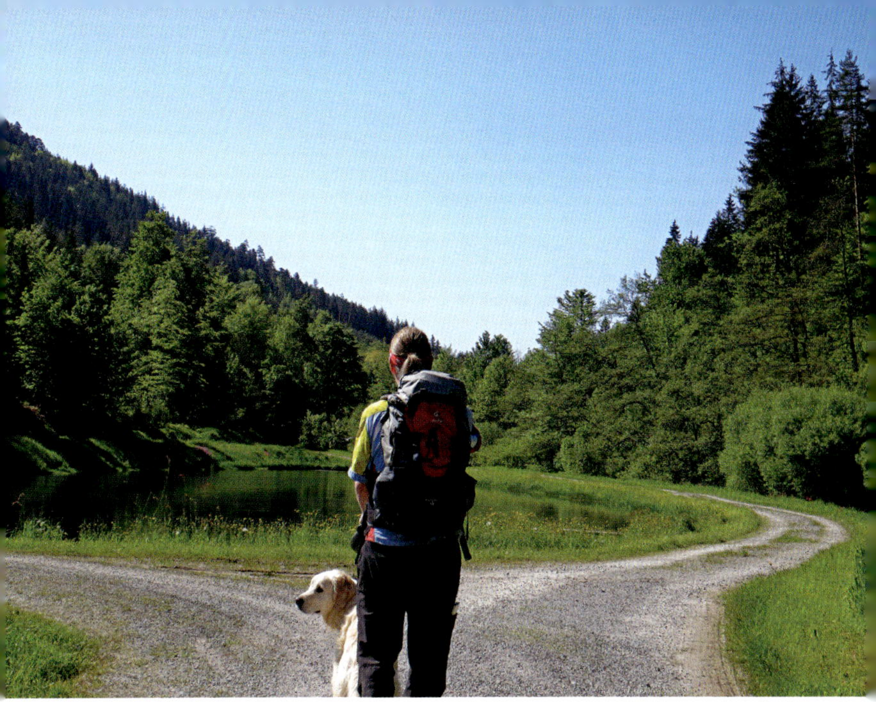

Beide Wege führen um den Fischweiher.

verlassen wir den Schotterweg nach links und gehen den schmalen Pfad hinab zum Flussbett. Ein kleines romantisches Wegchen leitet neben dem quirligen Wasser, das von Zuflüssen zuhauf gespeist wird, flussauf. Hier finden Tier und Mensch einen wahren Abenteuerspielplatz vor. Ein paar Minuten später gehen wir wieder rechts zum Forstweg hoch und gelangen zu den vier **Fischweihern (2)**, 506 m, die auf beiden Seiten umwandert werden können. Kurz hinter dem letzten See passieren wir eine Brücke. Wenn wir links unterhalb des Forstwegs flussauf marschieren, begleitet uns erneut die noch junge Enz. Wir queren ständig kleine Nebenbäche. Eine mitunter schmale Pfadspur führt abenteuerlich verschlungen durch die teils ursprüngliche Vegetation und Wildnis der bezaubernden Flusslandschaft.

Im Tannenwald kreuzen wir erneut einen von rechts einmündenden Wildbach und schreiten danach den Wiesenweg rechts zum **Forellenpark Kleinenztal (3)**, 535 m, sowie der Bundesstraße, die wir zügig überschreiten. Bei der Straßenquerung ist ein kurzes Anleinen des Hundes ratsam!

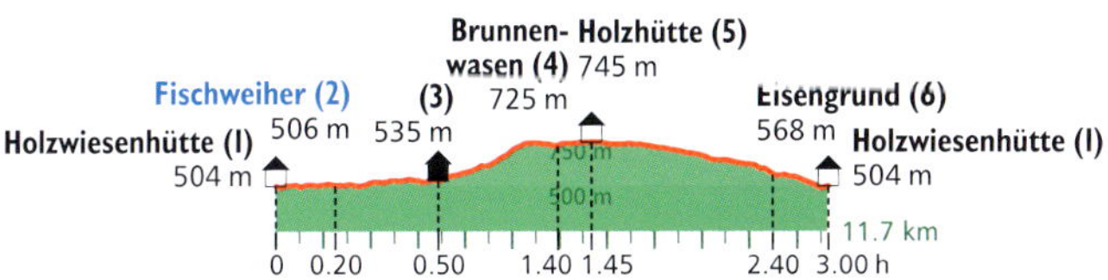

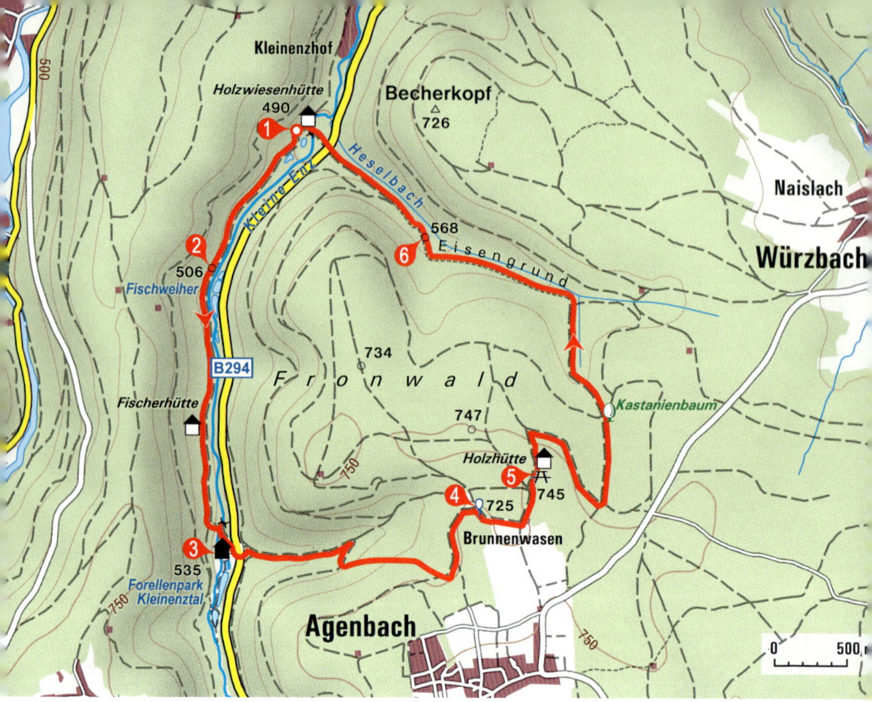

Der Hochsitz ist nur für den Jäger bestimmt.

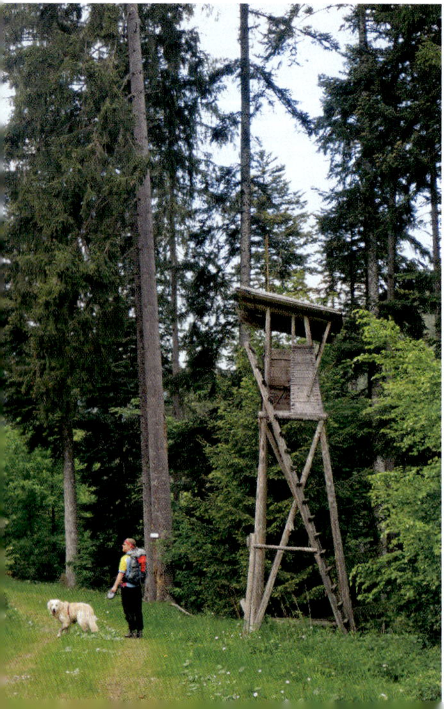

Auf dem Forstweg geht's neben dem Talbach östlich leicht bergauf und beim Wegetreff Härlesloch zum Fuchsweg rechts hinauf. Achtung, bereits 200 Meter später halten wir uns scharf links bergan zu einem grasbewachsenen Weg! Dieser ursprüngliche Pfad führt permanent in die Höhe, dabei setzen wir über zwei Forstwege hinweg und wenden uns erst beim dritten nach links. Nahezu eben wandern wir nun den Ludwigstannweg zur Lichtung des **Brunnenwasen (4)**, 725 m. Nach kühlender Erfrischung gehen wir rechts weiter und an der Gabelung links. Entlang des Waldrands passieren wir eine duftende Wiese und biegen beim Teerweg links zum Kraftwaldweg erneut in den Forst ein. Gleich geht's an einer kleinen Hütte vorbei, jedoch erwartet uns eine weitere, noch viel schönere **Holzhütte (5)**, 745 m, die wenig später zu einer Rast mit Rucksackvesper förmlich einlädt. Nach idyllischer Pause schreiten wir den Forstweg in nördlicher Richtung weiter und wenden uns am Kreuzstein dem Wirtschaftsweg rechts zu. Etwa 10 Minuten später geht's dann bei der großen Wegspinne links zum Heselbachweg. Im leichten Gefälle spazieren wir nun durch einen herrlichen Tannenwald und halten uns an der Kreuzung bei der Kastanie geradeaus. Bald schon begleitet uns der sprudelnde Heselbach zur Rechten, bis in der Buchhalde ein Forstweg halb links kurz hinauf zum Heselbachtalweg führt. In der Mulde, 637 m, schreiten wir beim Jägersitz den moosbegrünten Waldweg talwärts. Achtung, kurz nach einer kleinen Lichtung in der Rechtskurve leitet ein unscheinbarer Pfad rechts hinab in den **Eisengrund (6)**, 568 m zu einem Forstweg! Wer jetzt mag, kann links versetzt zum Heselbach hinabsteigen, denn ein überaus romantisches Weglein zieht sich dort am Ufer entlang. Ihr Hund kann einmal mehr nach Herzenslust planschen. Leider entpuppt sich der Pfad als Sackgasse und man muss weglos wieder ein paar Meter zum Forstweg hinaufsteigen. Der breite Waldweg begleitet uns vollends gemütlich den Heselrain hinab zum **Ausgangspunkt (1)**, den wir bereits nach 15 Minuten wieder erreichen.

Planschen und Stöckchen kauen in der Enz, das gefällt.

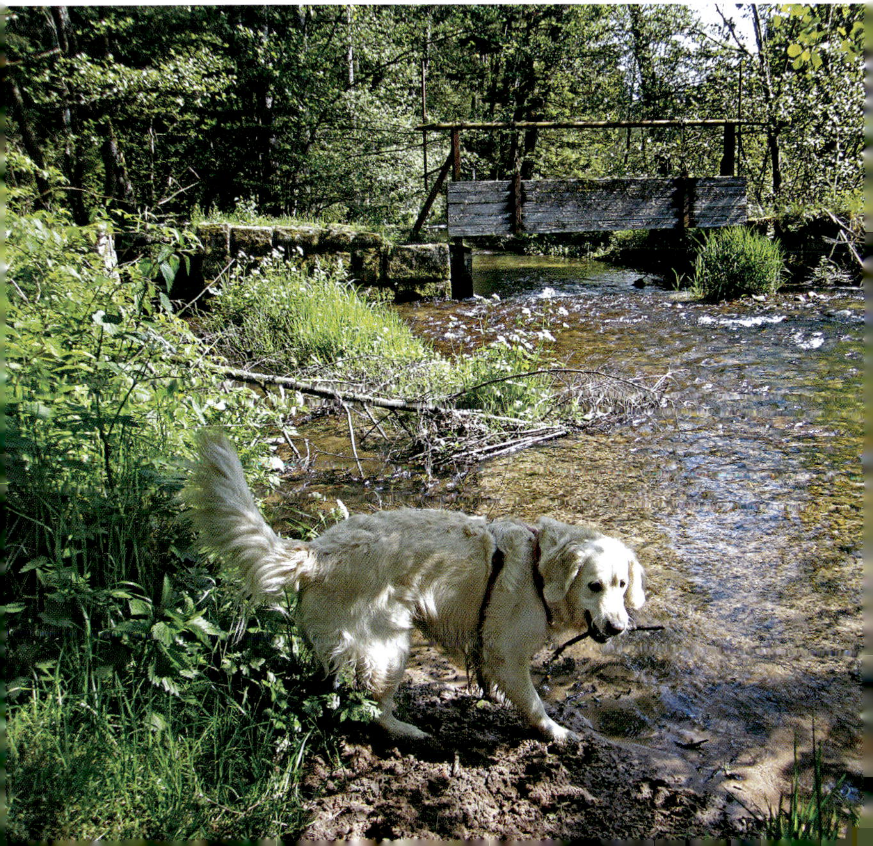

6 Zur Grünhütte

Beliebte Traumtour im Nordschwarzwald

Auf dem Bohlenweg übers Moor

Eine der herrlichsten Wanderetappen des Nordschwarzwalds wandelt teilweise auf den Spuren des Mittelwegs und führt den Wanderer im Bereich des Hochmoors in eine einzigartige, unverfälschte, ja fast unberührte Natur. Die Grünhütte ist bei Wochenendwanderern ein sehr beliebtes Ausflugsziel, das gerne erwandert und besucht wird, vor allem an Schönwettertagen kann es hier durchaus mal eng werden. Vielleicht ist es ratsam, diese Hundewanderung deshalb nicht am Wochenende zu unternehmen!

KURZINFO

Ausgangspunkt: Kaltenbronn, 869 m, Parkplatz E, Busanschluss. Für Wohnmobile gibt es mehrere Parkplätze bei der Passhöhe.
Anfahrt: Pforzheim – Bad Wildbad und zur Passhöhe, oder vom Murgtal hinauf.
Gehzeit: 3.15 Std.
Höhenunterschied: 250 m.
Anforderungen Mensch: Bei trockenem Wetter herrliche Genusswanderung.
Anforderungen Hund: Der Bohlenweg ist für Vierbeiner etwas schwierig zu begehen. Bei Nässe oder Schnee sind die Holzbohlen sehr rutschig. Bitte den Hund das Moor nicht betreten lassen!
Wasserstellen: Mehrere Wasserläufe.
Einkehr: Grünhütte, und Hotel Sarbacher, Kaltenbronn.
Unterkunft: Hotel Sarbacher, Kaltenbronner Str. 598, 76593 Gernsbach-Kaltenbronn, Tel. +49 7224 93390, hotel-sarbacher.de.
Tierarzt: B. Kaiser, Kernerstr. 221, 75323 Bad Wildbad, Tel. +49 7081 3464.
Tierbedarf: Fressnapf, Schwarzwaldstr. 10, 76593 Gernsbach, Tel. +49 7224 993415.
Karte: Freizeitkarte Nr. 502, 1:50.000.

Die Grünhütte ist ein sehr begehrtes Wanderziel.

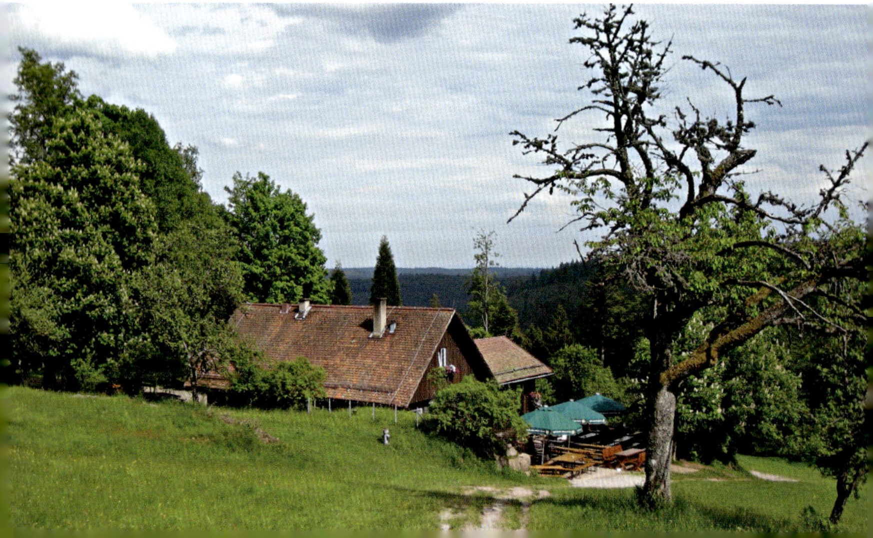

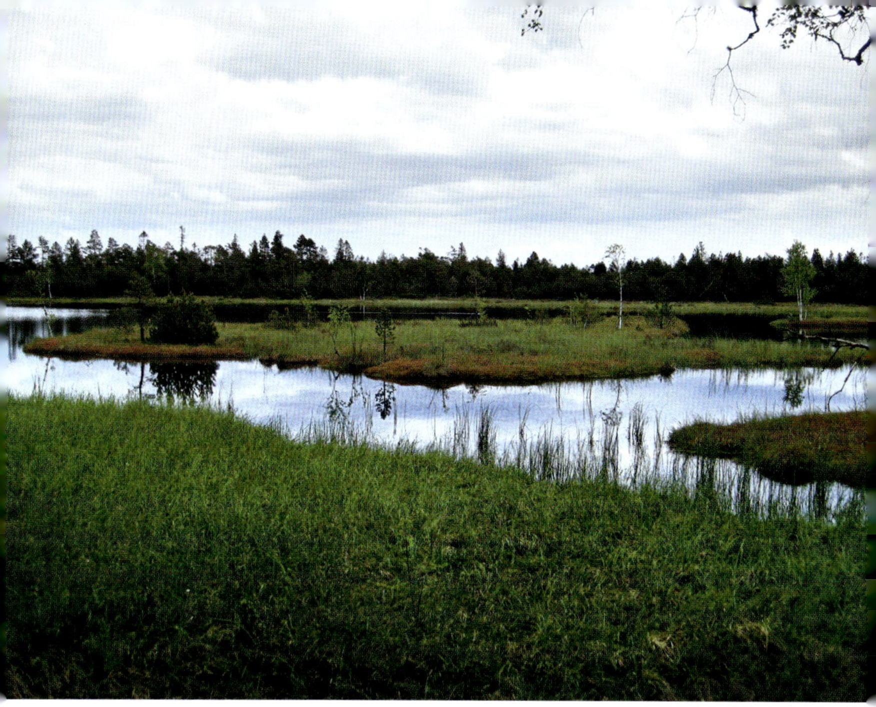

Herrlich gelegen, der Wildsee und das Hochmoor.

Auf dem **Kaltenbronn (1)**, 869 m, starten wir beim Parkplatz E westlich der Passstraße (nicht beim Parkplatz auf der Passhöhe!) die genussvolle Höhenwanderung. Wir kreuzen vorsichtig die bei Motorradfahrern beliebte Bergstraße und sogleich nimmt uns die rote Raute der Westwegmarkierung auf. Bald aber verlassen wir den Fernwanderweg wieder und wandern entlang des Waldrands zum Wildgehege. An der Wegkreuzung beim Gehege schreiten wir jetzt geradeaus Richtung Osten dem Wald entgegen. Der breite Mannslohweg schlängelt sich als Forstweg nahezu eben durch den Wald, bis wir nach gut zwei Kilometern bei der **Leonhardhütte (2)**, 905 m, geradewegs dem faszinierenden Hochmoor entgegen wandern. Jetzt beginnt der spannendste Teil dieser grandiosen Wanderung, denn auf alten ausgedienten Holzbohlen setzen wir den Marsch sicher über das **Hochmoor (3)**, 906 m, fort. Dabei passieren wir das einzigartige Naturschutzgebiet des Wildsees und des Hornsees. Allerdings gilt hierbei zu beachten, dass der angelegte Weg unter keinen Umständen – weder vom Zweibeiner,

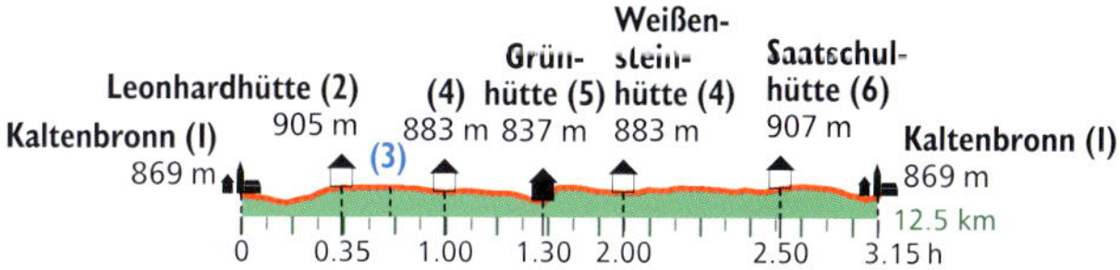

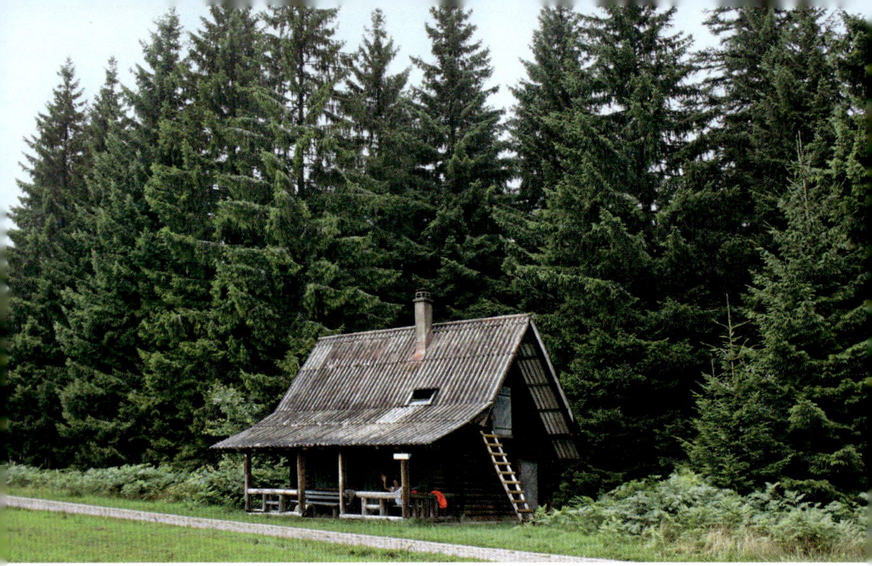

Die Saatschulhütte lädt zur Wanderrast ein.

noch vom Vierbeiner – verlassen werden darf! Außerdem sind die abgelatschten Holzbohlen bei Nässe oder gar Schnee gefährlich rutschig und die Bretter für Hundefüße, der Zwischenräume wegen, mit genügend Respekt zu begehen. Noch im Hochmoor schwenkt unser Weg Richtung Osten und leitet bald entlang eines Bachs wieder durch den Wald. Beim Forstweg treffen wir auf den Mittelweg und drehen rechts, dann gelangen wir wenig später zur Unterstandshütte **Weißensteinhütte (4)**, 883 m. Jetzt halten wir uns auf dem Fußweg nach Süden und schreiten nach 400 Metern in einer langen Linkskurve auf dem Forstweg der 20 Minuten entfernten, urig bewirtschafteten **Grünhütte (5)**, 837 m, entgegen. Nach einer ausführlichen Rast, Futter- und Vesperpause folgen wir der Mittelwegmarkierung, die auf dem Schotterweg westlich weist und gehen an der folgenden großen Kreuzung

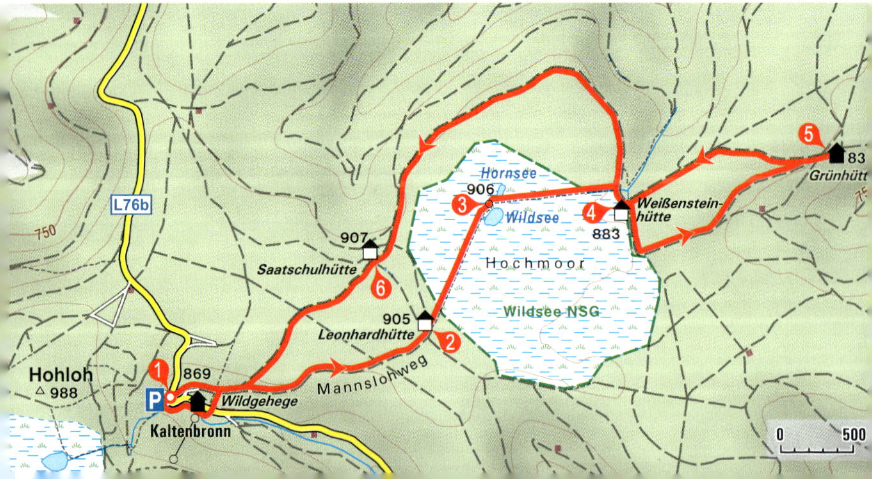

»Blockhauswald« nach zehn Minuten links weiter. Ein längerer Abschnitt führt uns geradeaus durch duftenden Nadelwald zur bereits bekannten **Weißensteinhütte (4)**. Wir biegen nach rechts und nach einer Bachquerung bringt uns der farngesäumte Weg durch lichten Bannwald (das ist ein sich selbst überlassener Wald) zu einer Hochebene. Blühende Disteln und wilder Pfefferminz wachsen am Wegesrand. Nach gut 45 Minuten queren wir erneut ein Bächlein und gelangen in einer Rechtskurve zu einem steinigen Weg, der uns nach links leitet. Kurz darauf erreichen wir eine Wegkreuzung, bei der wir die Richtung beibehalten, bis wir an einer großen Lichtung die unbewirtschaftete **Saatschulhütte (6)**, 907 m, erreichen. Die Lichtung eignet sich besonders gut zum Hundespiel.
Unsere Route zeigt geradeaus weiter und wir folgen stetig dem breiten Forstweg, bis wir bereits in der Ferne den Skihang von Kaltenbronn erkennen. An dem Wildgehege folgen wir nun dem Weg links hinab nach **Kaltenbronn** und dem **Hotel Sarbacher**. Das Hotel lädt den Wanderer und Hund zur wohlverdienten Schlussrast ein. Entlang der Passstraße erreichen wir nach kurzem Anstieg wieder den **Ausgangspunkt (1)**.

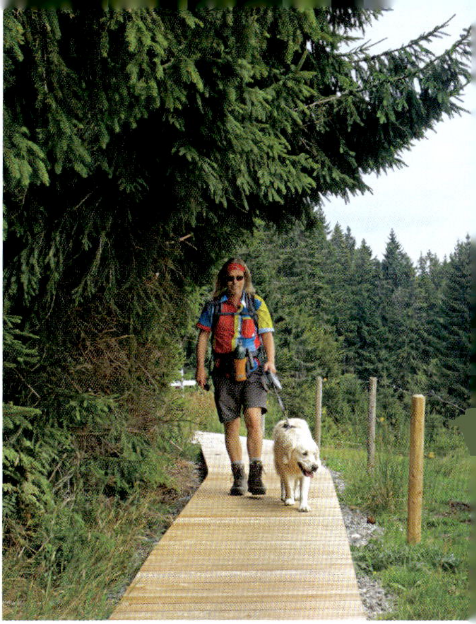

Oben: Typischer Holzbohlenweg.
Unten: Immer wieder Bächlein …

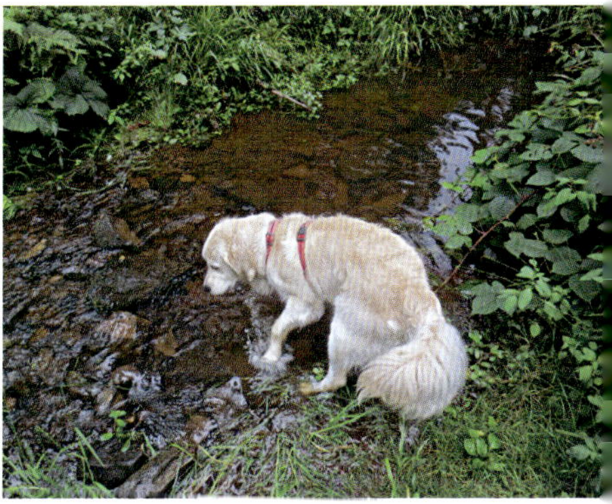

Auf dem Buntsandstein, der sich vor rund 250 bis 240 Millionen Jahren im Bereich des heutigen Schwarzwalds ablagerte und im Lauf der tektonischen Hebung des heutigen Mittelgebirges hier wieder an die Oberfläche gelangte, bildeten sich nach der letzten Eiszeit vor etwa 10.000 Jahren, die Hochmoore. Als das Eis abzuschmelzen begann, sammelte sich das Tauwasser in den Vertiefungen und konnte wegen der dichten Tonschichten nicht versickern. Auf den feuchtnassen Flächen entwickelten sich Gräser und Moose. Abgestorbene Pflanzenreste sammelten sich am Grund und wurden zu Torf. Diese Schicht wächst im Jahr nur unbedeutend in die Höhe, jedoch kann ein unachtsamer Fußtritt in das weiche Moos im Handumdrehen viele Jahre Wachstum vernichten. Lassen Sie also bitte Ihren Hund nicht im Hochmoor spielen!

7 Auf Kaltenbronn

Grenzenloser Ausblick

Auf dem Hohloh- oder Kaiser-Wilhelm-Turm über die 1000-m-Grenze hinaus
Der Hohlohturm des Schwarzwaldvereins, westlich von Kaltenbronn gelegen, reicht über die 1000-Meter-Grenze hinaus und bietet an klaren Tagen eine grandiose Fernsicht. Der fürchterliche Winterorkan »Lothar« wütete am 26. Dezember 1999 auf dem Hohloh so schwer, sodass heutzutage eine perfekte rundum reichende Aussicht möglich ist. Auf Kaltenbronn, der Name ist vielversprechendes Programm; das heißt, wenn's drunten im Rheintal schon (oder noch) mild ist, kann es auf dieser Bergeshöhe durchaus Frost geben. Hier oben ist es grundsätzlich fast immer ein ganzes Stück kälter als drunten im Tal. Das bedeutet, dass Sie und Ihr Hund an heißen Sommertagen eine wohltuende und erholsame Abkühlung erleben können.
Die Passhöhe liegt zwischen dem Enz- und Murgtal und hat der rauen Witterung sowie des Windes wegen ein ursprüngliches Aussehen. Die Gegend ist in schneereichen Wintern von Skifahrern und Skilangläufern stark bevölkert, was aber kein Wunder ist, denn hier befindet sich eine der nördlichst gelegenen als auch interessantesten Abfahrtspiste.
Wenn Ihr Hund gerne im Schnee spazieren geht, finden Sie hier auch in schneeärmeren Wintern oft die weiße Pracht vor. Allerdings ist bei Hundewanderungen in der winterlichen Hochsaison auf die gespurten Langlaufloipen Rücksicht zu nehmen.

KURZINFO

Ausgangspunkt: Kaltenbronn, 869 m, Parkplatz E, Busanschluss. Für Wohnmobile gibt es mehrere Parkplätze auf dem Kaltenbronn.
Anfahrt: Pforzheim – Bad Wildbad und empor zur Passhöhe, oder vom Murgtal hinauf.
Gehzeit: 1.50 Std.
Höhenunterschied: 170 m.
Anforderungen Mensch: Am Anfang kurzer aber kräftiger Anstieg.
Anforderungen Hund: Nur am Anfang wasserreiche Gegend. Der Holzdielenweg beim Hohlohsee ist bei Nässe und Schnee rutschig.
Wasserstellen: Wildbach bei Kaltenbronn und Bächle bei der Kreuzlehütte. Wassermitnahme ist erforderlich.
Einkehr: Hotel Sarbacher.
Unterkunft: Hotel Sarbacher, Kaltenbronner Str. 598, 76593 Gernsbach-Kaltenbronn, Tel. +49 7224 93390, hotel-sarbacher.de.
Tierarzt: B. Kaiser, Kernerstr. 221, 75323 Bad Wildbad, Tel. +49 7081 3464.
Tierbedarf: Fressnapf, Schwarzwaldstr. 10, 76593 Gernsbach, Tel. +49 7224 993415.
Karte: Freizeitkarte Nr. 502, 1:50.000.

Auf dem **Kaltenbronn (1)**, 869 m, beginnen wir beim Parkplatz E westlich der Passstraße (nicht beim Parkplatz auf der Passhöhe) den eineinhalbstündigen Rundkurs. Auf den Spuren der beiden Fernwanderwege Westweg und Mittelweg wandern wir gleich zu Beginn den steilen Anstieg nach Westen hinauf und werden dabei von dem lustigen Plätschern des Wildbachs, **Hühnerwässerle** genannt, begleitet. Hier

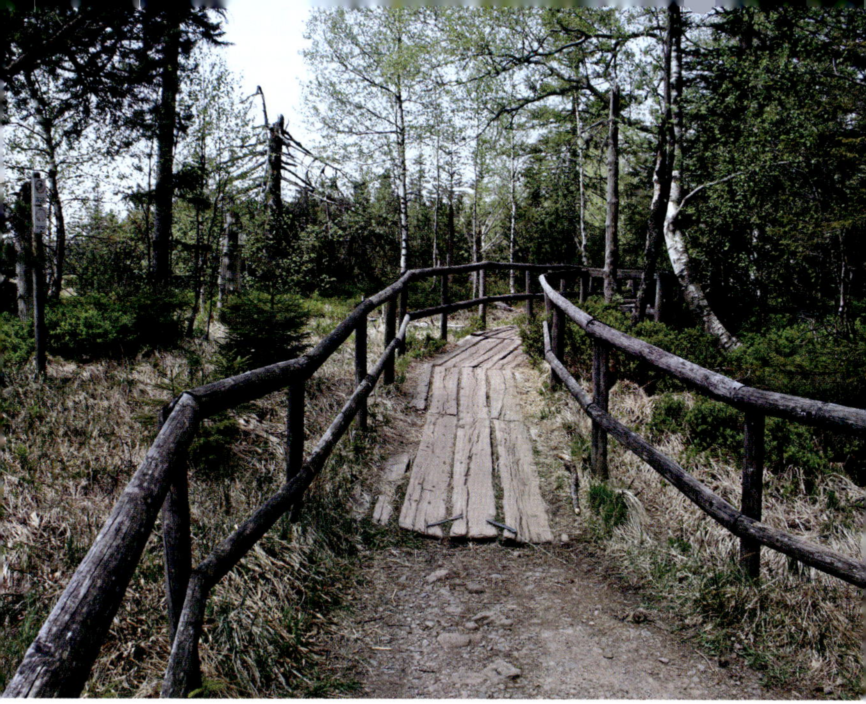

Die Dielen am Hohlohsee können bei Nässe gefährlich rutschig sein!

kann Ihr Hund bereits Wasser schlabbern und nach Herzenslust baden. Nach dem kräftezehrenden Aufstieg wird der Weg flacher und kreuzt einen Wirtschaftsweg. Bald gelangen wir zu dem romantisch gelegenen Naturschutzgebiet des einzigartigen **Hohlohsee (2)**, 981 m. Auf Holzdielen, die aus alten Eisenbahnschwellen bestehen, wandern wir sicher über das Hochmoor. Hunde müssen bei diesem Wegabschnitt konzentriert gehen. So gelangen wir geradewegs zum **Kaiser-Wilhelm-Turm (3)**, 986 m, auch Hohlohturm genannt, der als steinerner Aussichtsturm den Hohloh weit überragt. Die noch fehlenden 14 Höhenmeter bis zur 1000-Meter-Grenze können Sie jetzt mithilfe der Stufen zur Aussichtskanzel des Turms ergänzen. Der grandiose Prachtblick reicht weit über die benachbarten Schwarzwaldberge und zu den französischen Vogesen. Bei guter Sicht sind sowohl die Hornisgrinde als auch der Hochschwarzwald erkennbar. Natürlich sollte der Vierbeiner nicht die Wendeltreppe des steinernen Turmes hinaufsteigen und besser unten bleiben!

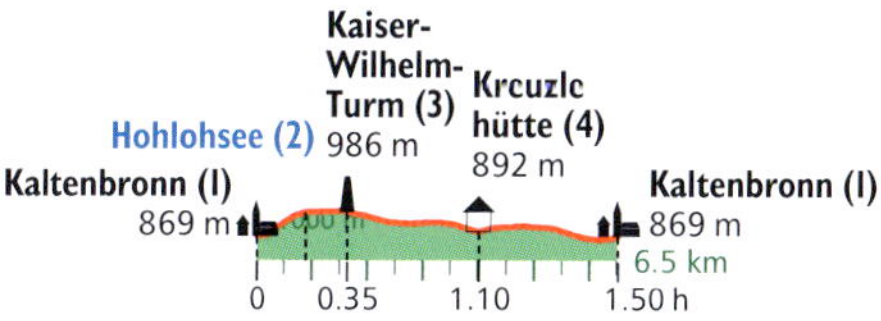

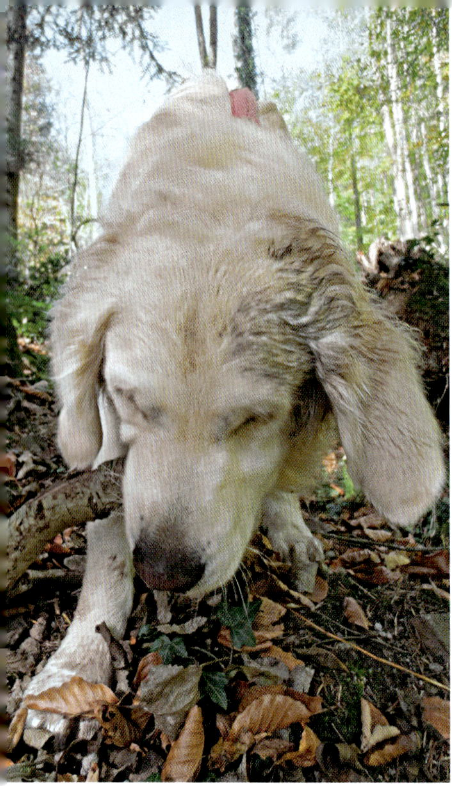

Stöckchen kauen ist nicht ganz ungefährlich!

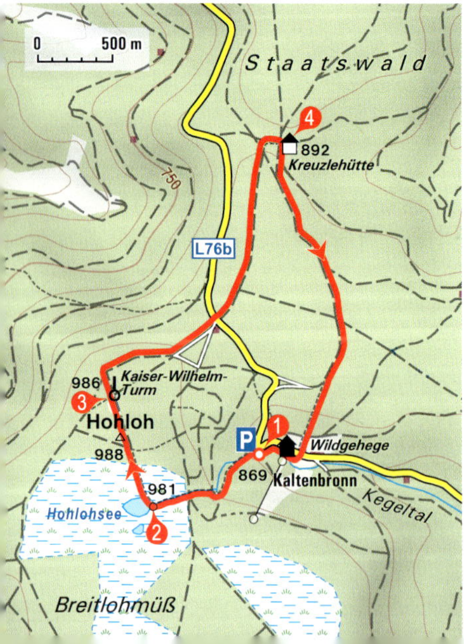

Nach der genussvollen Aussicht folgen wir dem unbefestigten Waldweg vom Hohloh hinab und gelangen auf dem vielbegangenen Turmweg schließlich zum großen Parkplatz auf Kaltenbronn. Dort behalten wir die Richtung bei und erreichen bei der Schwarzmisshütte die **Passhöhe des Kaltenbronn**, 933 m. Vorsichtig kreuzen wir die oft viel befahrene Passstraße und setzen den Marsch jenseits in einer lang gezogenen Linkskurve nach Nordosten und Norden fort. Nach fast anderthalb Kilometern ebenen Waldmarsches queren wir einen Pfad und biegen rechts hinüber zur großen Lichtung bei der **Kreuzlehütte (4)**, 892 m. Hier treffen wir jetzt erneut auf die Spur des Westwegs. Nordöstlich der Hütte finden wir im Wald den Brotenaubach, der im Tal als Eyach in die Enz fließt. Erneut hat Ihr Hund die Möglichkeit sich zu erfrischen.
Die rote Raute des Westwegs leitet uns nun ständig leicht steigend weiter, bis uns nach einer Kuppe ein Pfad sanft durch dichten Wald links abwärtsführt. Gegenüber erkennen wir jetzt den Skihang von Kaltenbronn. Bald treffen wir an den Zaun eines Wildgeheges und Ihr Hund hat nun die einzigartige Chance, Hirsch und Reh zu betrachten, was er in freier Wildbahn natürlich besser nicht tun soll! Wir wandern am Gehege vorbei und gelangen hinab bis zur Landstraße, wo das Hotel Sarbacher jetzt die einzige Einkehr dieser Tagesetappe ermöglicht. Nach der Rast folgen wir schließlich der Fahrstraße zwei Kehren weit aufwärts und verlassen diese an der Parkplatzausfahrt links zu unserem **Ausgangspunkt (1)**. Wenn Sie mögen, kann Ihr Hund noch mal im **Hühnerwässerle** baden.

Zur Schwarzenbachtalsperre

8

Anstrengender Auf- und Abstieg

Anstrengende Etappe zu lohnenswertem Stausee

Der sehr steile Aufstieg von Forbach hinauf zum Stausee der Schwarzenbachtalsperre ist überaus schweißtreibend und nichts für schwache Beine. Deshalb sollte diese Wanderung nicht an den heißesten Sommertagen begangen werden! Ein erfrischendes Bad zur Abkühlung tut dann Hund und Mensch aber gewissermaßen gleich gut.

Die Schwarzenbachtalsperre ist ein Pumpspeicherkraftwerk des Energiekonzerns EnBW, das modernen Ökostrom liefert. Die maximale Stromleistung liegt bei stolzen 43 MW.

KURZINFO

Ausgangspunkt: Forbach, 307 m, Parkplatz am Bahnhof, Bahnanschluss. In Bahnhofsnähe Wohnmobilparkplätze.
Anfahrt: A5 bis Rastatt, dann B462 ins Murgtal nach Forbach, oder B462 von Freudenstadt.
Gehzeit: 3.30 Std.
Höhenunterschied: 600 m.
Anforderungen Mensch: Steiler Auf- und Abstieg.
Anforderungen Hund: Teils schmale Pfade, aber auch Forstwege. Wegen der steilen Topografie sollte diese Tour nicht im Hochsommer gewandert werden.
Wasserstellen: Murg, Brunnen in Forbach, Schwarzenbachtalsperre, Jägerlochhütte und mehrere kleine Bäche.
Einkehr: Forbach und Schwarzenbachtalsperre allerdings gegenüber der Staumauer.
Unterkunft: Das Waldhaus, Hauptstr. 2, 76596 Forbach, Tel. +49 7228 7010523, daswaldhaus.com.
Tierarzt: Dr. Walter Laub, Scheffelstr. 34, 76593 Gernsbach, Tel. +49 7224 4306.
Tierbedarf: Zoo & Co. Trögler, Karlsruherstr. 4, 76437 Rastatt, Tel. +49 7222 1590166.
Karte: Freizeitkarte Nr. 502, 1:50.000.

Die Kirche zu Forbach erklingt im Glockenklang der bekannten Big-Ben-Melodie aus London.

Vom Bahnhof in **Forbach (1)**, 307 m, halten wir uns auf dem Westweg hinab zur Murg und wandern direkt auf das Wahrzeichen der Gemeinde zu. Die historische Holzbrücke ist die größte ihrer Art in Europa, sie besteht seit 1778 und wurde im Jahre 1954/55 originalgetreu nachgebaut und 1976 generalsaniert. Wir über-

Von der Schwarzenbachtalsperre führt die Fallleitung steil ins Tal.

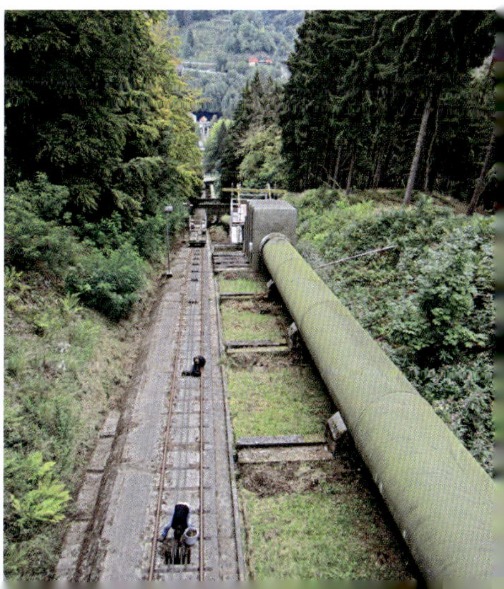

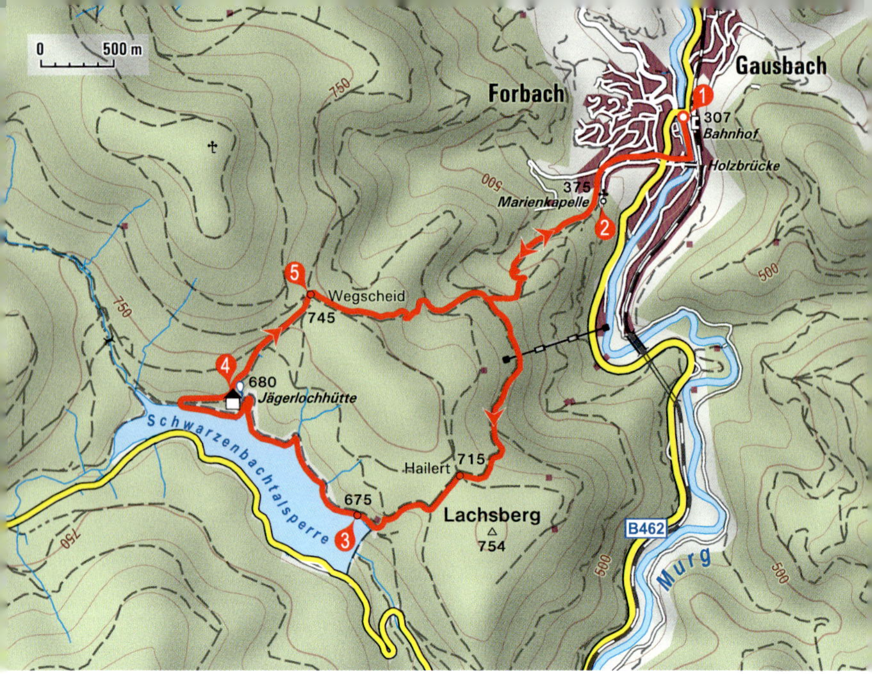

queren diese außergewöhnliche Brücke ins Zentrum des Ortes. Dort kreuzen wir die B462 und halten uns beim Brunnen auf Steinpflaster links, bis uns die Marienstraße halb links zur **Marienkapelle (2)**, 375 m, hinaufführt. Hier halten wir uns rechts und wandern in ein liebliches Seitental bergan, bis uns nach etwa 600 Metern ein knorriger Serpentinenpfad links zum **Oberstgrüb**, 537 m, hinaufbringt. Hier gehen wir halb rechts den steilen Bergpfad weiter hinauf, bis ein Forstweg links (der Westweg geht geradeaus weiter) nur noch sanft weiter ansteigt. Bald queren wir auf einer Steinbrücke die mächtige Fallleitung des Stausees. Jetzt bleiben wir konstant auf dem Schotterweg, der kurvig hinauf zum **Hailert**, 715 m, führt. An der Kreuzung gehen wir geradewegs über den Sattel hinweg, dann führt der Mittellinienweg rechts. Nach rund 10 Minuten halten wir uns links zu dem Pfad hinab und gehen mit Sicht auf die **Schwarzenbachtalsperre (3)**, 675 m, zur Staumauer des Sees. Die mächtige

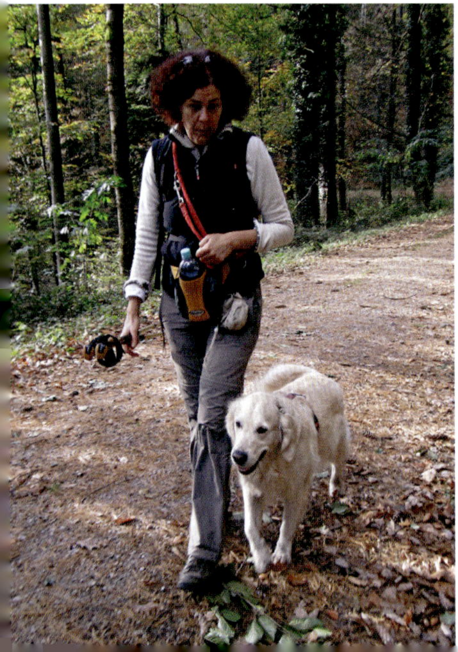

Unterwegs auf stillen Waldwegen.

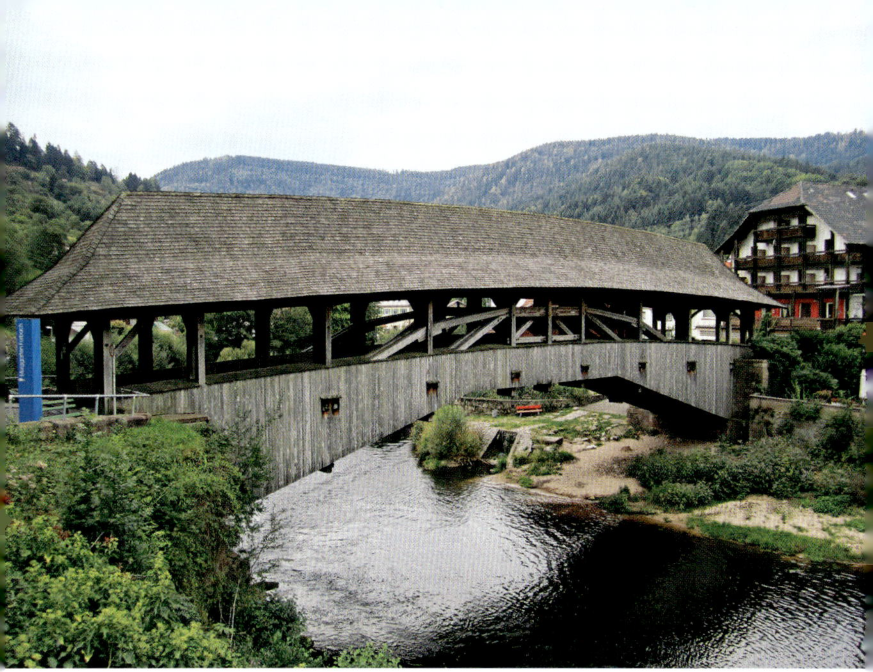

Die historische Holzbrücke führt über die Murg bei Forbach.

Talsperre diente bereits in den 1920er-Jahren der Stromerzeugung, früher wurde das Wasser von den Flößern für den Holztransport genutzt. Wir wenden uns nach rechts und folgen dem Uferweg für etwa eine halbe Stunde. Wer mag, kann jetzt ein erfrischendes Bad nehmen. Wir wandern weiter, bis nach der entspannten Wanderung von rechts kommend der Westweg wieder zu uns stößt. Hier wenden wir uns scharf rechts und folgen mit dem See im Rücken der roten Raute in den Wald. Bald passieren wir die **Jägerlochhütte (4)**, 680 m, und der Hund kann sich dort am Brunnen laben. Wir genießen dabei die tiefe Stille des Waldes. An der Unterstandshütte **Wegscheid (5)**, 745 m, gehen wir auf dem Forstweg für 250 m rechts und schwenken dann links zu dem Bergpfad. Es geht über Stock und Stein, und wir verlieren dabei rasch an Höhe. Im Abstieg achten wir besonders auf die Westwegmarkierung und gelangen somit wieder zur großen Weggabelung **Oberstgrüb**. Der Rückweg hinab nach **Forbach (1)** ist von hier aus bekannt und bedarf deshalb keiner weiteren Beschreibung.

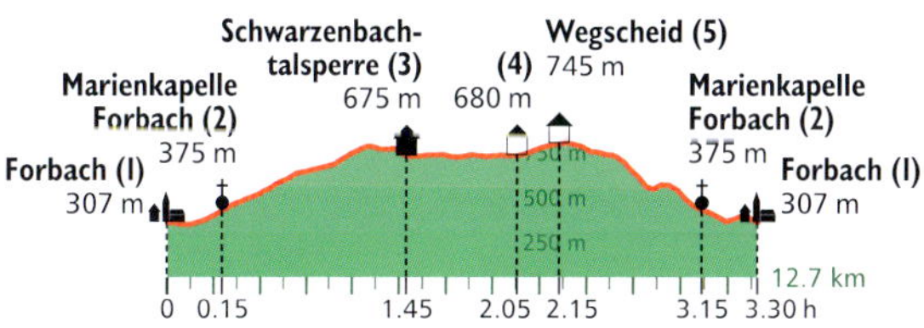

9 Badener Höhe

Wanderglück und Badespaß

Herrliche Aussicht von der Badener Höhe

Den Badespaß darf Ihr Hund schon am Anfang dieser Etappe erleben. Zwar hat er später nicht viel von der Aussicht auf der Badener Höhe, aber diese wird sicherlich Sie begeistern. Beim Anstieg von Herrenwies hinauf zum Herrenwieser Sattel darf Ihr Vierbeiner zahlreiche »Waldbewohner« entdecken! Eine gemeinsame Rast beim Naturfreundehaus Badener Höhe haben sich Mensch und Tier zum Ausklang der Tour gleichermaßen verdient.

KURZINFO

Ausgangspunkt: Sand, Schwarzwaldhochstraße B500, 826 m, Parkplatz, Busanschluss. Wohnmobilabstellmöglichkeit bei der Kapelle Sand und am Mehliskopf.
Anfahrt: A5 Ausfahrt Bühl – Bühlertal – Schwarzwaldhochstraße – Sand.
Gehzeit: 3 Std.
Höhenunterschied: 400 m.
Anforderungen Mensch: Nach Herrenwies längerer Anstieg zur Badener Höhe.
Anforderungen Hund: Im Gipfelbereich der Badener Höhe kein Wasser. An Sommertagen genügend Wasser mitnehmen.
Wasserstellen: Sandsee, und mehrere Wasserläufe.
Einkehr: Sand und Naturfreundehaus Badener Höhe.
Unterkunft: Hotel Pflug, Allerheiligenstr. 1, 77883 Ottenhöfen, Tel. +49 7842 99420, hotel-pflug.de; Berghotel Mummelsee, Schwarzwaldhochstr. 11, 77889 Seebach/Mummelsee, Tel. +49 7842 99286, mummelsee.de.
Tierarzt: Tierarztpraxis Azizi, Lindenbrunnenstr. 18, 77855 Achern, Tel. +49 7841 27865.
Tierbedarf: Fressnapf, Güterhallenstr. 13, 77855 Achern, Tel. +49 7841 664544.
Karte: Freizeitkarte Nr. 501, 1:50.000.

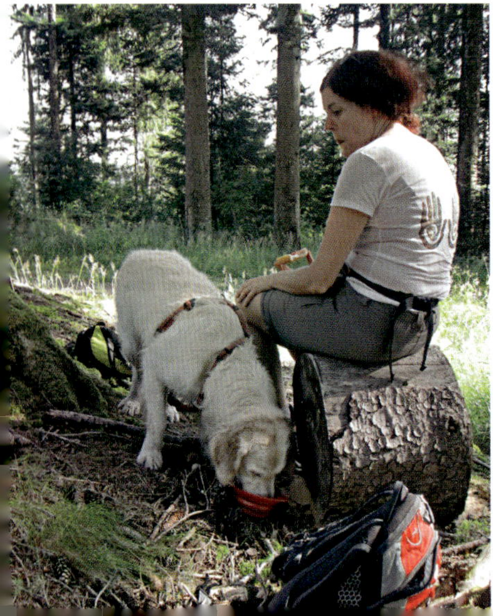

Eine verdiente Vesperpause.

Vom großen Wanderparkplatz an der Schwarzwaldhochstraße B500 bei der **Kapelle Sand (1)**, 826 m, gehen wir etwa 50 Meter nach Norden hinab bis zur Ampelkreuzung. Sicher queren wir dort die viel befahrene Bundesstraße und danach die Straße, welche in Richtung Mehliskopf leitet. Nach wenigen Schritten nimmt uns halb rechts ein Waldwirtschaftsweg auf. Mit der Markierung der blauen Raute auf weißem Grund wandern wir nun etwa 400 Meter weit, bis uns ein Wegchen halb rechts zum nahen **Sandsee (2)**,

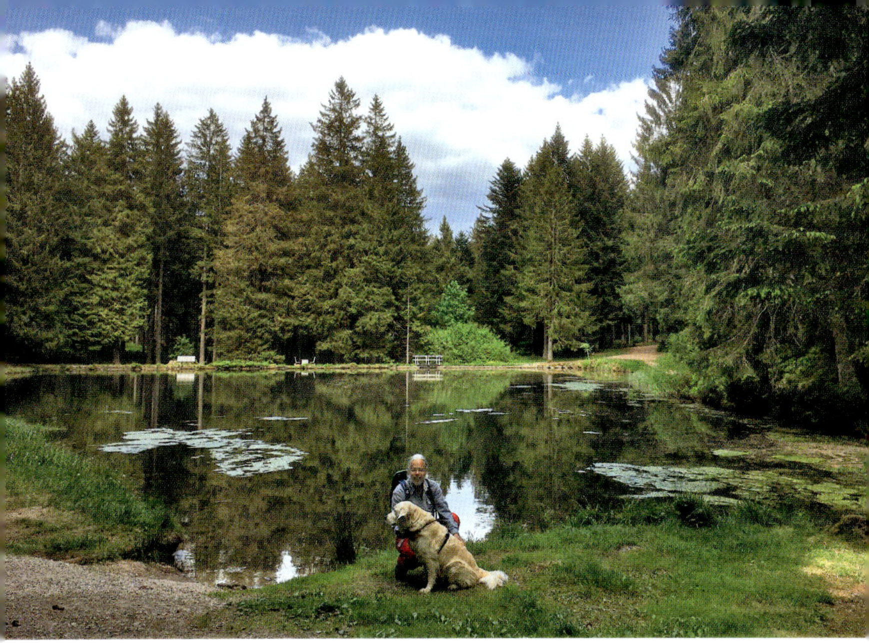

Idylle am Sandsee.

820 m, bringt. Wir umrunden den kleinen See entgegen dem Uhrzeigersinn und biegen dann rechts ab, kurz danach gelangen wir wieder zu dem breiten Anfangsweg. Wir halten uns rechts und an der folgenden Kreuzung ebenso. Fast eben marschieren wir jetzt für gut 1,5 Kilometer durch den Wald und gelangen dann zu dem kleinen Örtchen **Herrenwies (3)**, 759 m.

Auf Höhe der stattlichen Kirche steigt nun scharf links ein unmarkierter Trampelpfad bergan. Kurzweilig erscheint der Anstieg, denn jede Menge Waldtiere haben sich in Form von Metalltafeln auf beiden Seiten des Wegs im Wald versteckt. Wundern Sie sich also nicht, wenn Ihr Vierbeiner plötzlich laut bellend meint, er hätte eine Wildsau entdeckt! Außerdem erwartet uns beim Anstieg auf dem holprigen Weg ein über 200 Millionen Jahre alter Sandstein. Wir folgen stetig der Pfadspur hinauf, bis wir wieder auf einen Schotterweg treffen. Nach einer S-Kurve wandern wir geradeaus und erreichen alsbald den **Herrenwieser Sattel (4)**, 878 m, wo wir auf den bekannten Fernwanderweg Westweg treffen. Der Westweg führt in dreizehn anstrengenden Tagesetappen, auf beinahe 285 Kilometern,

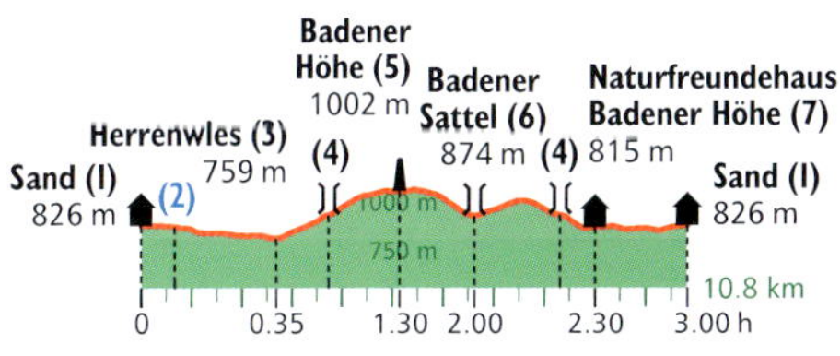

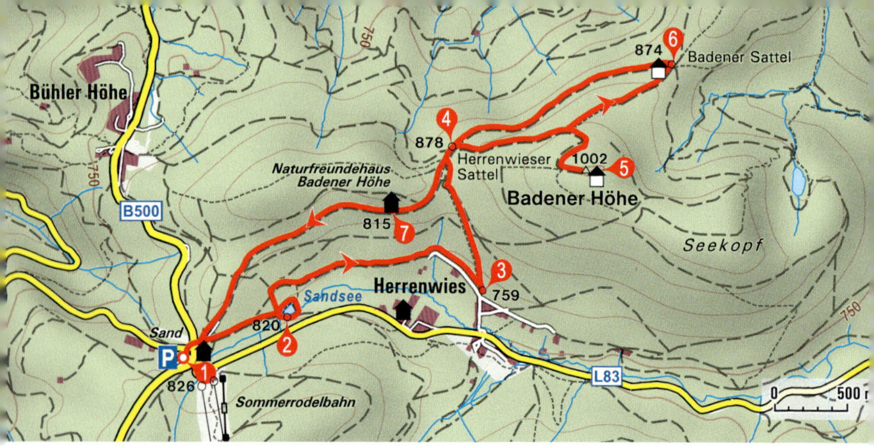

von der Goldstadt Pforzheim nach Süden durch den Schwarzwald ins schweizerische Basel. Hier befinden wir uns auf seiner dritten Tagesetappe. Fortan folgen wir der Westwegmarkierung (rote Raute auf weißem Grund) etwa eine halbe Sunde lang fort und gelangen so hinauf zum markanten Aussichtsturm, der die **Badener Höhe (5)**, 1002 m, krönt. Die weitreichende Aussicht von der baumfreien Hochfläche reicht bei klarer Sicht übers Rheintal hinweg bis zu den Vogesen. Außerdem erkennen wir im Nordosten den Hohlohturm bei Kaltenbronn und in der Gegenrichtung die markante Hornisgrinde.

Nach der Besteigung des **Friedrichturms** (ohne Hund) wandern wir die Anstiegsroute retour, biegen aber 100 Meter nach der Linkskurve scharf rechts auf den Wanderweg durch den Wald ein. Dieser bringt uns in nordöstlicher Richtung hinab zum **Badener Sattel (6)**, 874 m, wo wir uns bei der Schutzhütte links dem Forstweg zuwenden. Etwa eine halbe Stunde lang wandern wir nun auf dem breiten Weg topfeben wieder zum **Herrenwieser Sattel (4)**. Kurz danach entscheiden wir uns für den Trampelpfad rechts und erreichen nach etwa fünf Minuten das **Naturfreundehaus Badener Höhe (7)**, 815 m, das zur ausgiebigen Rast einlädt. Knapp zwei Kilometer sind es jetzt nur noch, die wir konsequent der Westwegmarkierung folgend auf dem Forstweg zum **Ausgangspunkt (1)** zurücklegen müssen.

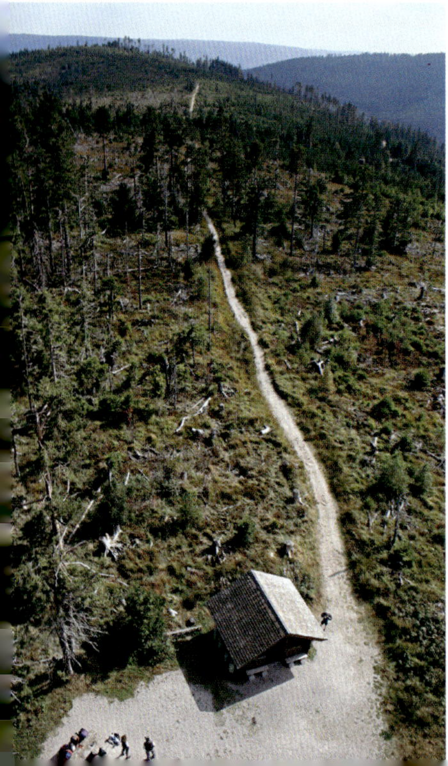

Aussicht vom Turm Badener Höhe.

10

Enzquell und Urnagold

Adrenalinkick beim Sommerrodeln

Streifzug zu zwei Quellen bekannter Schwarzwaldflüsse
Obwohl die Enz und Nagold ihren Ursprung sehr nah beieinanderliegend haben und sich in Pforzheim sowieso vereinen, nehmen sie bis zum Zusammenfluss doch einen enorm unterschiedlichen topografischen Verlauf.
Weit oberhalb des herrlichen Murgtals wandern wir hinab ins Tal der Enz und streifen auf dem Rückweg hinauf zum Nagoldursprung die weithin bekannte Sommerrodelbahn im Poppeltal. In schneereichen Wintern gilt bei Alpinskifans, der doch recht steile Hang der Poppeltaler Abfahrtspiste, im Vergleich zu den Skihängen von Kaltenbronn und Enzklösterle als regelrechter »Geheimtipp«. Weil diese Wanderung immer wieder zum Wasser führt, ist sie für wasserliebende Hunde besonders reizvoll und schön.

KURZINFO

Ausgangspunkt: Besenfeld, 816 m, Parkplatz beim Friedhof, Busanschluss. Für Ihr Wohnmobil gibt es einen großen Parkplatz am südlichen Ortsrand.
Anfahrt: Besenfeld liegt zwischen Pforzheim und Freudenstadt an der B294.
Gehzeit: 3.45 Std.
Höhenunterschied: 310 m.
Anforderungen Mensch: Nach fast ebener Wanderung lang gezogener Abstieg und mit langem Schlussanstieg.
Anforderungen Hund: Waldwanderung auf vielen Forstwegen. Im Sommer herrscht an der Riesenrutschbahn in Poppeltal oft ein reges Treiben.
Wasserstellen: Kaltenbachsee, Enzquelle, Laubbach, Poppelbach, Poppelsee, Rotwässerle und Nagoldquelle.
Einkehr: Besenfeld, Gompelscheuer, Poppeltal, Urnagold.
Unterkunft: Hotel Sonnenblick, Besenfeld, Freudenstädter Str. 40, 72297 Seewald-Besenfeld, Tel. +49 7447 9330, sonnenblick-hotel.de.
Tierarzt: Peter Nock, Erlesäcker 2, 72213 Altensteig, Tel. +49 7453 9588950.
Tierbedarf: Fressnapf, Einsteinstr. 2, 72250 Freudenstadt, Tel. +49 7441 913111.
Karte: Freizeitkarte Nr. 502, 1:50.000.

In **Besenfeld (1)**, 816 m, beginnen wir am nordöstlichen Ortsrand beim **Friedhofsparkplatz** diese Hundewanderung. Sogleich nimmt uns ein Forstweg auf, dem wir jetzt für etwa 400 Meter nach Nordwesten durch den Wald folgen. Am Abzweig halten wir uns links und schreiten auf dem Wanderweg im weiten Linksbogen weiter, dabei genießen wir meist eine ungehinderte Sicht auf Besenfeld und die Umgebung. Dieser Weg bringt uns nach etwa 20 Minuten auf die Markierung des Mittelwegs. Jetzt folgen wir dem Fernwanderweg rechts in den Wald

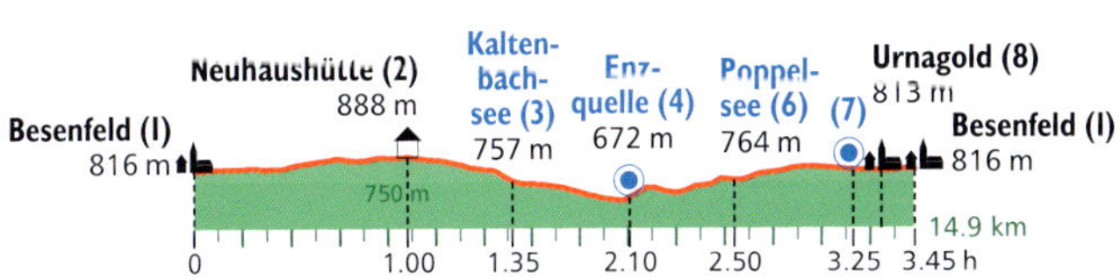

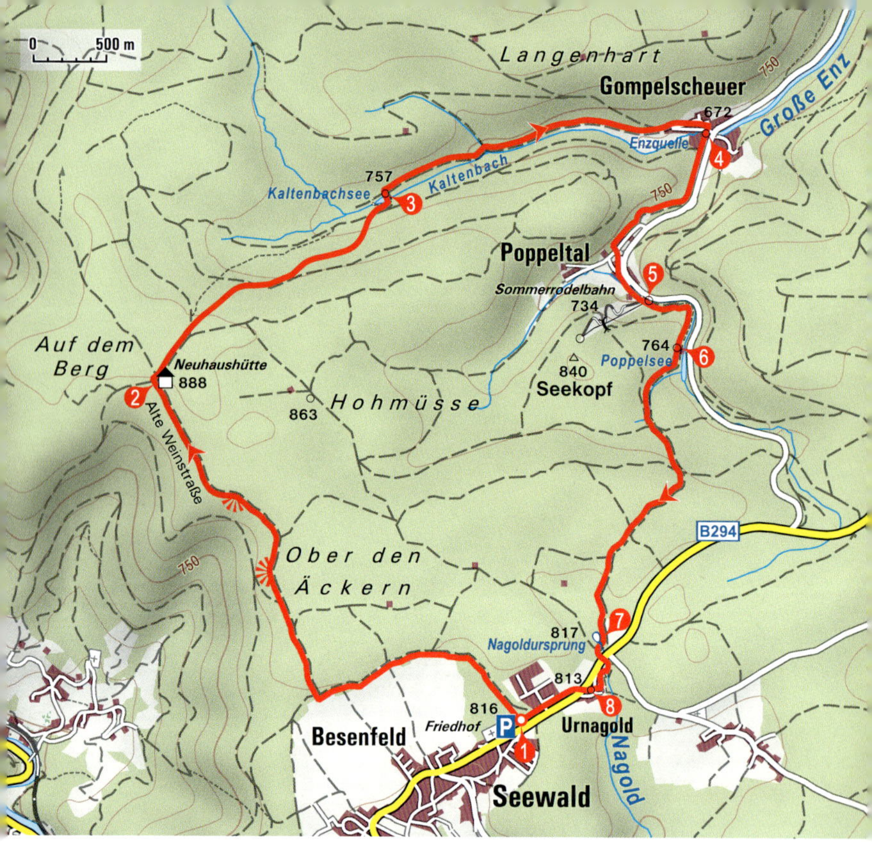

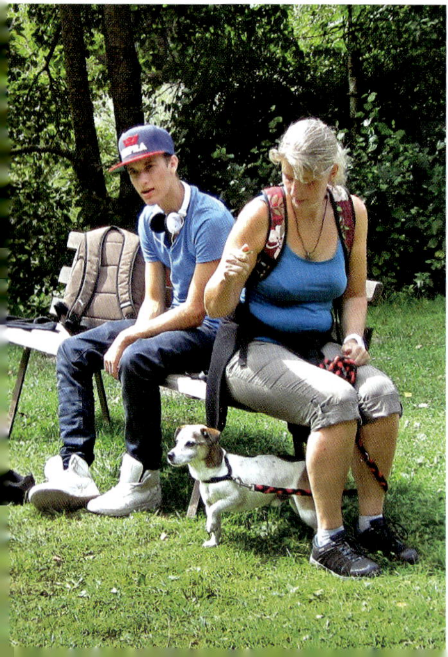

und erfreuen uns an so manchem Talblick links hinab ins Murgtal. Die sogenannte »Alte Weinstraße« bringt uns geradewegs zur **Neuhaushütte (2)**, 888 m, wo wir den Mittelweg wieder verlassen. Sämtliche Abzweige unbeachtet lassend, wandern wir nun in Richtung Nordosten und gelangen in der Lägerhalde, kräftig an Höhe verlierend, hinab zum beschaulichen **Kaltenbachsee (3)**, 757 m. Wir queren den Kaltenbach und wenden uns dann rechts auf den Forstweg. Nach etwa 600 Metern erreichen wir einen Brunnen, gehen geradeaus weiter, passieren eine Hütte und wandern weiter durch das Kaltenbachtal

Des Wanderers Rast.

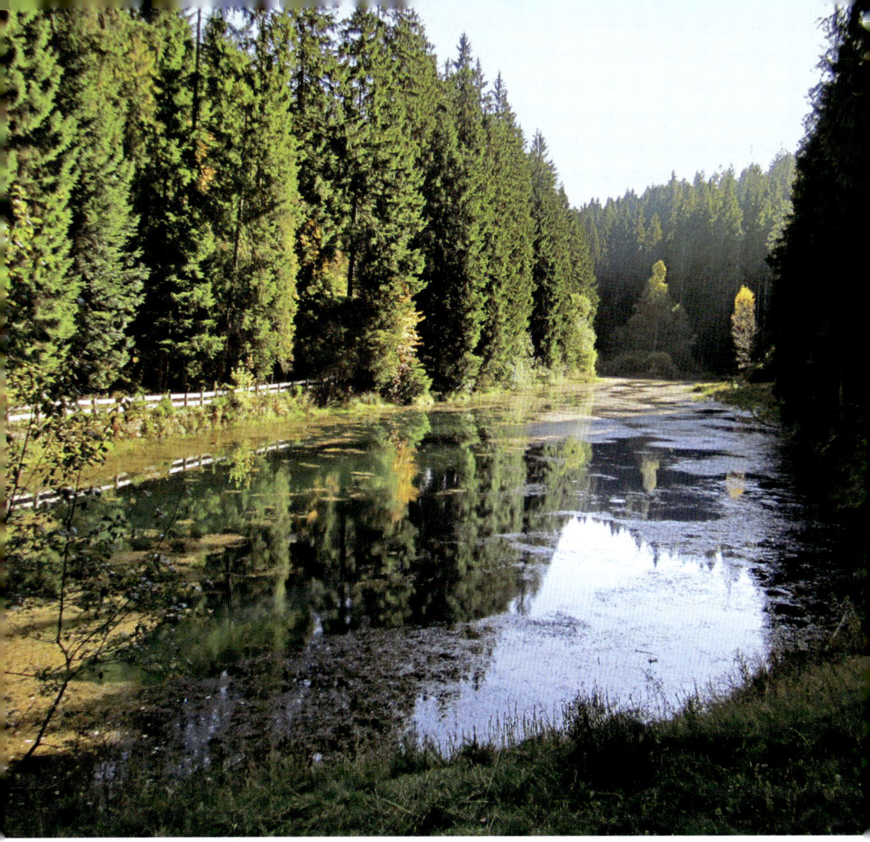

Herrlich gelegen, der Poppelsee.

bis nach **Gompelscheuer** ins große Enztal. Ab hier ist es ratsam, den Hund an die Leine zu nehmen (wenigstens, bis wir an der Rodelbahn vorbei sind).

Wir nehmen den Kaltenbachweg zur Ortsmitte und weiter die Freudenstädter Straße rechts zur nahe gelegenen **Enzquelle (4)**, 672 m. Entlang der Fahrbahn gehen wir den Fußweg neben dem Laubbach und folgen dabei stets der Ausschilderung zur **Sommerrodelbahn Poppeltal (5)**, 734 m, am Seekopf. Zwar ist die »Rutsche« für Hunde nicht geeignet, bietet aber dafür dem Menschen einen ausgelassenen Spaß.

Nach dem Rummel wandern wir entlang des wildrauschenden Poppelbachs zum abgelegenen **Poppelsee (6)**, 764 m, der zusätzlich auf einem Pfad umrundet werden kann. Wir halten uns nach Süden, kreuzen das Rotwässerle sowie zwei Wege und schwenken beim dritten rechts. Stets in südwestlicher Richtung geht's nun durch den Wald, bis wir nach einer Lichtung den **Nagoldursprung (7)**, 817 m, sowie die B294 erreichen. Danach gelangen wir bald zu dem kleinen Ort **Urnagold (8)**, 813 m. Parallel zur Bundesstraße wandern wir jetzt weiter und gelangen bald wieder zum Ausgangspunkt **Besenfeld (1)**.

11 Nagoldtalsperre

Badespaß und Wasserfreuden

Die Nagoldtalsperre ist ein Stausee in herrlicher Lage

Als topfebener Wanderweg präsentiert sich anfangs die insgesamt angenehme Tour, die zunächst entlang des Ufers der Nagoldtalsperre führt. Der Stausee wurde in den Jahren 1965 bis 1970 erbaut und von 2002 bis 2004 saniert. Die Vor- und Hauptsperre haben eine stolze Länge von fast 3 Kilometern und eine Wasserfläche von über 450.000 Quadratmetern. Die tiefste Stelle misst 30 Meter und das Fassungsvermögen beträgt 5.000.000 Kubikmeter Wasser. Weil der kumulierte An- und Abstieg während der gesamten Tour relativ gering ist, kann diese Wanderung auch von älteren Hunden problemlos erwandert werden.

KURZINFO

Ausgangspunkt: Erzgrube, 554 m, Parkplatz, Busanschluss. Für Wohnmobile gibt es mehrere Parkplätze entlang des Ufers.
Anfahrt: Die Nagoldtalsperre liegt zwischen Besenfeld, Altensteig und Freudenstadt, sie ist gut ausgeschildert.
Gehzeit: 3 Std.
Höhenunterschied: 130 m.
Anforderungen Mensch: Herrliche Wandertour, meist sehr flach.
Anforderungen Hund: Leider viel asphaltierte Wegstrecke.
Am Seeufer der Talsperre gilt für Hunde Leinenpflicht.
Wasserstellen: Nagoldtalsperre, Nagold und Kropfbach.
Einkehr: Erzgrube, Pfaffenstube, Jägerhof Kropfmühle (Mo. Ruhetag).
Unterkunft: Kropfmühle, Omersbach 1, 72297 Seewald-Omersbach, Tel. +49 7448 244, kropfmuehle.de.
Tierarzt: Stephanie Buck, Gottlieb-Hennsler-Str. 18, 72285 Pfalzgrafenweiler, Tel. +49 7445 2203.
Tierbedarf: Futter Shuttle, Industriestr. 47/1, 72160 Horb am Neckar, Tel. +49 7451 625400.
Karte: Freizeitkarte Nr. 502, 1:50.000.
Hinweis: Bitte beachten Sie die Leinenpflicht und das Badeverbot für Hunde.

Vom Kropfbach ist es nicht mehr weit zum Jägerhof Kropfmühle.

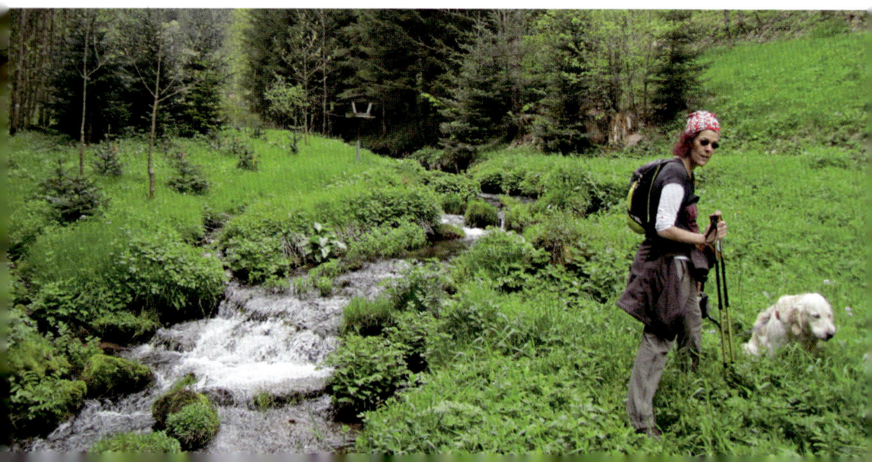

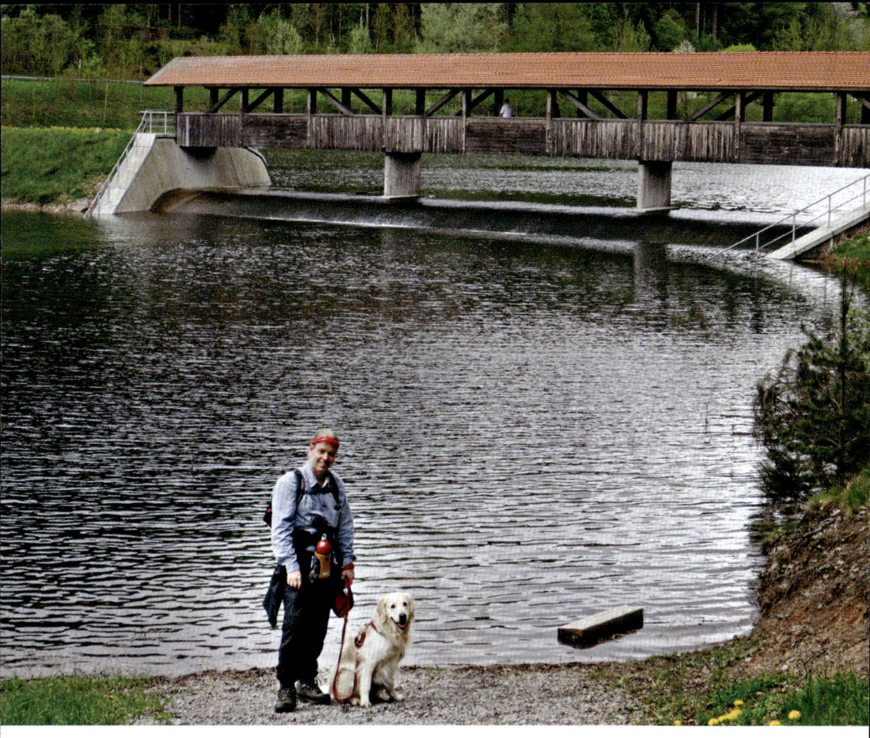

Die Holzbrücke leitet über die Nagoldtalsperre.

In dem kleinen, beschaulichen Weiler **Erzgrube (1)**, 554 m, südwestlich des Stausees **Nagoldtalsperre**, beginnen wir am Parkplatz 1 die Wanderung. Zunächst gehen wir zum westlichen Seeende, biegen vor der See-Schenke nach rechts und queren dort die **Nagoldmündung**. Zwar leitet der Hans-Wohlbold Weg asphaltiert entlang des Seeufers, aber die seitliche Grünfläche bietet für die empfindlichen Hundepfoten ausreichend weichen Grund. Nach etwa einem Kilometer ist links im Wald eine kleine Holzhütte, die zur Rast einlädt. Kurz danach erreichen wir die **Holzbrücke**, 553 m, die über den See gebaut ist und die Vorsperre von der Hauptsperre trennt. Bald begleitet uns zur Linken eine steinerne Stützmauer und das Wasser zur Rechten wird beständig breiter; so gelangen wir mühelos zur **Staumauer (2)**, 556 m. Hier gehen wir nun nicht über den Damm, sondern setzen den Marsch nach Nordosten in das Tal fort. Der breite Weg führt hinunter zur **Schernbacher Sägmühle (3)**, 525 m, wo wir im Talgrund die Leitwarte der Talsperre

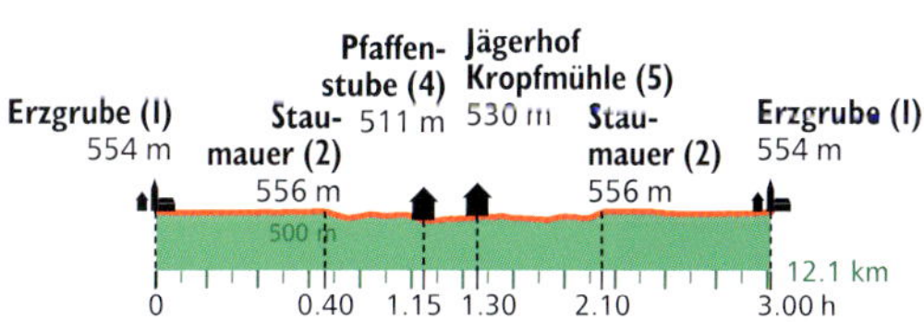

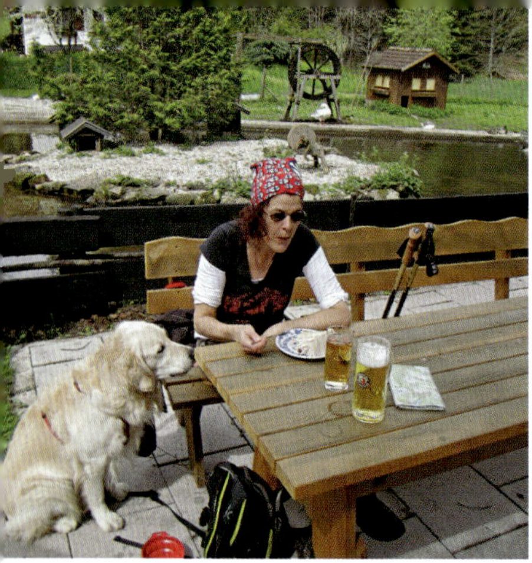

Rast beim Jägerhof Kropfmühle.

sowie die **Nagold** passieren. Rechts versetzt kreuzen wir eine Straße und setzen die Tour im Wald fort. Die gemütliche Wanderung verläuft auf einem breiten Wanderweg, und ungezählte Heidelbeersträucher zieren den Wegesrand. Am Waldende biegen wir links zur **Pfaffenstube (4)**, 511 m, hinab und folgen für ein paar Meter dem Gehweg rechts. Es ist der Straße wegen besser, den Hund hier anzuleinen. Hinter dem Kropfbach wenden wir uns nach links und folgen für etwa 300 Meter dem Verlauf der Landstraße in Richtung Göttelfingen. Bald aber kann sich Ihr Hund wieder frei bewegen. Kurz nach einem Anwesen (einem ehemaligen Gasthaus) gehen wir halb links zum Kropfbach und dort weglos flussauf über die Wiese, kurzerhand zum **Jägerhof Kropfmühle (5)**, 530 m, weiter. Nach ausgiebiger Rast in der großartigen Gartenwirtschaft wenden wir uns wieder dem Bach zu und gehen vor ihm rechts, den Weg unter einer Stromleitung weiter. Dieser leitet bald in den Wald. Ständig dem Forstweg folgend, treffen wir bei der **Schernbacher Sägmühle (3)** wieder auf den bereits bekannten Weg. Ab hier ist der Rückmarsch obligatorisch definiert und bedarf keiner weiteren Beschreibung mehr.

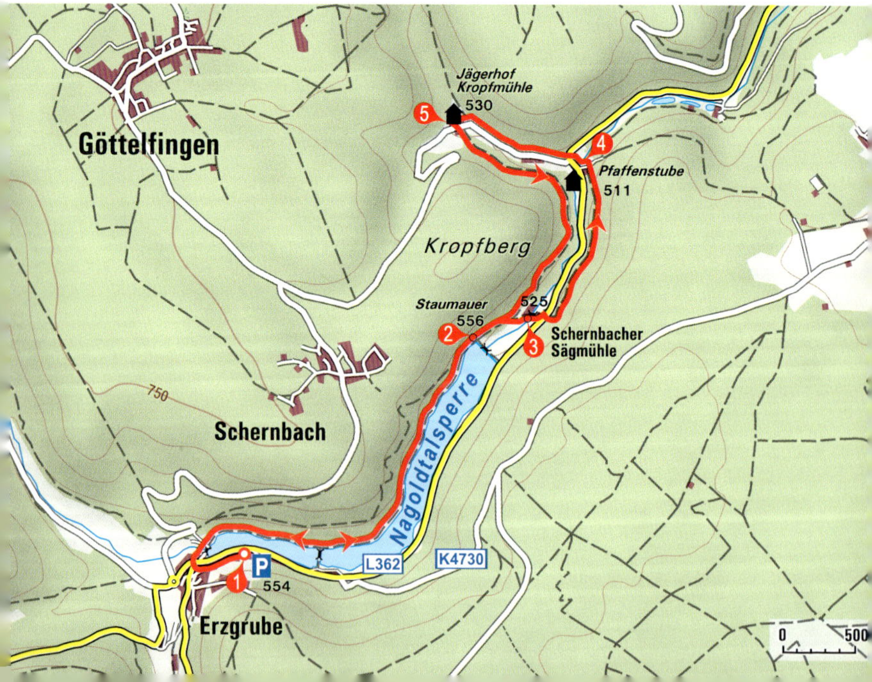

12

Hoch überm Mummelsee

Fotomotive satt

Hinauf zur Hornisgrinde
Vom sagenhaften Mummelsee steigen wir hinauf zur höchsten Erhebung des Nordschwarzwalds, der Hornisgrinde. Von der baumfreien Grindenfläche erblicken wir bei klarer Sicht ungeahnte Weitblicke. Nach dem Dreifürststein geht's hinab zum Seibelseckle und von dort wieder zurück zum Mummelsee. Der Schwarzwaldsee kann jetzt zusätzlich optional auf einem herrlichen Weg umwandert werden, oder Sie befahren ihn mit einer gemütlichen Bootstour, natürlich nur, wenn Ihr Hund das Bootfahren mag.

KURZINFO

Ausgangspunkt: Mummelsee, 1031 m, Parkplatz, Busanschluss. Wohnmobilabstellmöglichkeit: Großer Parkplatz beim Mummelsee (unterhalb der B 500), oder beim Seibelseckle.
Anfahrt: Direkt an der Schwarzwaldhochstraße B 500 gelegen.
Gehzeit: 1.45 Std.
Höhenunterschied: 270 m.
Anforderungen Mensch: Unschwieriger Rundkurs auf Pfaden und Wegen.
Anforderungen Hund: Der Bohlenweg ist etwas schwierig zu begehen. Teils schmale Pfade. Direkt am See sind meist viele Touristen, dies kann Stress verursachen.
Wasserstellen: Mummelsee und Quellbach nördlich vom See.
Einkehr: Mummelsee, Grinde-Hütte und Rasthütte Seibelseckle.
Unterkunft: Berghotel Mummelsee, Schwarzwaldhochstr. 11, 77889 Seebach/Mummelsee, Tel. +49 7842 99286, mummelsee.de.
Tierarzt: Tierarztpraxis Azizi, Lindenbrunnenstr. 18, 77855 Achern, Tel. +49 7841 27865.
Tierbedarf: Fressnapf, Güterhallenstr. 13, 77855 Achern, Tel. +49 7841 664544.
Karte: Freizeitkarte Nr. 503, 1:50.000.

Herrlicher Blick zum Mummelsee.

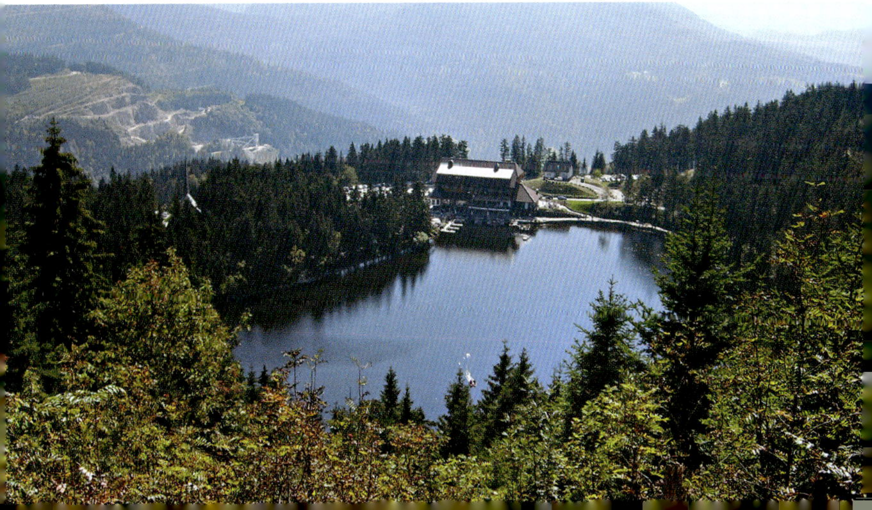

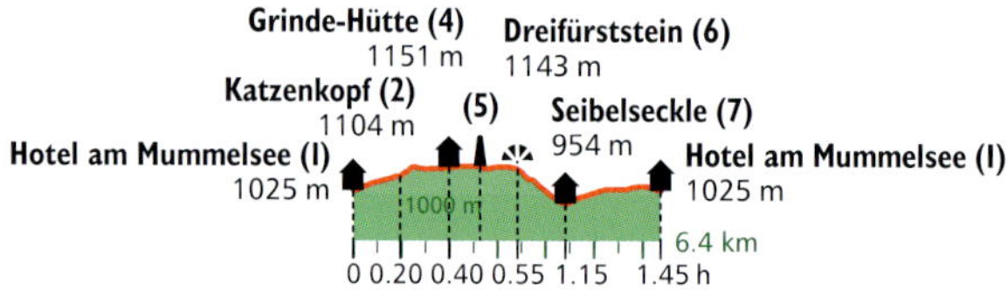

Die kurze, aber traumhafte Wanderung beginnt am viel besuchten Hotel am **Mummelsee (1)**, 1031 m. Links des Gebäudes treffen wir auf die Markierung des Westwegs und wandern dort auf einem Schotterweg bergan. Bald schon öffnet sich ein grandioses Blickfenster hinaus ins weitläufige Rheintal, dann biegen wir bei den Steinstufen rechts ab nach oben. Auf einem steinigen Bergpfad erreichen wir kurz darauf den **Katzenkopf (2)**, 1104 m, wo wir den Westweg verlassen und rechts abbiegen. Fast eben schreiten wir jetzt hinüber zum Aussichtsplatz **Seeblick**, 1115 m, und genießen die grandiose Aussicht hinunter zum sagenumwobenen Mummelsee und auf das bergige Umland. Danach gehen wir weiter Richtung Osten und bei der Zufahrtsstraße des **Hornisgrindeturms (3)**, 1158 m, biegen wir hinauf und können in der **Grinde-Hütte (4)**, 1155 m, einkehren. Auf der baumfreien Fläche der Hornisgrinde dient uns der riesige Sender des SWR als Orientierung, und wir erfreuen uns an dem Ausblick auf die Stadt Achern und weit hinüber nach Frankreich. Nach gut 10 Minuten gelangen wir zum **Bismarckturm (5)**, 1157 m, wo wir uns rechts zu den Steinplatten halten. Bald schon wandern wir auf einem hölzernen Bohlenweg sicher über das sumpfige Hochmoor und erreichen im angrenzenden Wald den **Dreifürststein (6)**, 1143 m. Hier gehen wir den Wanderpfad südöstlich hinab, geradewegs auf den Skihang des Seibelseckle zu und gelangen nach dem teils steilen Abstieg zum großen Parkplatz und der Rasthütte des **Seibelseckle (7)**, 954 m. Nach ausgiebiger Rast wenden wir uns im Wald nach Westen, und die rote Raute des Westwegs bringt uns in mittelbarer Nähe zur Schwarzwaldhochstraße im Wald wieder zurück zum etwa 1,5 km entfernten **Mummelsee**. Kurz vor dem Gewässer biegen wir bei der Kapelle rechts ab und gelangen kurz darauf zum Ufer. Ein grandioser, dreiviertelkilometerlanger Uferpromenadenweg leitet um den herrlich gelegenen Schwarzwaldsee, dem wir jetzt entgegen dem Uhrzeigersinn folgen. Wer den Rummel am See aber nicht mag, geht an der Kapelle geradeaus weiter und gelangt in Kürze wieder direkt zum **Ausgangspunkt (1)** oder unternimmt eine kleine Bootsfahrt.

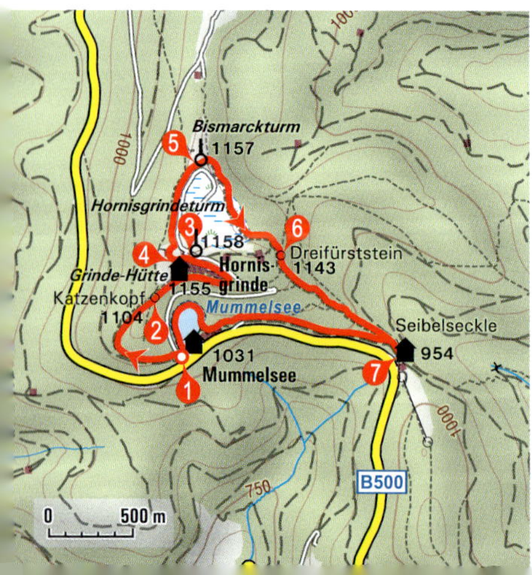

Von der Hornisgrinde ist der Ausblick erstklassig.

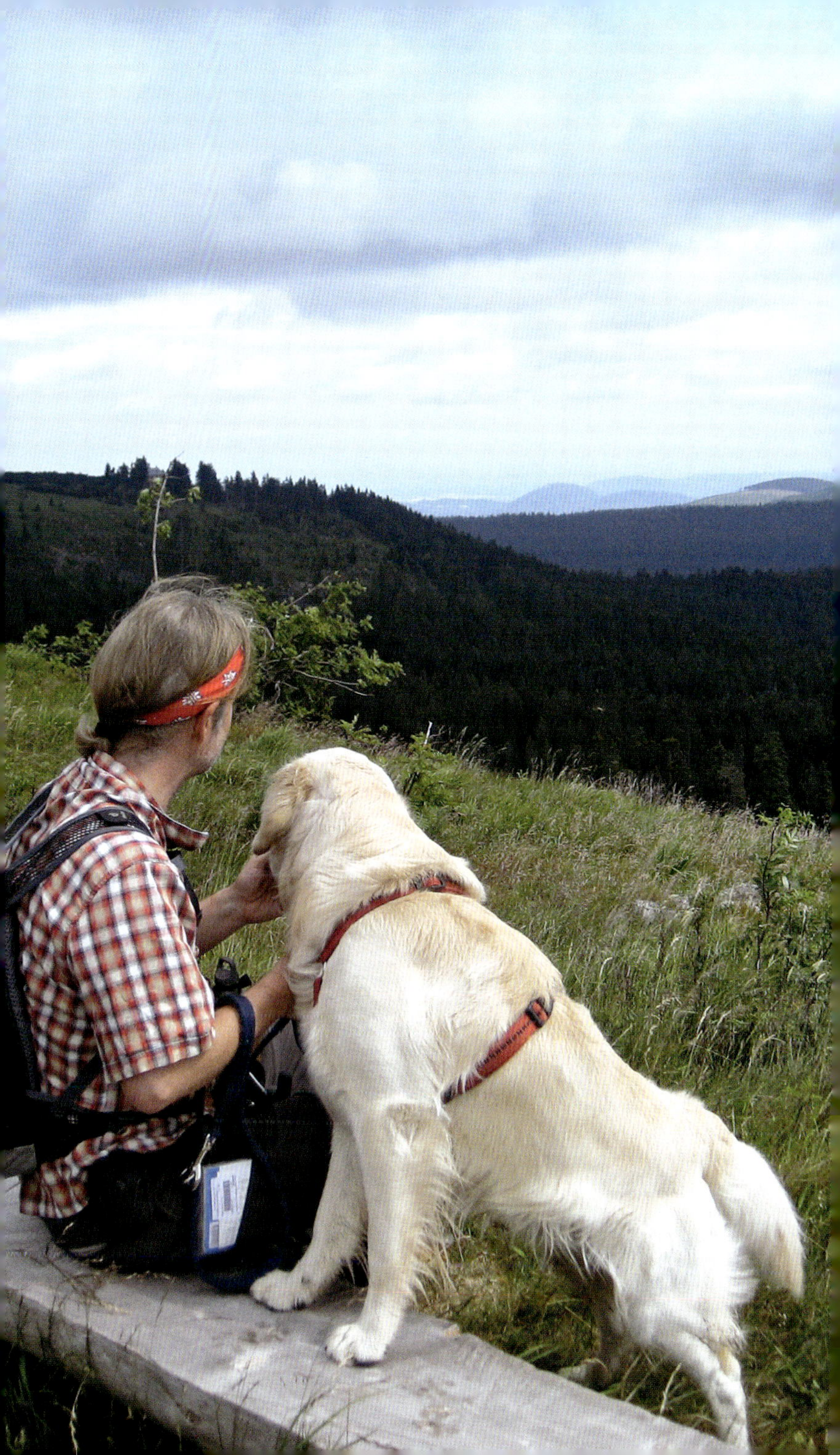

13 Vom Hundseck zum Hundsbach

Schwarze Tannen, so weit das Auge reicht

Eine Hundewanderung beim Hundseck, wenn schon, denn schon!
Im Winter bietet sich das Hundseck vor allem als hervorragendes Wintersportgebiet an. Direkt an der Schwarzwaldhochstraße, zwischen Baden-Baden und dem Kniebis gelegen, ist das Hundseck perfekt zu erreichen. Mehrere Skilifte, »Bühlertal Hundseck«, »Hundseck« und »Mehliskopf« sowie ein ausgedehntes Loipennetz lassen dann in der weißen Pracht wahre Wintersportfreuden aufkommen.
In der Sommersaison hingegen geht es im Tal des Greßbachs sowie auch dem des Hundsbachs eher beschaulich zu, und sie sind nicht von allzu viel Wanderern heimgesucht. Wenn Sie mit Ihrem Hund Stille, Wald- und Bergeinsamkeit suchen, dann sind Sie hier genau richtig. Außerdem kann Ihr vierbeiniger Freund fast auf der ganzen Wegstrecke im kühlen Nass spielen – lediglich auf dem Hochkopf gibt es keinen Bach.
Zahlreiche Nebenbäche versprechen dem Hund ein Naturerlebnis mit garantiertem Badespaß, und der Mensch selbst genießt, bei dem grandiosen Rundwanderkurs um den Bettelmannskopf mit der herrlichen Aussicht auf dem Hochkopf nicht nur den topografischen Tageshöhepunkt.

KURZINFO

Ausgangspunkt: Hundseck, 880 m, Parkplatz, Busanschluss. Für Wohnmobile gibt es große Parkplätze am Hundseck und Unterstmatt.
Anfahrt: Der Ausgangspunkt liegt an der B500 zwischen Baden-Baden und Kniebis.
Gehzeit: 3.15 Std.
Höhenunterschied: 380 m.
Anforderungen Mensch: Herrliche Wandertour, meist abseits der Hauptwanderwege.
Anforderungen Hund: Fast überall findet der Vierbeiner Wasser, außer auf dem Hochkopf. Beim empfindlichen Hochmoor auf dem Hochkopf sollte keinesfalls der Wanderweg verlassen werden, Hunde anzuleinen ist hier obligatorisch.
Wasserstellen: Zahlreiche Bäche und Schwabenbrunnen.
Einkehr: Hundseck und Unterstmatt.
Unterkunft: Bike Hotel Hochkopf-Stub, Raue Halde 6, 77815 Bühl-Unterstmatt, Tel. +49 7226 289, hochkopf.de.
Tierarzt: Kleintierzentrum Mitteltal, Max-Eyth-Str. 36, 72270 Baiersbronn-Mitteltal, Tel. +49 7449 913245.
Tierbedarf: Fressnapf, Einsteinstr. 2, 72250 Freudenstadt, Tel. +49 7441 913111.
Karte: Freizeitkarte Nr. 501, 1:50.000.

Oben an der Schwarzwaldhochstraße, der B500, starten wir am Parkplatz der Skilifte beim **Hundseck (1)**, 880 m, indem wir die Landstraße Richtung Hundsbach nach Osten gehen. Kurz nach dem einstigen Hotel führt ein schmaler Pfad rechts abwärts zum Skihang und der Skihütte Bühlertal, die wir passieren. Während wir den breiten Schotterweg talwärts schreiten, begleitet uns rechts der wild rauschende Greßbach. Gemütlich zieht sich der Wanderweg durch den teils lichten Wald hinab und quert dabei häufig kleine Wasserrinnsale, dann geht er

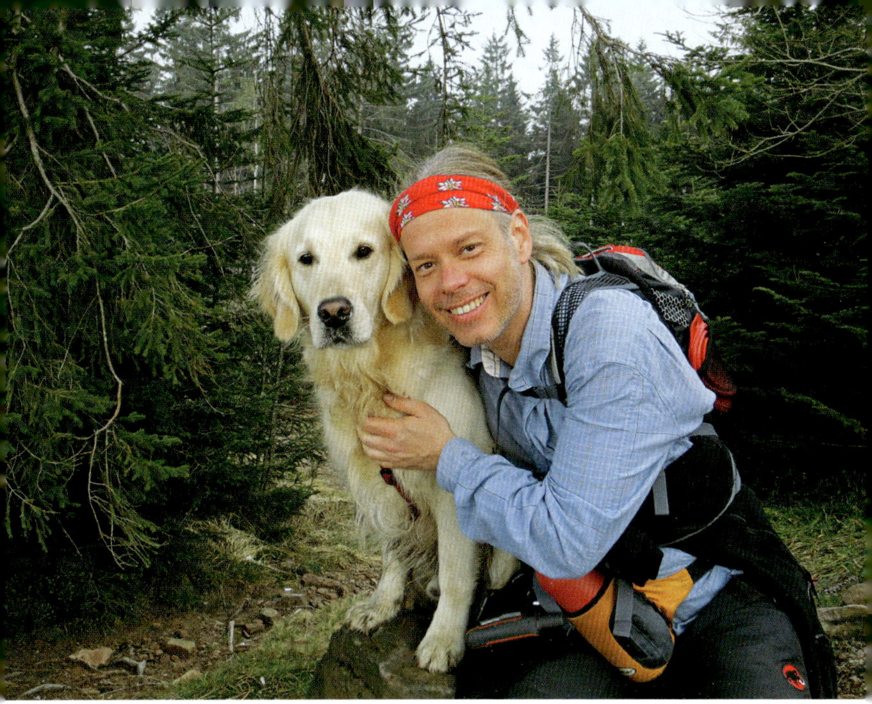

Zwei beste Wanderfreunde im Schwarzwald.

in einen herrlichen Wald- und Wiesenweg über. In der großen Lichtung Studentenloch kann der Hund in Sichtweite frei herumspringen. Wir halten uns weiter talwärts. Bald gelangen wir zu den weitläufig gebauten Häuser von **Aschenplatz (2)**, 684 m. Am Brückle biegen wir nach rechts über den Gebirgsbach, wandern auf dem Teerweg in süd-westlicher Richtung bergan und bleiben an der Gabelung rechts. Nach dem lieblichen Ort geht's im nahen Wald bergauf weiter und rechts begleitet uns jetzt im Talgrund der rauschende Hundsbach. In einer idyllischen Lichtung halten wir uns rechts, folgen ständig dem breiten Weg und erreichen bald darauf die hölzerne **Saulochhütte (3)**, 732 m, wo wir die Richtung beibehalten. Im romantischen Nadelwald geht es stets bergan und wir verlassen den Forstweg in einer Rechtskurve. Der unscheinbare Trampelpfad zieht sich bereits nach wenigen Schritten geradeaus zunächst rechts am Hang empor. Über Stock und Stein steigen wir hinauf zum Forstweg, dem wir nach links folgen und ihn in einer Rechtskurve erneut verlassen. Strikt nach Westen steigen

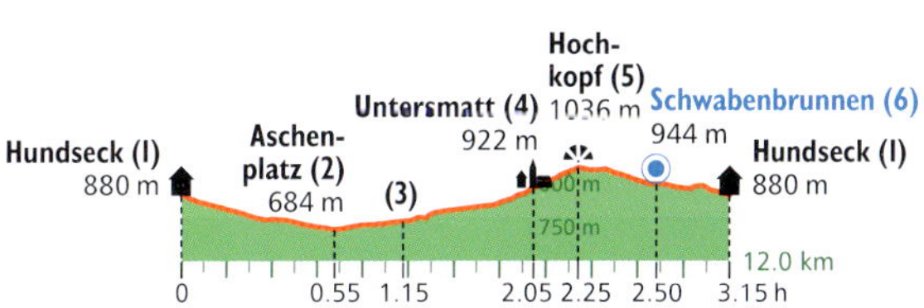

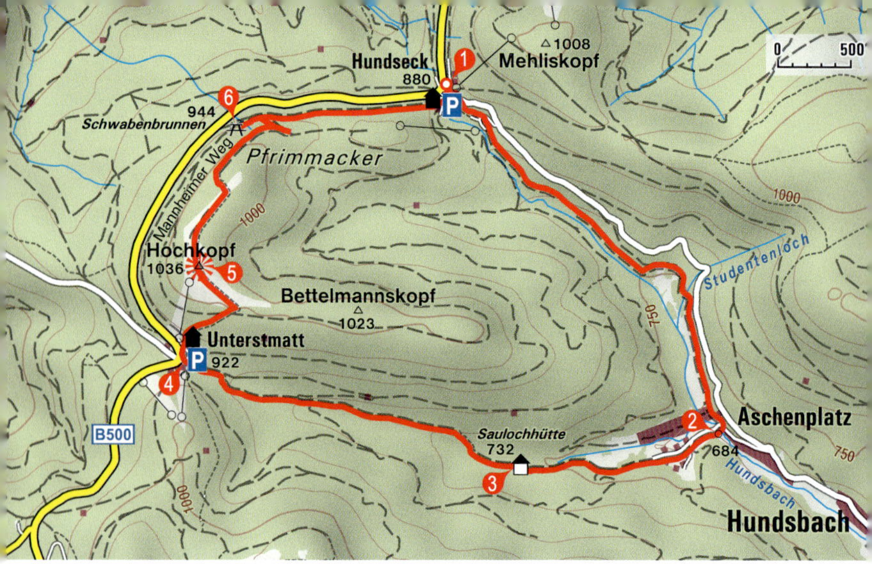

wir neben dem immer schmäler werdenden Hundsbachs bergan und wandern wiederholt in einer Kehre den breiten Weg verlassend geradewegs den Pfad weiter. Beim Forstweg wenden wir uns links und nach 5 Minuten rechts, hinauf zu den bereits sichtbaren Häusern von **Unterstmatt (4)**, 922 m. Hier treffen wir auf den Westweg, queren den Parkplatz und folgen dem Fernwanderweg in das Waldschutzgebiet hinauf zum Hochkopf. Ein mit Steinplatten ausgelegter Weg leitet uns sicher über die baumfreie Grindenfläche des **Hochkopf (5)**, 1036 m, der bei klarer Sicht durch eine schöne Aussicht besticht, die vor allem durch die gegenüberliegende Hornisgrinde beherrscht wird. Im leichten Gefälle führt der schmale Pfad durch den Wald zu einem Forstweg. Wir gehen rechts und genießen von der baumfreien Orkanschneise einen weitläufigen Talblick ins Bühlertal. Vor uns erkennen wir jetzt bereits wieder den Skihang Bühlertal Hundseck. Beim Wegetreff »Hinterm Riesenköpfle« aber verlassen wir den Westweg und wenden uns links dem Forstweg zu. Etwa 80 m hinter der folgenden Wegkreuzung finden wir, dem Hund sei Dank, den südwestlich gelegenen **Schwabenbrunnen (6)**, 944 m, und einen Rastplatz. Nach einer gemütlichen Pause gehen wir wieder zur Wegkreuzung zurück und marschieren vollends auf dem Mannheimer Weg nach Osten, problemlos dem **Ausgangspunkt (1)** entgegen.

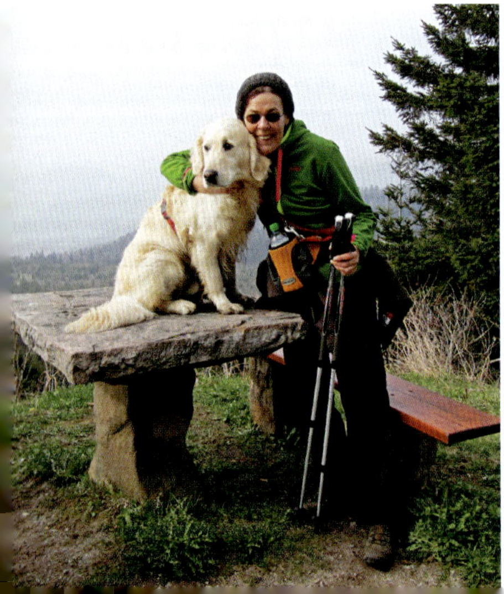

Rastplatz beim Schwabenbrunnen.

14

Zum Schurmsee

Romantische Wanderung abseits der Zivilisation

Langer Waldmarsch zum Schurmsee

Inmitten des majestätischen Waldes gelegen liegt der verträumte Schurmsee. Dieser kann alternativ oder auch zusätzlich auf einem Rundweg direkt an seinem Ufer umwandert werden. Mehrere kleine Bäche speisen den fast ovalrunden See. Als weitere Option kann im weiteren Verlauf diese Wanderung zum Blindsee ausgedehnt werden.

KURZINFO

Ausgangspunkt: Schönmünzach, 470 m, Parkplatz, Bahn- und Busanschluss.

Anfahrt: Bundesstr. 462 im Murgtal, entweder von Rastatt oder Freudenstadt.

Gehzeit: 3.45 Std.

Höhenunterschied: 670 m.

Anforderungen Mensch: Langer Auf- und Abstieg.

Anforderungen Hund: Meist Forstwege. Wassermitnahme erforderlich.

Wasserstellen: Schönmünz, Schurmsee.

Einkehr: Nur am Start- und Zielort.

Unterkunft: Flair Hotel Sonnenhof, Schifferstr. 36, 72270 Baiersbronn-Schönmünzach, Tel. +49 7447 9300, hotel-sonnenhof.de.

Tierarzt: Kleintierzentrum Mitteltal, Max-Eyth-Str. 36, 72270 Baiersbronn-Mitteltal, Tel. +49 7449 913245.

Tierbedarf: Fressnapf, Schwarzwaldstr. 10, 76593 Gernsbach, Tel. +49 7224 993415.

Karte: Freizeitkarte Nr. 502, 1:50.000.

Der herrlich gelegene Schurmsee.

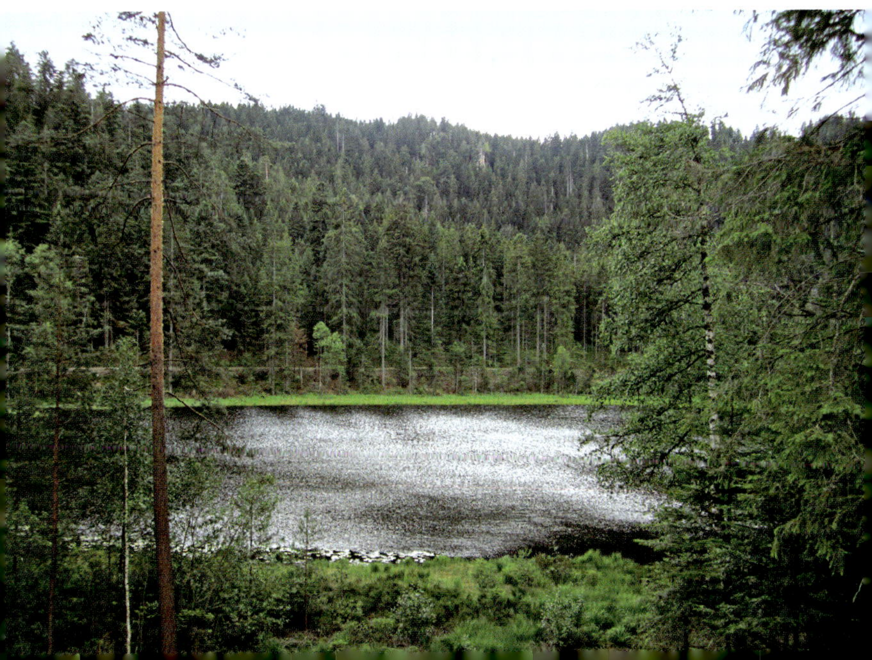

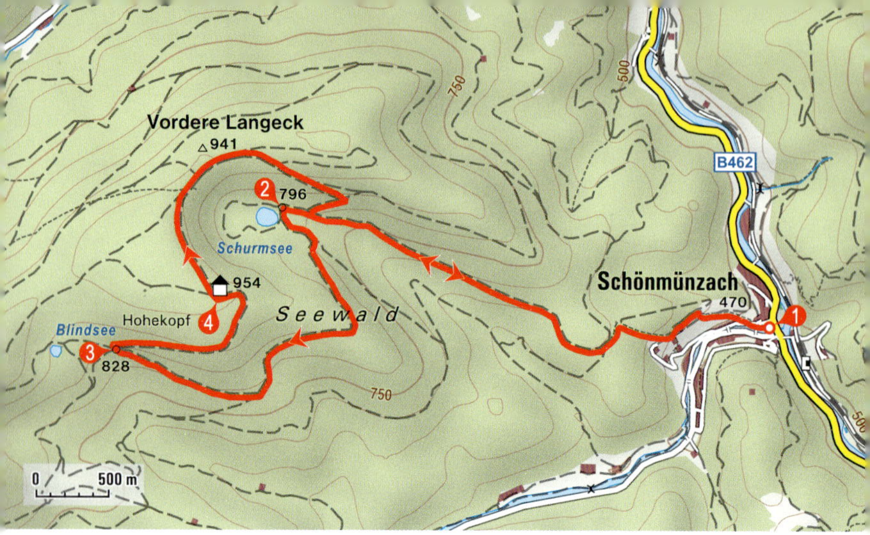

Was man nicht alles für ein Leckerchen tut!

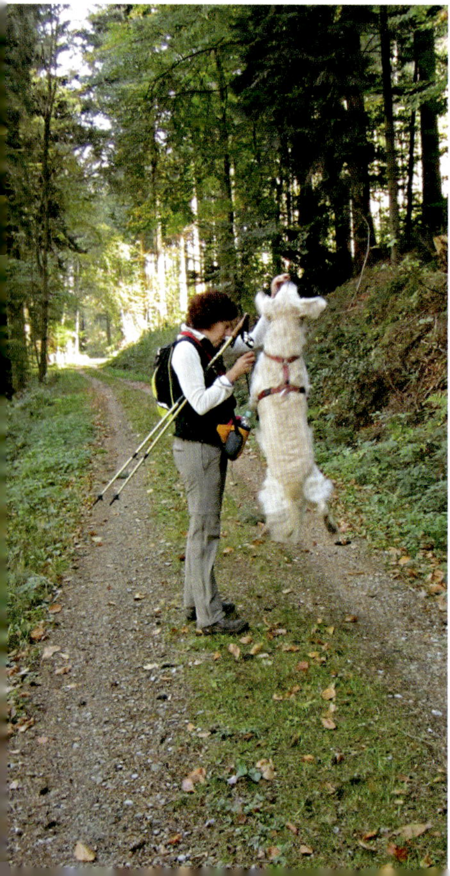

In **Schönmünzach (1)**, 470 m, beginnen wir am schön angelegten Kurpark die heutige Tageswanderung zum Schurmsee. Wenn der treue Vierbeiner bereits von der Anreise durstig ist, kann er in der Schönmünz genügend frisches Bergwasser schlabbern. Wir folgen der Schifferstraße in westlicher Richtung und halten uns nach etwa 100 Metern halb rechts den Sommerbergweg empor. Vor einem bäuerlichen Anwesen kreuzen wir einen Zufahrtsweg und gehen den Wanderweg zum Waldrand vollends hinauf. Ein breiter Weg leitet uns nach links und bringt uns bald in den Forst. Nach kurzer Strecke genießen wir einen herrlichen Talblick auf Schönmünzach und steigen im Wald weiter bergan. Bald verlässt uns die Raute der Murgleiter und wir folgen ständig der Markierung des Seensteigs durch den Wald. Nach gut zwei Kilometern gelangen wir an die Schutzhütte beim romantisch gelegenen **Schurmsee (2)**, 796 m. Hier wäre eine erholsame Vesperpause für Mensch und Hund angebracht. Danach biegen wir bei der großen Holzhütte links ab und

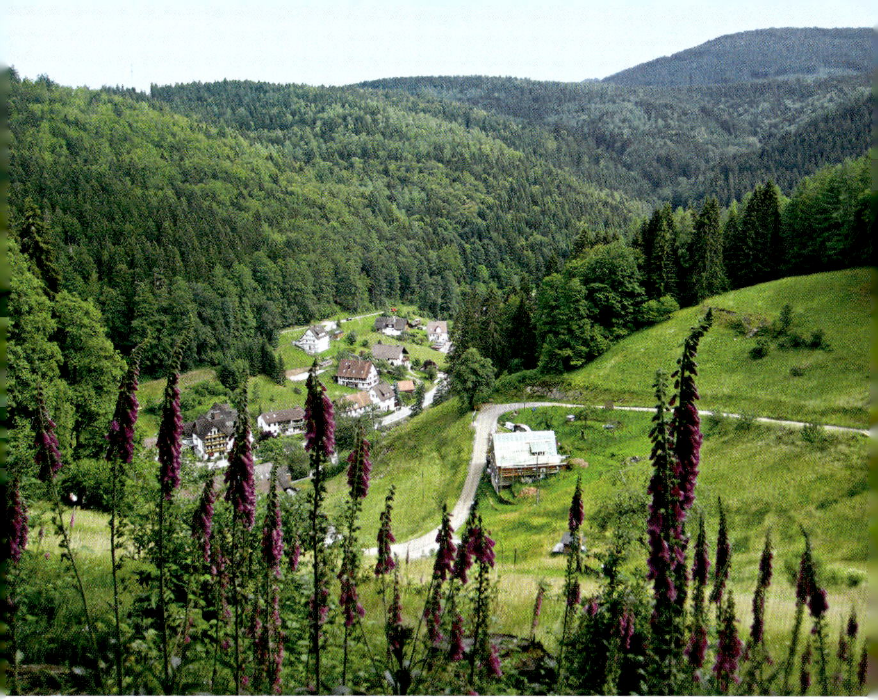

Tief ins Tal eingebettet liegt Schönmünzach.

folgen dem markierungslosen, breiten Forstweg weiter in Richtung Südosten. An der folgenden Verzweigung entscheiden wir uns für die rechte Variante und schwenken nach gut 10 Minuten Richtung Westen bergan. Etwa weitere 25 Wanderminuten später treffen wir zur Wegkreuzung **Abzweig Blindsee (3)**, 828 m, wo wir scharf rechts bergan abbiegen. Zwar wäre es grundsätzlich möglich, hier auch den Stichweg zum Blindsee zu wandern. Wir jedoch lassen den See unberücksichtigt, steigen auf dem Forstweg weiter empor und passieren nach einer lang gezogenen Linkskurve die Schutzhütte auf dem **Hohekopf (4)**, 954 m. Dann umwandern wir hoch über dem Schurmsee die Flanke des Seewalds und erkennen, inmitten des Waldes gelegen, in der Tiefe den See. Wir folgen dem Wanderweg, biegen scharf rechts und etwa 200 Meter danach wieder links ab. Jetzt befinden wir uns wieder in unmittelbarer Nähe des reizvollen Schurmsees und bereits wieder auf der Anstiegsroute und der Rückweg hinab nach **Schönmünzach (1)** bedarf somit keiner weiteren Erklärung.

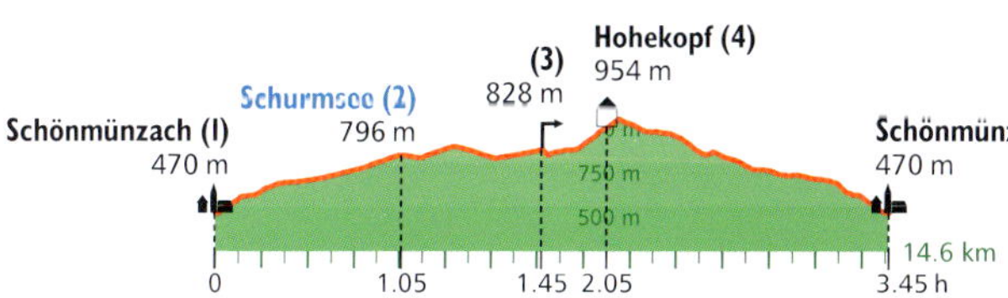

15 Um den Rinkenkopf

Postkartenmotive im Wanderhimmel

Traumtour um den Baiersbronner Rinkenkopf

Auch wenn dem Hund das ziemlich wenig bedeutet, ist diese Tour für den Menschen am Beginn sowie am Ende durch den herrlichen Blick auf Baiersbronn bestimmt. Lieblich und weich ist hier die Schwarzwaldlandschaft, die teilweise wie gemalt wirkt. Links der Wald und rechts zauberhafte Wiesen, auf denen der Hund nach Herzenslust springen und toben kann.
Nach dem Überschreiten des Quellgebiets vom Rinkenbach erwartet den hungrig und durstig gewordenen Wanderer mit seinem Hund bei der Satteleihütte eine gemütliche Einkehr.

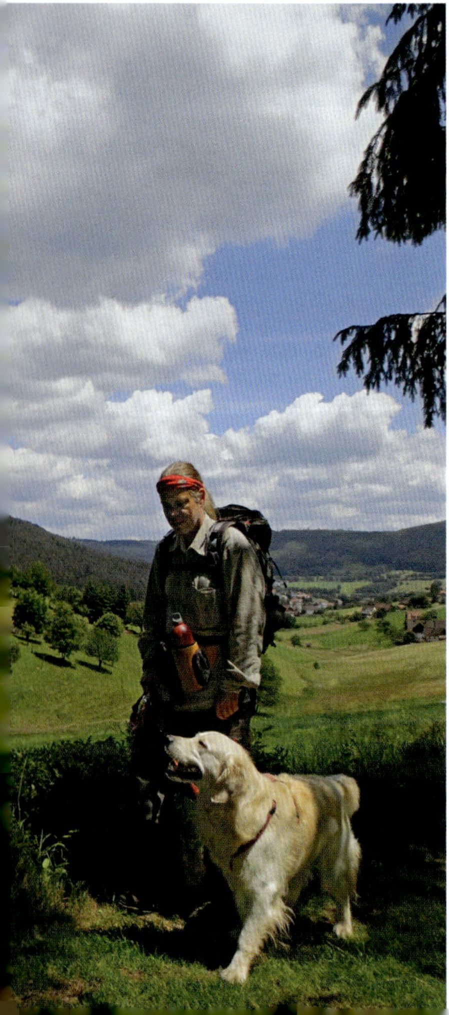

KURZINFO

Ausgangspunkt: An der Bushaltestelle Rechen in Baiersbronn, direkt an der Ruhesteinstraße, etwa 1 km vom Kreisverkehr an der Ruhesteinstraße, 548 m.
Anfahrt: Baiersbronn liegt an der B462, im oberen Murgtal.
Gehzeit: 3 Std.
Höhenunterschied: 310 m.
Anforderungen Mensch: Panoramarunde mit einem kräftigen Anstieg.
Anforderungen Hund: Der Weg verläuft meist auf naturnahen Wegen. An heißen Sommertagen genügend Wasservorrat mitnehmen.
Wasserstellen: Mehrere Brunnen am Rinkenbergweg (bei den Wohnhäusern), Rinkenbach, Schuhhanselbrunnen, Quellgebiet Rinkenbach, Satteleihütte.
Einkehr: Satteleihütte.
Unterkunft: Hotel Petra, Oberdorfstr. 142, 72270 Baiersbronn, Tel. 0151 75543172, petra-hotel.de.
Tierarzt: Kleintierzentrum Mitteltal, Max-Eyth-Str. 36, 72270 Baiersbronn-Mitteltal, Tel. +49 7449 913245.
Tierbedarf: Fressnapf, Einsteinstr. 2, 72250 Freudenstadt, Tel. +49 7441 913111.
Karte: Freizeitkarte Nr. 504, 1:50.000.

In der Umgebung des Rinkenteichs erscheint die Landschaft besonders lieblich.

Vom Parkplatz bei der Bushaltestelle **Rechen (1)**, 548 m, bei der Ruhesteinstraße gelegen, schlendern wir kurz in Richtung Ortsausgang und nehmen dann den Rinkenbergweg rechts aufwärts. Bei den dortigen Wohnhäusern finden wir mehrere Brunnen, um den ersten Durst des Vierbeiners reichlich zu stillen. Wir wandern den Weg hinauf bis zum **Parkplatz Sommerseite**, 605 m, wo wir uns links in den Wald empor wenden. Am Wegetreff Rechen biegen wir scharf rechts ab und genießen fortan den wunderschönen Ausblick auf Baiersbronn. Mit diesem Traumblick umrunden wir den Rinkenkopf entgegen dem Uhrzeigerzinn und gelangen nach einem kleinen Waldstück zum **Picknickplatz Waldacker (2)**, 621 m. Mit weitem Blick hinüber zum Ort Tonbach wandern wir nun entlang des Waldes bis in das stille Seitental Rinkenteich. Hier erreichen wir erneut den Forst und überqueren auf dem Holzbrückle den rauschenden **Rinkenbach (3)**, 641 m. Gönnen Sie Ihrem Hund eine kleine Verschnaufpause und ein wenig frisches Bergwasser. Kurz danach leitet uns ein Sträßchen rechts talwärts und wenige Minuten später biegen wir am Kohlwegrank links hinauf zum Parkplatz Sattelei. Ein breiter Forstweg leitet kurzfristig bergan, wir verlassen ihn aber gleich wieder rechts auf einem Pfad. Am Abzweig Schlittwegle entscheiden wir uns für den recht steilen Anstieg links hinauf zum Kahlschlag des Berges, wo wir dem Forstweg wieder rechts folgen. Wir genießen hierbei den Blick ins Tonbachtal, der beim **Schuhhanselbrunnen (4)**, 723 m, besonders schön ist. Eigentlich rauscht hier nur ein kleines Wasserrinnsal den Berg herab und von einem Brunnen ist

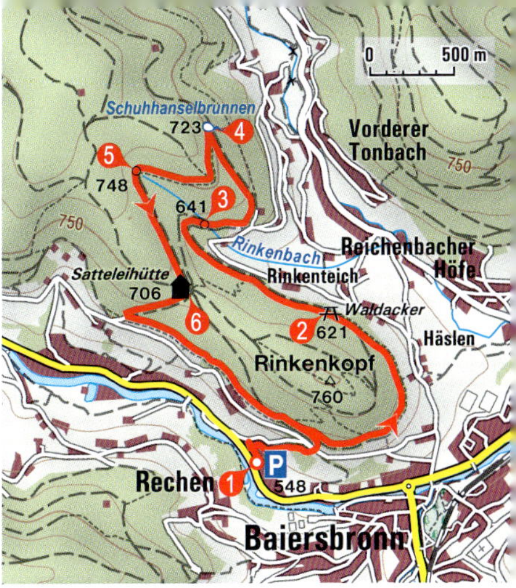

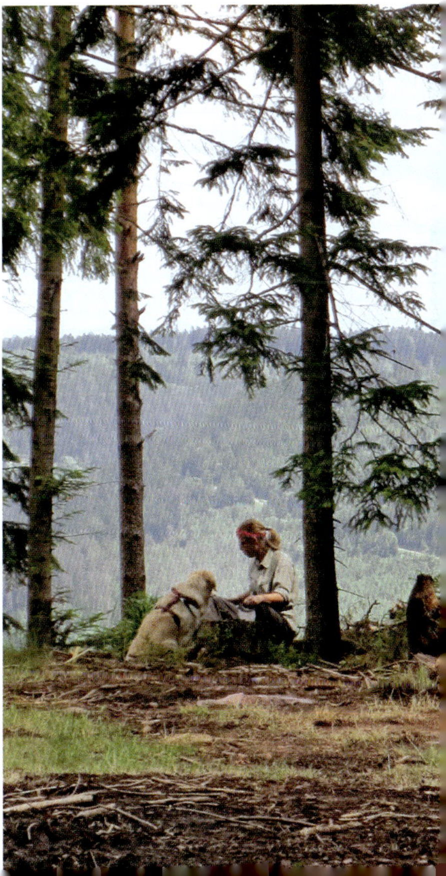

Ein Rucksackvesper unter Tannen stärkt in besonderem Maße für die weitere Tour.

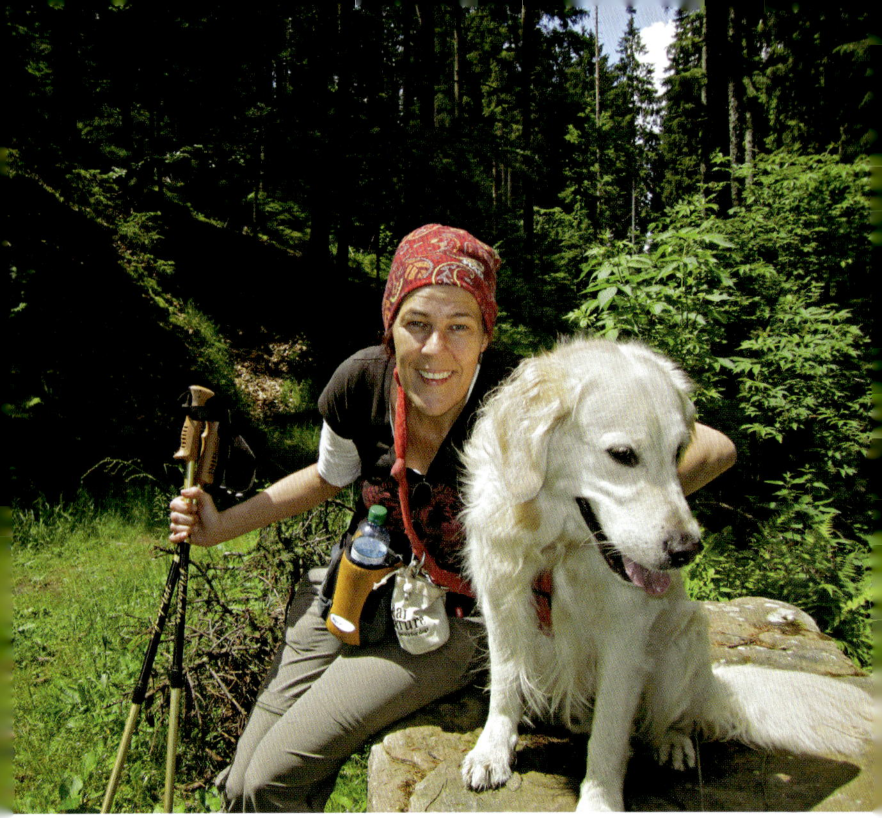

»Hier hoch!« Und schon hocken die beiden auf dem Sandstein.

keine Spur, aber die Vierbeiner lieben es, sich an heißen Tagen darin zu suhlen. Hier gehen wir scharf links hinauf zum Wald und wandern dort weiter über eine Kuppe und folgen fortan dem Weg, der im Bereich des **Quellgebiets vom Rinkenbach (5)**, 748 m, in Richtung Süden schwenkt.

Bis zur bewirtschafteten **Satteleihütte (6)**, 706 m, ist es jetzt nicht mehr weit. Mensch und Hund können sich reichlich erfrischen und gestärkt geht es nach der ausgiebigen Mahlzeit auf dem Zufahrtsweg in südwestlicher Richtung hinab. Am Waldrand angekommen, biegen wir links ab und wandern erneut mit einer herrlichen Aussicht auf Baiersbronn vor Augen auf dem fast ebenen Panoramaweg weiter. Am Waldanfang geht es rechts und beim Rauhfelsen vollends den Forstweg zum **Parkplatz Sommerseite**, von wo aus der Rückweg bereits bestens bekannt ist.

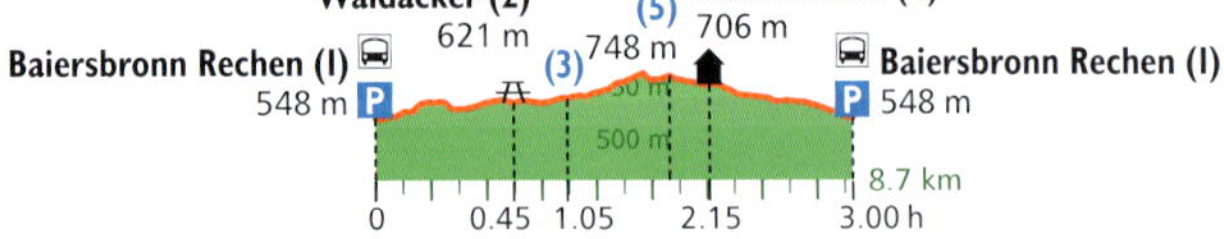

16

Hinab zum Buhlbachsee

Wandereldorado im Nationalpark Schwarzwald

Einsamer Bergsee abseits der Hauptwanderwege
Der lohnenswerte Abstieg zum sagenhaften Buhlbachsee wird mit dem Aufstieg zum Lotharpfad und der unbeschreiblichen Aussicht vom Westweg gekrönt. Der Lotharpfad an der Schwarzwaldhochstraße zwischen dem Schliffkopf und der Zuflucht hat sich in den letzten Jahren zu einem einzigartigen Besuchermagnet entwickelt. Doch leider hat seine Entstehung eine sehr traurige Ursache: Der extreme Orkan »Lothar« hatte am zweiten Weihnachtsfeiertag 1999 mit unbändiger Kraft ganze Höhenzüge und Landstücke des Schwarzwald gerodet. Heute kann man hier auf hölzernen Treppen und Dielen über die entwurzelten Baumstämme steigen und dabei die Urgewalt der Natur verstehen und begreifen lernen. Der Lotharpfad ist aber auch als Warnung für den Wanderer zu sehen, sich nicht bei drohender Unwettergefahr im Wald aufzuhalten. Das eigentlich einzig positive am Lotharpfad ist, dass man heute einen nahezu ungehinderten Fernblick genießen kann.

KURZINFO

Ausgangspunkt: Parkplatz Bärenteich, an der Schwarzwaldhochstraße, 930 m.
Anfahrt: Direkt an der B500, in der Nähe der Zuflucht gelegen.
Gehzeit: 2.30 Std.
Höhenunterschied: 370 m.
Anforderungen Mensch: Herrliche Rundwanderung, in der ersten Hälfte auf oftmals einsamen Wanderpfaden.
Anforderungen Hund: Die zweite Hälfte der Tour führt durch wasserarmes Gebiet, weshalb Wassermitnahme unbedingt erforderlich ist. Der Lotharpfad verläuft über viele Holztreppen, kann aber auf dem Panoramaweg einfacher begangen werden. Der Lotharpfad ist häufig stark besucherfrequentiert.
Wasserstellen: Buhlbachsee und Spaltbächle.
Einkehr: Zuflucht.
Unterkunft: Natur- & Sporthotel Zuflucht, Zuflucht 1, 72250 Freudenstadt-Zuflucht, Tel. +49 7804 912560, hotel-zuflucht.de.
Tierarzt: Dr. A. Granacher, Hitzgutstr. 14, 77767 Appenweier, Tel. +49 7805 911184.
Tierbedarf: Fressnapf, Königsberger Str. 28, 77694 Kehl, Tel. +49 7851 8986530.
Karte: Freizeitkarte Nr. 503, 1:50.000.

Als Ausgangspunkt dieser Etappe dient uns der **Wanderparkplatz Bärenteich (1)**, 930 m, direkt an der frequentierten Bundesstraße B500 gelegen. Von hier aus in nördlicher Richtung führt uns ein teils steiniger Bergweg romantisch hinab und nach etwa einer Viertelstunde erreichen wir einen Forstweg, dem wir links zum 200 m entfernten **Buhlbachsee (2)**, 788 m, folgen. Der

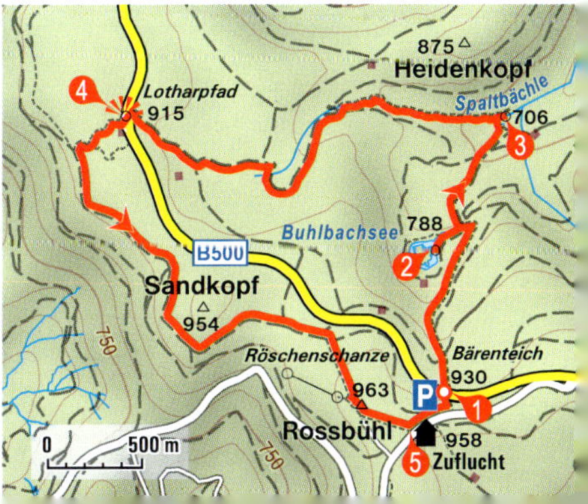

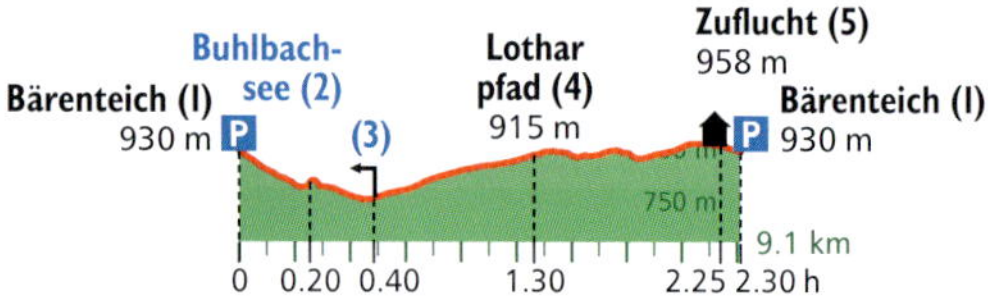

traumhafte Flecken Erde lädt uns förmlich zum gebührenden Rucksackvesper ein und bietet ein wunderschönes Fotomotiv. Frisch gestärkt gehen wir die 200 m wieder retour und wandern an der zuvor beschriebenen Stelle talwärts weiter. Dann biegen wir die zweite Möglichkeit links über den Buhlbach und wenden uns am Wegpunkt **Spaltbächle (3)**, 706 m, scharf links dem berganführenden Wiesenweg zu. Überaus romantisch wandern wir jetzt rechts des Wildbachs durch eine herrliche Natur hinauf, bis ein Forstweg links über das Wasser führt. Bereits nach wenigen Schritten halten wir uns scharf rechts und steigen auf dem Schotterweg weiter bergan. Je mehr wir an Höhe gewinnen, desto lichter wird der Wald. Nach zwei Windungen schreiten wir links und am **»Buhlbacher Läger«**, 885 m, rechts, direkt der B 500 entgegen, die wir alsbald überqueren. Hier empfängt uns hinterm Parkplatz der **Lotharpfad (4)**, 915 m, dieser führt über Holzstufen und

Der Buhlbachsee ist ein Naturidyll.

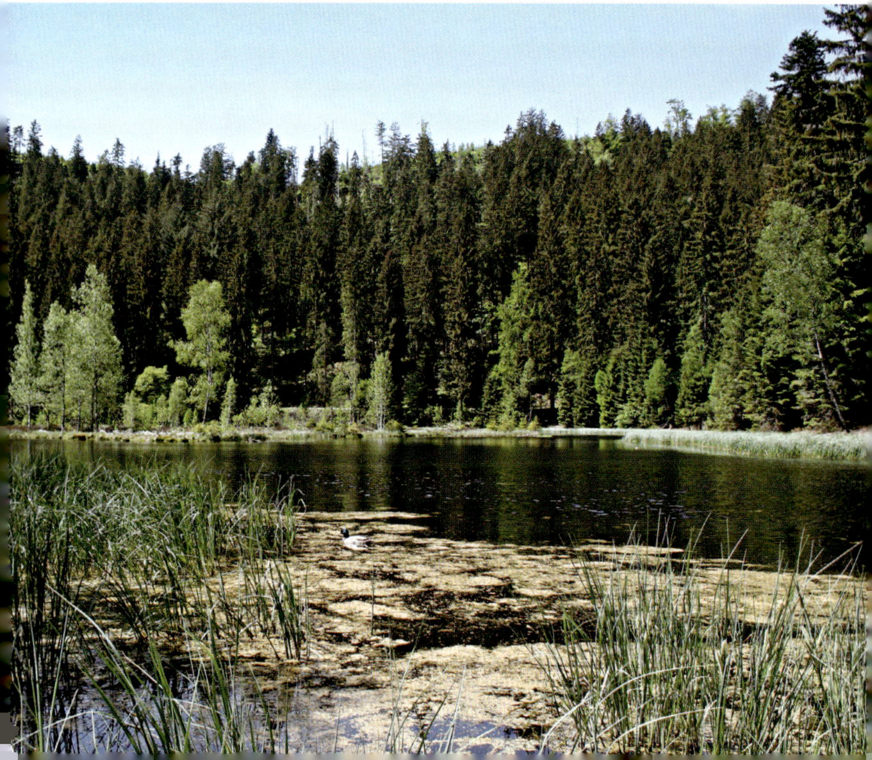

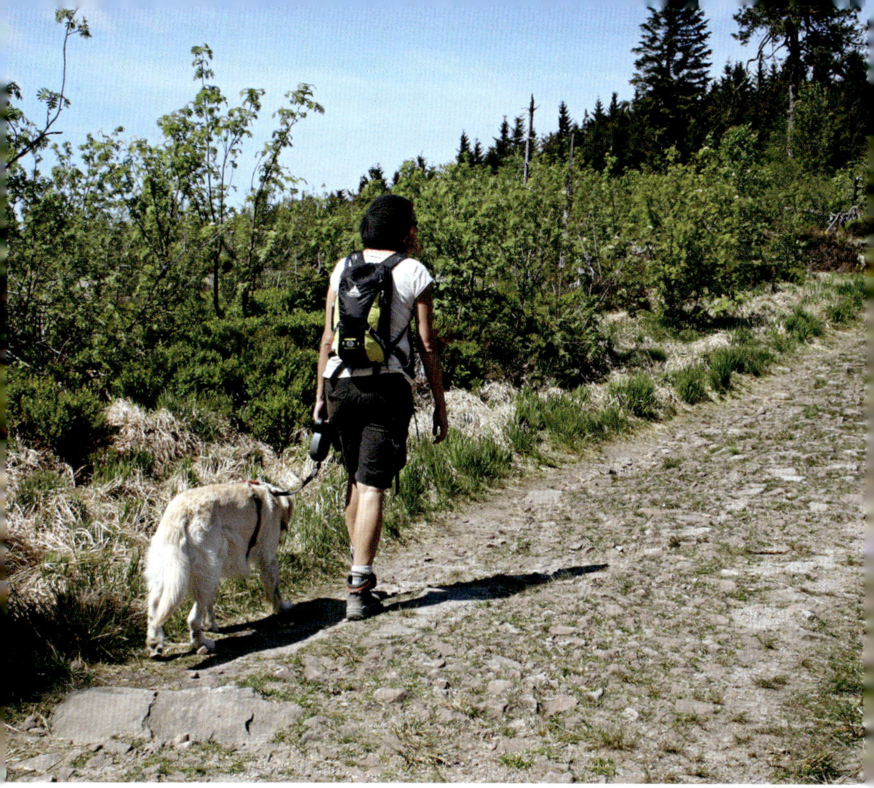

Die Sonne durchflutet den lichten Wald.

Bohlen durch das Windbruchgebiet des fürchterlichen Winterorkans. Allerdings ist es eine Überlegung wert, ob Sie mit Ihrem Vierbeiner statt der viel begangenen Holztreppen nicht doch besser der Spur des Panoramawegs folgen. Diese ist für Hundepfoten besser zu begehen. Außerdem ist es ratsam, der meist zahlreichen Besucher wegen, den Hund im Bereich des Lotharpfads an die Leine zu nehmen. Bei einer traumhaften Aussicht treffen wir nach dem Abenteuerpfad auf den **Westweg**, dem wir nach links folgen. Uns eröffnet sich ein megaweiter Blick, der von den Bergen des Süd- und Mittelschwarzwald, übers Rheintal bis zu den französischen Vogesen reicht.

Der bekannte Schwarzwälder Fernwanderweg verbindet die beiden Städte Pforzheim und Basel. Auf dem fast ebenen Panoramapfad um den Sandkopf genießen wir stets einen ungehemmten Talblick. An der **Schwarzen Lache** (910 m, wandern wir kurz entlang einem Teersträßchen, bis ein steiniger Pfad nach rechts hinauf abzweigt und uns bei der **Röschenschanze**, auch Schwabenschanze genannt, oberhalb des Skihanges zum Rossbühl und der **Zuflucht (5)**, 958 m, führt. Kurz darauf erreichen wir die ehemalige Jugendherberge und wenden uns entlang der Straße nach links. Nach gut 200 m gehen wir links hinab zur Schwarzwaldhochstraße sowie dem **Parkplatz Bärenteich (1)**.

17 Allerheiligensteig

Sagenhafter Tiefblick von der Engelskanzel

Grandiose Klamm und fast alpiner Felsenweg

Die kurze Wanderung bei den sagenhaften Wasserfällen von Allerheiligen darf aufgrund der zahlreichen Stufen und dem alpin anmutenden Weg durch die Felsen bei der aussichtsreichen Engelskanzel nicht unterschätzt werden. Vor allem sollten Sie und auch Ihr Hund trittsicher sein. Die alten Mauerreste der Ruine und einstigen Klosteranlage Allerheiligen sind überaus einen Besuch wert. Bedenken Sie, dass die Allerheiligenfälle vor allem in den Schulferien, aber besonders an schönen Sonntagnachmittagen stark frequentiert sind, was eine Begehung mit dem Vierbeiner möglicherweise etwas erschwert.

KURZINFO

Ausgangspunkt: Parkplatz unterhalb der Allerheiligenfälle, 518 m, Parkplatz, Busanschluss.
Anfahrt: A5 bis Appenweier, B28 bis Oppenau, dann nördlich über Lierbach.
Gehzeit: 1.30 Std.
Höhenunterschied: 230 m.
Anforderungen Mensch: Trittsicherheit im Bereich der Engelskanzel. Nicht bei Nässe, Schneeschmelze oder Gewittergefahr begehen.
Anforderungen Hund: Viele Treppenstufen in der Klamm, für große Hunde kein Problem. In der Schlucht kann es schon mal recht voll sein.
Wasserstellen: Viele Bäche und Wasserläufe, Lorenzbrunnen.
Einkehr: Gasthaus Allerheiligen.
Unterkunft: Hotel & Restaurant Rebstock Oppenau, Straßburger Str. 13, 77728 Oppenau, Tel. +49 7804 728, rebstock-oppenau.de.
Tierarzt: Dr. Wolfgang Bartke, Dobelweg 1, 77794 Lautenbach, Tel. +49 7802 90104.
Tierbedarf: Fressnapf, Okenstr. 78–80, 77652 Offenburg, Tel. +49 781 20364480.
Karte: Freizeitkarte Nr. 503, 1:50.000.

Am Parkplatz unterhalb der **Allerheiligen Wasserfälle (1)**, 518 m, gehen wir zuerst den Fußweg gemütlich entlang des Grindenbachs. Bald aber durchwandern wir auf vielen Stufen die wild tosende Klamm und steigen dabei auf dem vorbildlich gesicherten Steig rasch in die Höhe. Neben rauschenden Kaskaden bleiben wir immer wieder stehen und bestaunen die unbändige Wasserkraft. In der flachen Passage biegen wir nun halb rechts ab, hinauf zum **Ehrendenkmal des Schwarzwaldvereins (2)**, 624 m, und schwenken dann wieder auf

*Die wilde Klamm der **Allerheiligen Wasserfälle** war jahrhundertelang unzugänglich. Erst im 19. Jahrhundert wurden sie durchstiegen und im Jahr 1840 schließlich erschlossen. Die Wasserfälle, die mit einer Fallhöhe von 83 Metern zu Tale rauschen, werden alljährlich von mehreren Hunderttausend Besuchern aufgesucht, die sie auf den 232 Stufen durchwandern. Auf dem Weg der Engelskanzel geht es allerdings für gewöhnlich etwas ruhiger zu.*

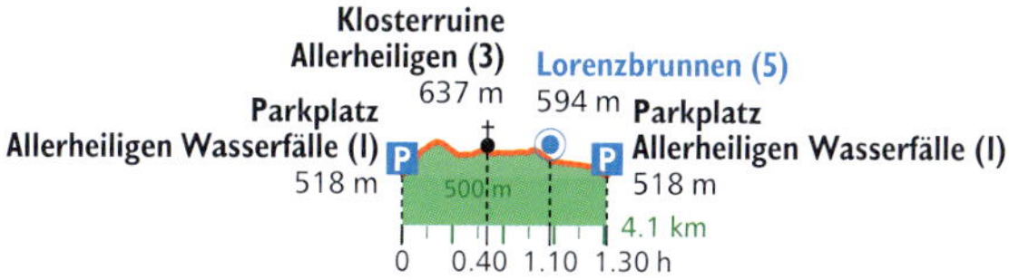

den Hauptweg. So erreichen wir in Kürze die alte **Klosterruine Allerheiligen (3)**, 637 m. Wer mag, kann jetzt der steinernen Kapelle links oberhalb einen Besuch abstatten.

Beim **Gasthaus Allerheiligen** wenden wir uns vor dem Klosterlädle der Ausschilderung zur Engelskanzel zu. Wir folgen dem Wanderweg südwärts in den Mischwald und wandern schon bald auf dem gesicherten Steig weiter, der uns an steil abfallenden Felswänden entlangführt. Hier ist es ratsam, Ihren Hund gut unter Kontrolle zu haben. Nach dem Reitersprung gelangen wir in

Treppen führen neben den Allerheiligenfällen hinauf.

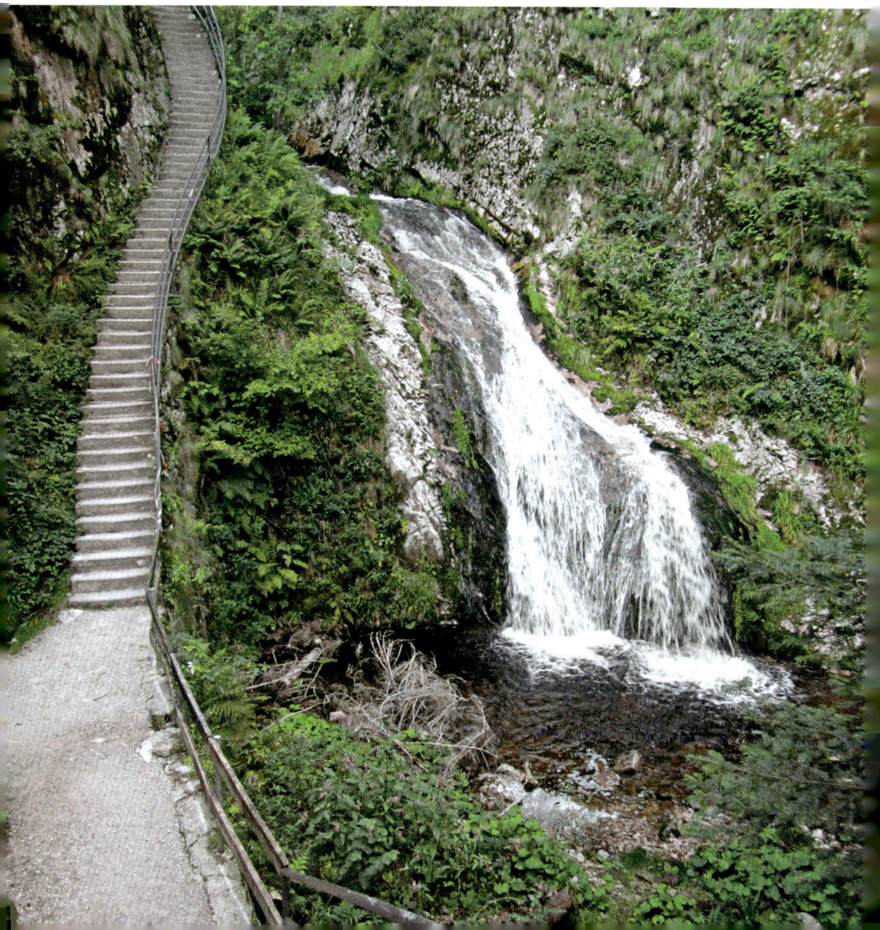

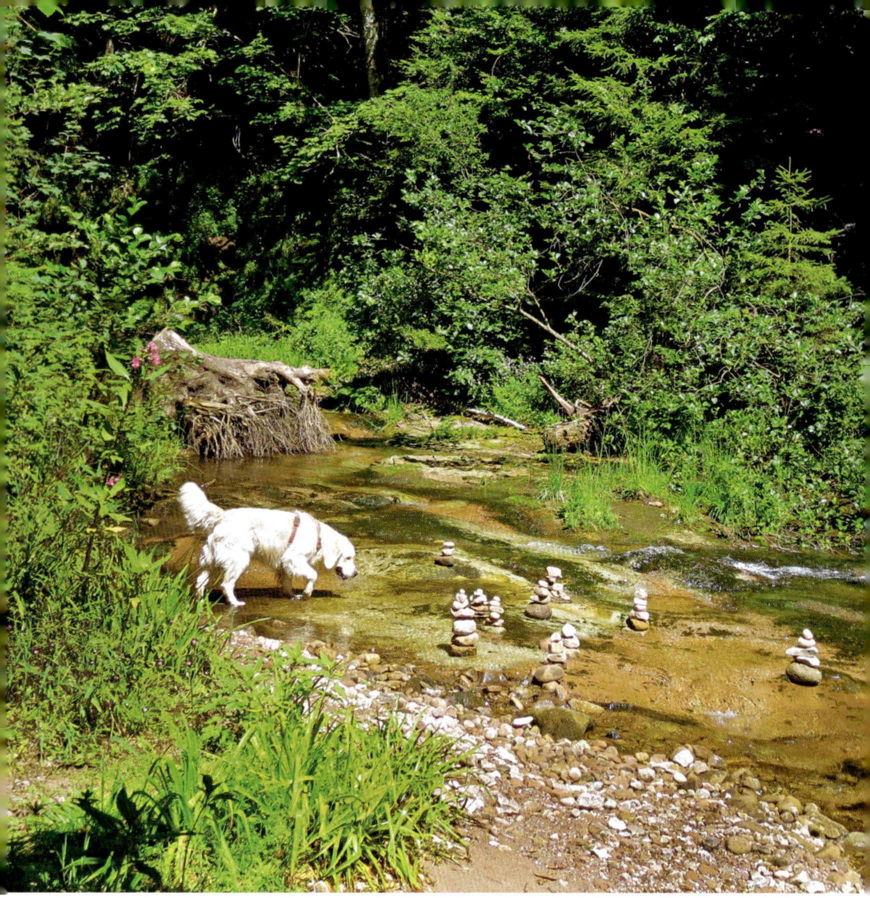

Das Wasser ist seine große Leidenschaft.

eine alpin wirkende Szenerie, die an der **Engelskanzel (4)**, 652 m, besonders eindrucksvoll ist. Von der

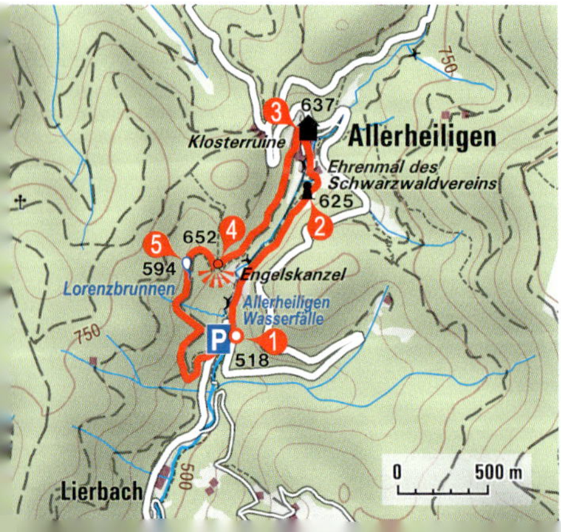

Tiefe des Talgrunds vernehmen wir deutlich das Tosen des Wasserfalls und die mächtige Wand des Studentenfelsen gegenüber verleiht dem Aussichtspunkt einen wahrlich alpinen Charakter. An der Gabelung schreiten wir auf dem Wasserfallweg links in zwei Kehren hinab zum **Lorenzbrunnen (5)**, 594 m, wo wir uns erfrischen können. Ab hier wird der Weg breiter und passiert in Kürze die Rossgrundhütte. Am Sandstein mit der Tafel »Der Moospfaff« geht es scharf links hinab, und wir erreichen bald wieder den Parkplatz der **Allerheiligen Wasserfälle (1)**.

18

Zur Renchquelle

Berge und Wälder – soweit das Auge reicht

Grandiose Fernblicke vom Buchkopfturm erleben

Schon anfangs der Tour erreichen wir sehr schnell die Renchquelle und können hier unsere Wasserflasche pro Tier und Mensch für den Rest der Tour auffüllen. Auf den Spuren des herrlichen Wiesensteigs sowie des anspruchsvollen Renchtalsteigs passieren wir die Brandquelle und die Renchtalhütte, dann wandern wir im weiten Bogen um den Brandkopf hinauf zur Zuflucht. Gemeinsam mit dem Westweg gelangen wir von dort wieder zurück zur Alexanderschanze.

KURZINFO

Ausgangspunkt: Alexanderschanze, 968 m, Parkplatz, Busanschluss.
Anfahrt: Die Alexanderschanze befindet sich in der Nähe des Kniebis, auf der Passhöhe des Straßenknotens der B 500 und B 28.
Gehzeit: 3.30 Std.
Höhenunterschied: 360 m.
Anforderungen Mensch: Herrliche, problemlose Rundwanderung.
Anforderungen Hund: Die Strecke zwischen der Zuflucht und der Alexanderschanze kann durchaus von vielen Personen bewandert sein. Die zweite Hälfte der Tour führt im Gegensatz zum Anfang durch nicht ganz so wasserreiches Gebiet.
Wasserstellen: Renchquelle, Brandbrunnen und anfangs mehrere kleine Bächlein.
Einkehr: Renchtalhütte, Zuflucht.
Unterkunft: Natur- & Sporthotel Zuflucht, Zuflucht 1, 72250 Freudenstadt-Zuflucht, Tel. +49 7804 912560, hotel-zuflucht.de; Waldblick Hotel, Eichelbachstr. 47, 72250 Freudenstadt-Kniebis, Tel. +49 7442 8340, waldblick-kniebis.de. Achtung, bei beiden Unterkünften ist ein Transfer notwendig!
Tierarzt: Barbara Koenig, Fuhrmannstr. 13, 72250 Freudenstadt, Tel. +49 7441 9508181.
Tierbedarf: Fressnapf, Einsteinstr. 2, 72250 Freudenstadt, Tel. +49 7441 913111.
Karte: Freizeitkarte Nr. 503, 1:50.000.

Etwa 100 m südöstlich des alten, holzgetäfelten Gebäudes der **Alexanderschanze (1)**, 968 m, queren wir bei der Parkplatzzufahrt die B 28 und wandern links des Westwegs den breiten Schotterweg hinab. Mit einer schöner Aussicht ins wilde Renchtal schreiten wir den schwarzen Stockweg talwärts, behalten an der folgenden Kreuzung die Richtung bei und queren im Trogloch einen Forstweg. In leichtem Gefälle gelangen wir bereits nach wenigen Minuten zum erfrischenden Brunnen der **Renchquelle (2)**, 820 m. In herrlicher Hanglage durchwandern

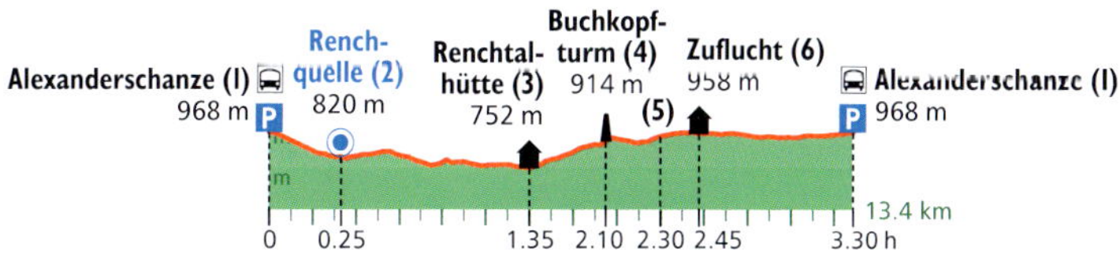

wir den duftenden taufrischen Nadelwald und gelangen nach einer Viertelstunde zum Wegetreff **Schöngrund**, 865 m, wo wir uns für den linken Weg entscheiden. Der sogenannte Hauptweg leitet entlang eines tiefen Taleinschnitts und moosbedeckter Felsen. Am Abzweig geht's links hinab zum mittleren Brandweg, wo wir hinter einem Wasserlauf weiter dem breiten Weg folgen. Bereits 100 m später gehen wir an der Gabelung rechts und wandern nun mit der Markierung des Wiesensteigs; dabei passieren wir den **Brandbrunnen** und erreichen bald problemlos die hübsche **Renchtalhütte (3)**, 752 m.

Hier bietet sich bereits eine Rast an und auf der grünen Wiese kann Ihr Hund ein wenig spielen. Frisch gestärkt wenden wir uns mit der Renchtalhütte im Rücken halb links und schwenken gleich nach Nordosten zu dem Grasweg in den Wald hinauf. Beim sanften Anstieg genießen wir auf der linken Seite einen herrlichen Talblick und ändern nach etwa zehn Minuten die Wanderrichtung, indem wir scharf rechts abbiegen. Ein steiler Pfad führt uns bergauf, bis ein breiter Weg links weiterleitet. Richtung Nordwesten geht es nun weiter bergan und dabei erfreuen wir uns an der stetigen Fernsicht, die vom Brandenkopf bis zum Mooskopf reicht. Bevor wir jetzt in den Wald eintreten, ist der Ausblick nach Oppenau hinab besonders schön. Vergessen Sie während des Anstiegs nicht, Ihren treuen Freund auch mal aus der Wasserschüssel schlabbern zu lassen.

Der Blick fällt ins Renchtal hinab nach Oppenau.

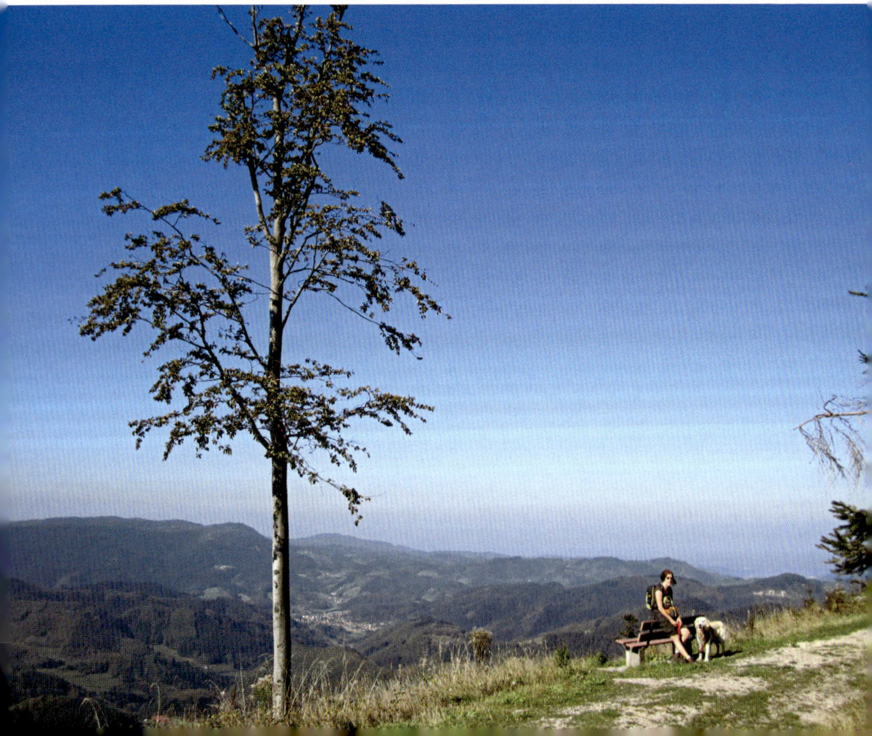

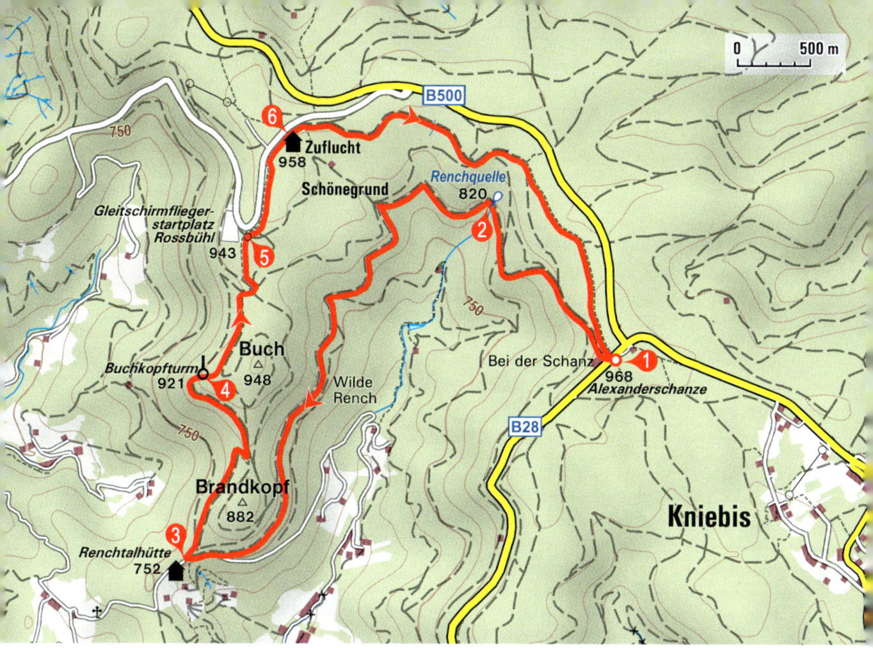

Wir erreichen den **Buchkopfturm (4)**, 921 m, und erfreuen uns einem weiten Blick, danach folgen wir dem Renchtalsteig zur **Kohlgrube**, 907 m. Von dort leitet ein breiter Weg erst nach links und nach 100 m wandern wir den schmalen Pfad rechts in den Wald hinauf zum Gleitschirmfliegerstartplatz des **Rossbühl (5)**, 943 m. Seien Sie auf der Hut, dass Ihr Hund nicht erschrickt, wenn ein Gleitschirmflieger im Tiefflug rauschend über Sie (und ihn) hinweggleitet.

Ein Waldpfad leitet in die bisherige Richtung weiter und parallel der von Oppenau heraufführenden Passstraße gelangen wir zur **Zuflucht (6)**, 958 m. Hier treffen wir auf den Westweg und folgen der roten Raute des ausgetretenen Pilgerwegs wieder zurück zum Ausgangspunkt an der **Alexanderschanze (1)**.

Der Buchkopfturm bietet wunderschöne Aussichten.

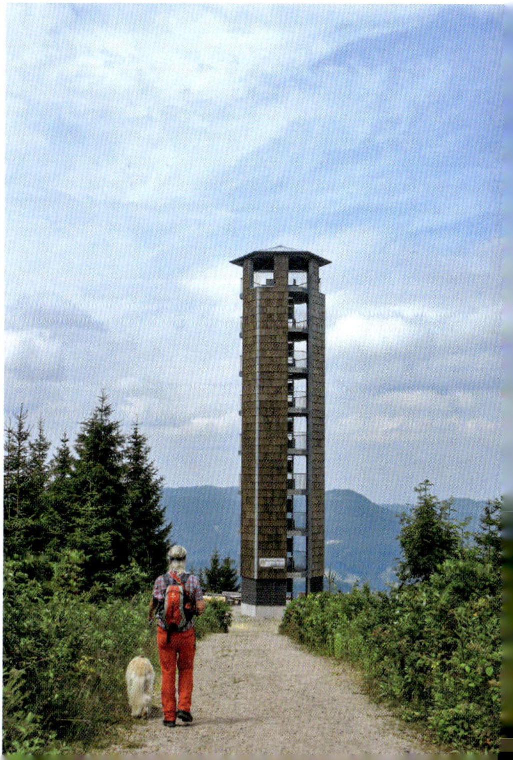

19 Die Teufelskanzel

Traumpfade in herrlicher Landschaft

Alpin anmutende Tour im Bereich der Teufelskanzel

Fernab der Zivilisation wandert man durch die Tiefen des Schwarzwalds. Diese Tour bietet immer wieder herrliche Talblicke und lässt die Wanderung zu einem echten Tourenschmankerl dieses Buches werden und dies, obwohl der Weg zur und von der Teufelskanzel derselbe ist. Eine etwa vier Kilometer lange Schlaufe führt Sie ab der Lettstädter Hütte auf herrlichen Pfaden und Wegen zur sagenumwobenen Teufelskanzel. Dieser felsige Wegabschnitt setzt aber trockenes Wetter, Schwindelfreiheit und gute Kondition voraus. Griffige Wanderschuhe sind bei dieser Tour obligatorisch, und auch Ihr Hund sollte gut zu Fuß sein.

KURZINFO

Ausgangspunkt: Wanderparkplatz gegenüber des großen Windrads, 957 m.
Anfahrt: Von Oppenau die B 28 hinauf, etwa 1 km vor der Passhöhe (Alexanderschanze), rechts der Bundesstraße, beim Windrad.
Gehzeit: 4 Std.
Höhenunterschied: 440 m.
Anforderungen Mensch: Eigentlich einfache Höhenwanderung, jedoch im Bereich der Teufelskanzel ist Trittsicherheit gefragt.
Anforderungen Hund: Längere Strecken führen durch trockenes Gebiet. Wassermitnahme ist unbedingt erforderlich.
Wasserstellen: Brunnen bei Sexauer Hütte und in diesem Bereich auch kleine Bächlein.
Einkehr: Keine.
Unterkunft: Natur- & Sporthotel Zuflucht, Zuflucht 1, 72250 Freudenstadt-Zuflucht, Tel. +49 7804 912560, hotel-zuflucht.de; Waldblick Hotel, Eichelbachstr. 47, 72250 Freudenstadt-Kniebis, Tel. +49 7442 8340, waldblick-kniebis.de. Achtung, bei beiden Unterkünften ist ein Transfer notwendig!
Tierarzt: Barbara Koenig, Fuhrmannstr. 13, 72250 Freudenstadt, Tel. +49 7441 9508181.
Tierbedarf: Fressnapf, Einsteinstr. 2, 72250 Freudenstadt, Tel. +49 7441 913111.
Karte: Freizeitkarte Nr. 503, 1:50.000.

Wir beginnen diese Tour etwa einen Kilometer südwestlich der Alexanderschanze, gegenüber des großen **Windrads**, am **Parkplatz (1)**, 957 m, links der B 28. Wir gehen auf dem Neuen Höhenweg parallel zur Bundesstraße. Talseitig genießen wir nun bald einen herrlichen Ausblick ins Renchtal und umwandern den **Bauernkopf (2)**, 949 m, zum Drachenfliegerstartplatz. Hier ist die Aussicht auf Bad Griesbach besonders lohnenswert. Dann schreiten wir geradeaus weiter bis zum Graseck, hier wenden wir uns kurz nach links und wenig später wieder nach rechts dem Palmspringweg zu. Eine üppig blühende bunte Pracht säumt im Frühsommer den Wegesrand auf dem Weg zur **Hildahütte (3)**, 915 m, die uns mit ihrem netten Rastplatz erwartet und zum Pausieren einlädt.

Ein farngesäumter Weg führt uns alsbald durch einen dichten Tannenwald, dann folgen wir dem schmalen ausgetretenen Weg weiter zur Wegkreuzung **Schnepfenmoos (4)**,

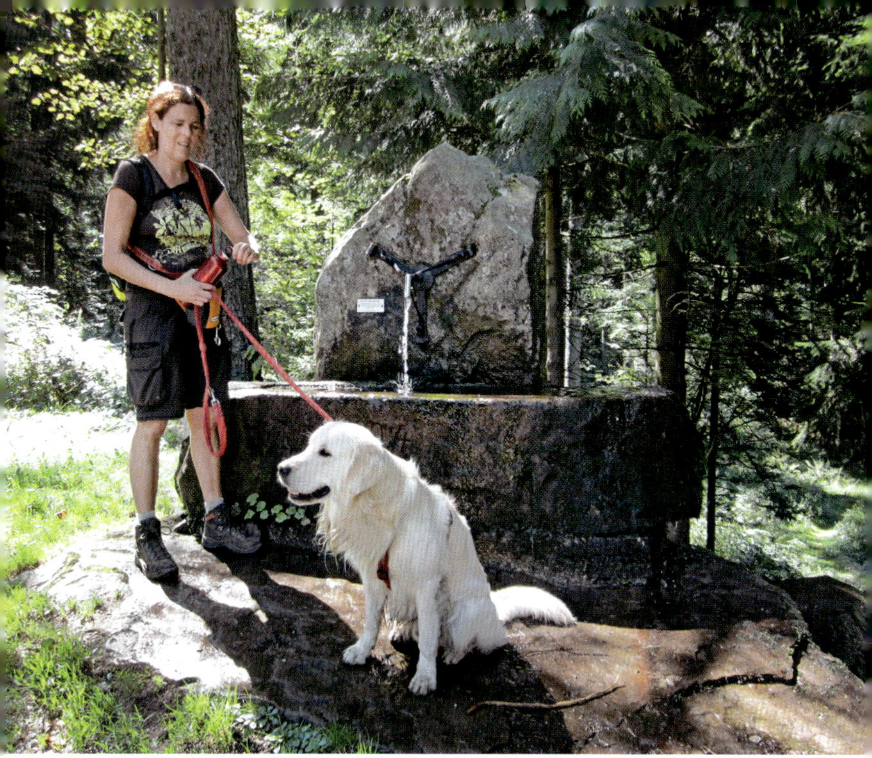

Der Brunnen neben der Sexauer Hütte spendet frisches Quellwasser.

935 m. Hier gehen wir geradeaus weiter, bis sich uns auf der Anhöhe nach fünf Minuten (bei guter Sicht) ein eindrucksvoller Blick hinüber zur Schwäbischen Alb bietet. Ein angenehmer Waldpfad bringt uns jetzt direkt auf die **Lettstädter Höhe (5)**, 964 m, wo wir auch die gleichnamige Hütte vorfinden. Wir nehmen den Grasweg nach Norden, gehen beim Forstweg rechts und an der folgenden Gabelung links. Kurz danach zweigen wir halb rechts zum Pfad entlang eines tiefen Taleinschnitts ab, passieren dabei den Bärenfelsen und biegen bei der Marienruhe halb rechts talwärts. Auf weichem Moos wandern wir jetzt hinab und wenden uns beim Forstweg rechts. Achtung, bereits nach etwa 300 m halten wir uns hinter einer Linkskurve scharf rechts zu dem Wiesenweg und keine Minute später links zu einem sehr schmalen Waldpfad hinab! Dann gehen wir beim **Rappenschliff**, 745 m, den

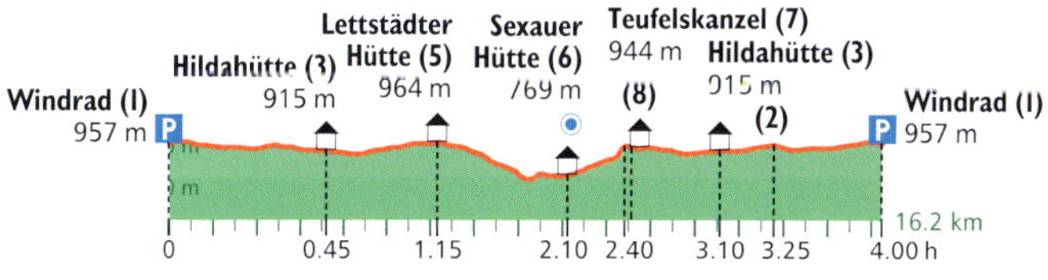

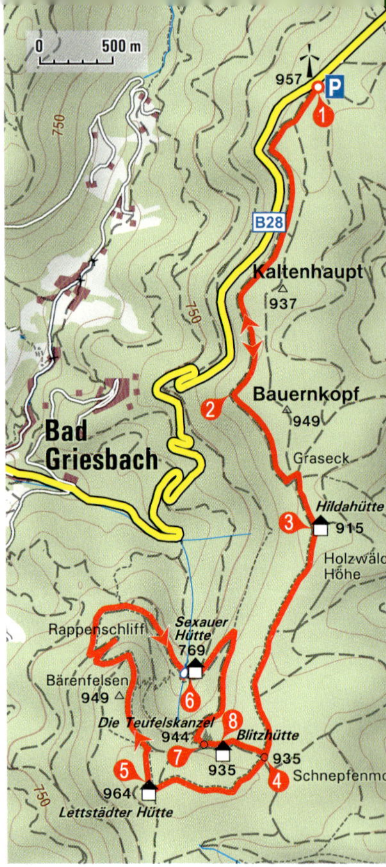

Forstweg rechts und steigen beim Wasserfall wieder rechts hinauf zum linksführenden, breiten Weg entgegen der Mittagssonne. Ein Pfad leitet nun links zur **Sexauer Hütte (6)**, 769 m, wo wir uns gemeinsam mit dem Hund am Brunnen erquicken können.

Frisch erholt biegen wir nun links in das Sexauersträßle ab und wandern nach 400 m den Teufelskanzelweg scharf rechts hinauf. Rasch gewinnen wir jetzt wieder an Höhe und biegen hinter den Felsen links zu dem gesicherten Steig der Teufelskanzel. Passen Sie gut auf, dass Sie und Ihr Hund sich jetzt keinen Fehltritt erlauben, denn die Stufen führen sehr steil bergauf. Dabei erfreuen wir uns stets an der Aussicht weit hinab ins Tal.

Oberhalb der **Teufelskanzel (7)**, 944 m, wenden wir uns links dem Waldweg zu und gelangen zur romantisch gelegenen **Blitzhütte (8)**, 935 m. Nach einem ausgiebigen Rucksackvesper und Hundepicknick folgen wir weiter dem Weg und biegen nach 100 m rechts hinüber zum **Schnepfenmoos (4)**, wo wir wieder auf den uns bereits bekannten Weg stoßen. Topfeben geht es auf sandigem Pfad wieder nach Norden, und wir erreichen inmitten einer fast unberührten Natur erneut die **Hildahütte (3)**. Links versetzt führt der breite Weg zum Graseck. Immer wieder erfreuen wir uns an dem Talblick. Vom **Bauernkopf (2)** zum Parkplatz beim **Windrand (1)** ist der Neue Höhenweg selbsterklärend.

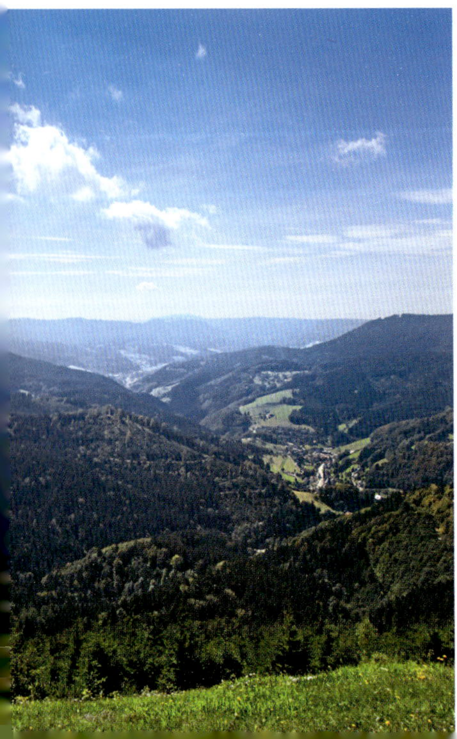

Vom Bauernkopf hat man diesen grandiosen Ausblick.

Rund um den Ort Kniebis

20

Zum Schwarzwälder Skywalk

Herrliche Höhenwanderung

Die Höhenwanderung um den beschaulichen Wintersportort Kniebis ist ein herrlicher Rundkurs. Hierbei werden mehrere Brunnen, Aussichtspunkte, Hütten und Gaststätten passiert. Besonders eindrucksvoll aber erscheinen die naturbezogenen lehrreichen Infotafeln am Wegesrand, die immer wieder auf die Besonderheiten der Heimat und Natur hinweisen. Da diese Wanderung nur verhältnismäßig wenig Höhendifferenz aufweist, kann sie getrost auch von etwas betagteren Hunden problemlos begangen werden.

KURZINFO

Ausgangspunkt: Kniebishütte und Infozentrum, 939 m, Parkplatz, Busanschluss.
Anfahrt: Zwischen Kniebis und Alexanderschanze, direkt bei der Kniebishütte.
Gehzeit: 2.30 Std.
Höhenunterschied: 170 m.
Anforderungen Mensch: Fast ebene Wanderung mit wenig Höhendifferenz.
Anforderungen Hund: Meist auf Waldwegen und Pfaden. An manchen Sommertagen herrscht auf dem Kniebis oft ein reges Treiben.
Wasserstellen: Eichelbach, Forbach, Ellbachseebrunnen, Forbachursprung.
Einkehr: Waldblick, Waldesruhe, Schwyzer Stüble, Kniebishütte.
Unterkunft: Hotel Café Günter Kniebis, Baiersbronner Str. 26, 72250 Freudenstadt-Kniebis Tel. +49 7442 84130, cafe-guenter.de; Waldblick Hotel, Eichelbachstr. 47, 72250 Freudenstadt-Kniebis, Tel. +49 7442 8340, waldblick-kniebis.de.
Tierarzt: Barbara Koenig, Fuhrmannstr. 13, 72250 Freudenstadt, Tel. +49 7441 9508181.
Tierbedarf: Fressnapf, Einsteinstr. 2, 72250 Freudenstadt, Tel. +49 7441 913111.
Karte: Freizeitkarte Nr. 504, 1:50.000.

Die Sitzbank beim Eichelbach lädt zur Pause ein.

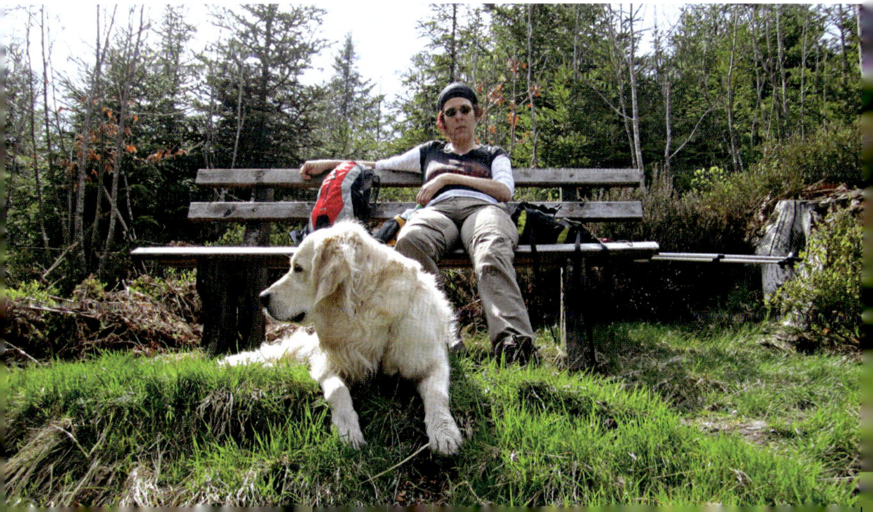

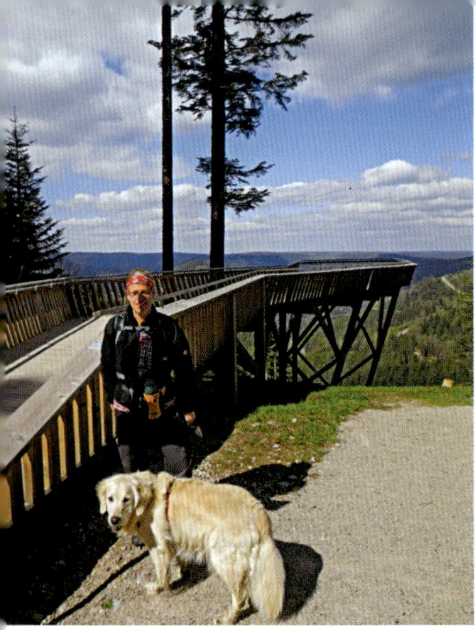

Der Skywalk ist eine Attraktion im Schwarzwald.

Den Wanderweg rund um den Ort Kniebis beginnen wir bei dem Westwegportal an der **Kniebishütte (1)**, 939 m. Zunächst halten wir uns in Richtung der Alexanderschanze, biegen aber bereits nach etwa 200 m vor einem Anwesen links ab und wandern auf der alten Pass-Straße »Gleisweg« in den nahen Wald. Auf der Scheitelhöhe »Moos« biegen wir scharf links ab und schreiten auf dem Schotterweg so lange talwärts, bis ein Pfad hinab in den Talgrund zum **Eichelbach (2)**, 876 m, mit Brunnen leitet. Lassen Sie Ihren treuen Begleiter nach Herzenslust ausgiebig Wasser tanken. Gegenüber des Gewässers geht es nun leicht aufwärts und wir durchqueren den Hotelgarten des »Waldblick«, wo der Hund jetzt besser kurz angeleint sein sollte.

Ein Wanderweg bringt uns unterhalb einer Skilifttalstation zu alten Steinmauern auf einer Wiese, dann gelangen wir zu ein paar Häusern und schreiten dann im Wald hinauf zu einer Landstraße. Jenseits dieser gelangen wir zum Naturfreundehaus und genießen vor dem Wald rechtsseitig einen grandiosen **Panoramablick (3)**, 890 m, auf die bewaldeten Berge. Im Forst überschreiten wir anschließend halb rechts die Wegspinne »Heide« und wandern dann auf dem Grenzweg entlang der alten badisch-württembergischen Landesgrenze. Beinahe topfeben und fast kerzengerade marschieren wir jetzt durch den duftenden Nadelwald zur hölzernen **Abendwieshütte (4)**, 882 m, die wir nach einer Linksabbiegung erreichen. Zum lauschigen Plätzchen, dem **Ort der Besinnung (5)**, 880 m, ist es nicht mehr weit, dann schreiten wir links des Waldes entlang einer bezaubernden Lichtung der B 28 entgegen, die wir glücklicherweise auf der Brücke queren können. Gleich danach leitet uns ein Wiesenweg rechts zur **Klosterruine (6)**, 865 m, und dem Forbach hinab. Rechts der Kirche gelangen wir zum Baiersbronner Sträßle und wandern von dort zum Friedhof hinauf. Am Buchschollen biegen wir links ab und wandern entlang der Lichtung wieder aus dem Ort. Am Ende dieser Freifläche gehen wir links in den Wald und behalten dort stets die Richtung bei, bis wir zu einer weite-

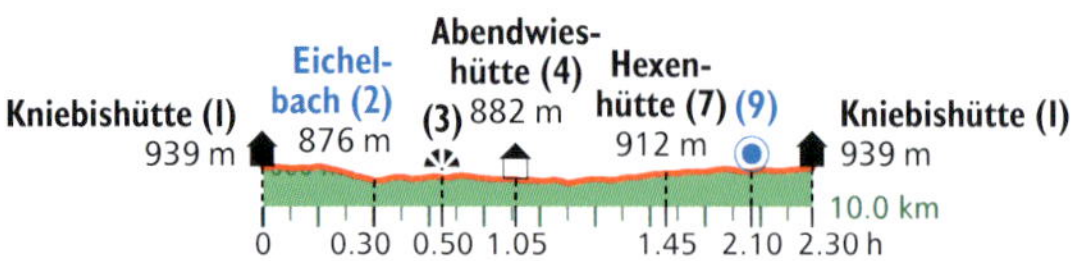

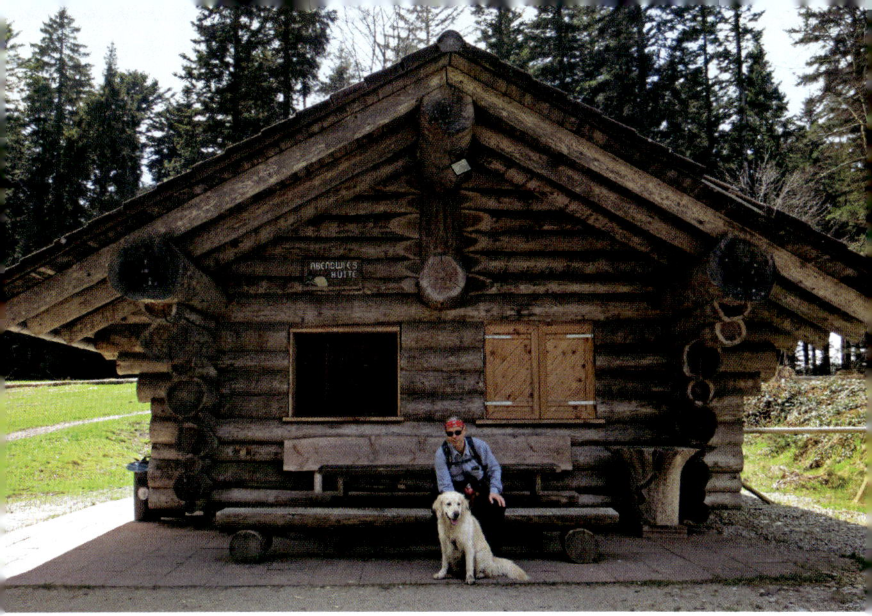

Die stattliche Abendwieshütte ist umgeben von Tannen.

ren Lichtung gelangen. Hier wenden wir uns nun rechts und passieren bald die kleine romantische **Hexenhütte (7)**, 912 m. Inzwischen ist die Markierung des Seensteigs hinzugetroffen, der wir fortan bis zum **Ellbachseeblick (8)**, 932 m, folgen. Kurz zuvor aber passieren wir noch den Ellbachseebrunnen. Der weite Fernblick schweift hinaus in die Weite und tief hinab zum See. Nach dem Ausguck halten wir uns links und gelangen bald zum **Ursprung des Forbach (9)**, 920 m. Hier hat Ihr Hund genügend Möglichkeiten sich zu erfrischen. Ein Schotterweg führt südöstlich weiter, dann schreiten wir das Räuberwegle durch den Wald, wo kunstvoll geschnitzte Holzfiguren abenteuerlich den Wegesrand zieren. Am Ende des Trampelpfads biegen wir rechts ab und gelangen somit zur Skihütte Kniebis. Zum Ausgangspunkt ist es jetzt nicht mehr weit und einer zünftigen Einkehr in der urigen **Kniebishütte (1)** steht Hund und Mensch nichts mehr im Wege.

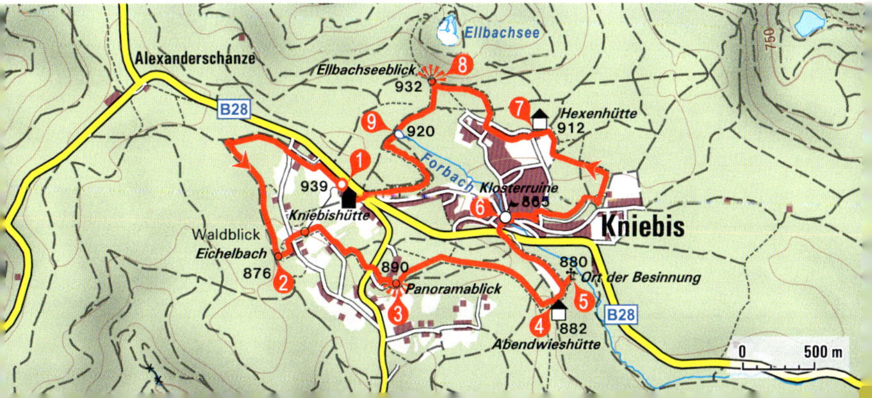

21 Westwärts nach Freudenstadt

Ländliches Idyll und gemütliche Stadt

Immer tiefer in den Schwarzwald bis ins lebhafte Freudenstadt

Die abwechslungsreiche Wanderung von Schopfloch nach Freudenstadt ist geprägt von schönen Wäldern. Es gibt zwar kleine Auf- und Abstiege, aber eigentlich ist diese Tour trotzdem angenehm flach. Bedenken Sie bitte bei der Tourenauswahl, dass diese keine Rundwanderung sondern eine Streckenwanderung ist und die Rückfahrt mit der Bahn erfolgt. Das heißt, Ihr Hund sollte an eine Bahnfahrt gewohnt sein.

Freudenstadt ist durch seinen rechteckigen Marktplatz, das Wahrzeichen der Stadt, bekannt. Charakteristisch sind hier die umlaufenden Laubengänge, Arkaden genannt. An der nördlichen Ecke des weitläufigen Platzes steht das Rathaus, im Süden die evangelische Stadtkirche. In der Mitte des Platzes erhebt sich das markante Stadthaus. Der Freudenstädter Marktplatz zählt zu den größten Deutschlands. Freudenstadt liegt ca. 60 Kilometer südwestlich der Landeshauptstadt Stuttgart auf einem Hochplateau und ist von schier endlosen Wäldern umgeben.

KURZINFO

Ausgangspunkt: Schopfloch, 644 m, Parkplatz am Bahnhof, Bahnanschluss.
Endpunkt: Freudenstadt, 732 m, Stadtbahnhof, Bus- und Bahnanschluss.
Retour zum AP: Vom Stadtbahnhof mit S-Bahn S 41.
Anfahrt: Bis Freudenstadt B 294 oder B 462, dann B 28a über Dornstetten nach Schopfloch.
Gehzeit: 4 Std.
Höhenunterschied: Aufstieg: 370 m, Abstieg: 280 m.
Anforderungen Mensch: Angenehme Wanderung.
Anforderungen Hund: Bahnfahrt zum Ausgangspunkt.
Wasserstellen: Mehrere Bäche und Brunnen.
Einkehr: Glatten, Lauterbad, Waldhotel Zollernblick, Kienberg, Freudenstadt.
Unterkunft: Hotel Restaurant Schwanen, Forststr. 6, 72250 Freudenstadt, Tel. +49 7441 91550, schwanen-freudenstadt.de.
Tierarzt: Barbara Koenig, Fuhrmannstr. 13, 72250 Freudenstadt, Tel. +49 7441 9508181.
Tierbedarf: Fressnapf, Einsteinstr. 2, 72250 Freudenstadt, Tel. +49 7441 913111.
Karte: Freizeitkarte Nr. 504, 1:50.000.

Am Bahnhof **Schopfloch (1)**, 618 m, kreuzen wir die Bahnschienen und wandern ins Obere Täle hinauf. Dann setzen wir beim **Eckhof**, 650 m, über die Fahrstraße hinweg und gehen nach den Stufen parallel zu den Schienen hinab in den Wald. Bald schon begleitet uns auf dem Weg ins **Teufelsloch (2)**, 602 m, zur Rechten ein lustig plätscherndes Bächlein. Jetzt können Sie Ihren Hund (bis zur nächsten Straße) getrost springen lassen. Wir bleiben auf dem breiten Weg und kreuzen nach zehn Minuten erneut eine Straße. Danach entscheiden wir uns an der Gabelung für den unteren rechten Weg, der jetzt entlang des Waldrands zu einem herrlichen Wiesental leitet. An der Kreuzung zwei-

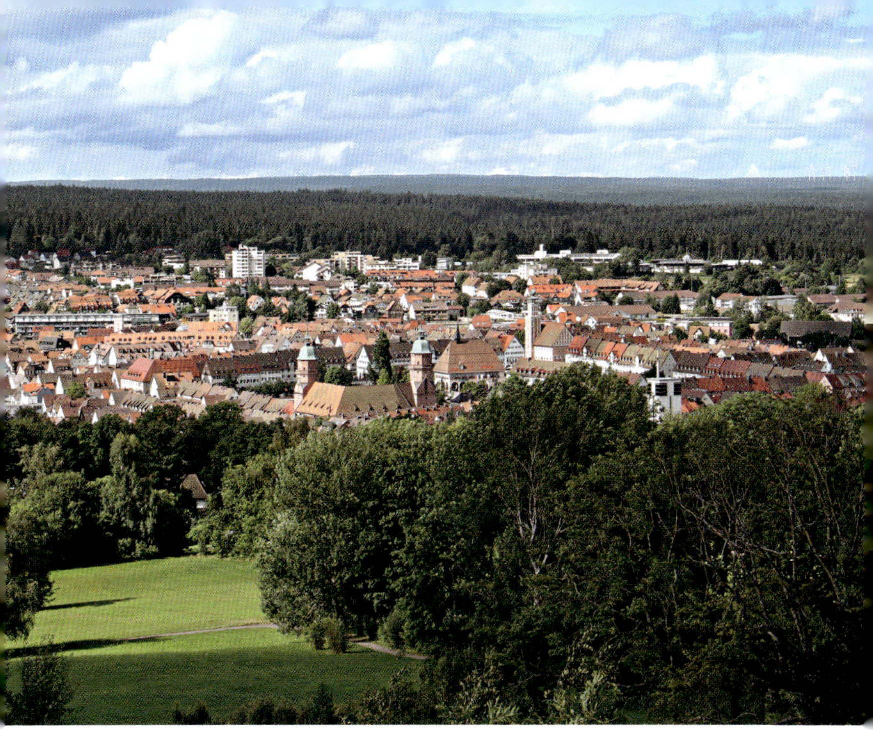

Vom Herzog-Friedrich-Turm blickt man auf Freudenstadt.

gen wir beim Panoramaweg halb rechts talwärts ab und wandern steil hinab nach **Glatten (3)**, 522 m, wo wir den Hund wieder an die Leine nehmen.

Wir queren die Schiller- sowie die Uhlandstraße und schreiten treppab zur Straße, die uns links hinab zum **Glattenflößerbrunnen** führt. Hier biegen wir nach links und bereits nach 200 Metern, (bei der Infotafel) nach rechts zur Bachstraße. Ein romantischer Fußweg leitet jetzt entlang des Wassers flussab, bis uns ein Steg rechts zum Rathaus bringt. Wir gehen die Lombacherstraße nach links und gelangen rechts des Freibads in ein kleines Gewerbegebiet. Der Küferweg bringt uns aus dem Ort und an eine Landstraße. Bald wandern wir links der Fahrbahn auf einem schmalen Trampelpfad zu einem Wanderparkplatz. Hier biegen wir links ab und folgen dem Teerweg in den nahen Wald. Jetzt wird die Szenerie auch für den Hund wieder interessanter. Am **Flößerring** kreuzen wir die Lauter und wandern

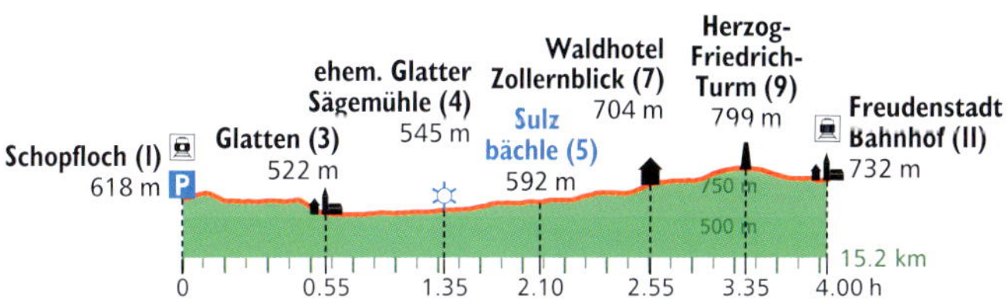

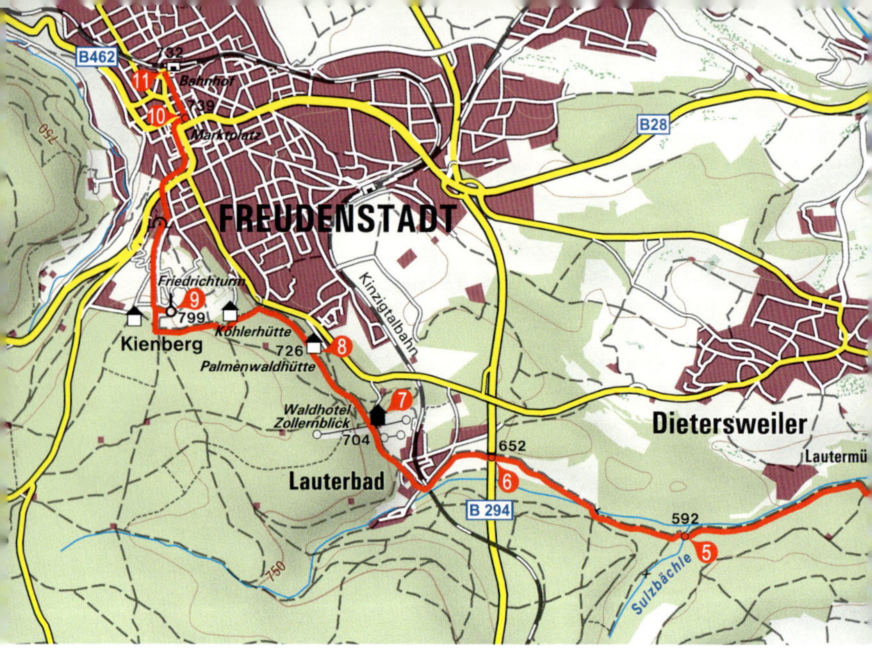

nach einer kleinen Lichtung wieder in den schattenspendenden Wald. Am Unterstand der **ehemaligen Glatter Sägemühle (4)**, 545 m, und einem Hochwasserrückhaltebecken

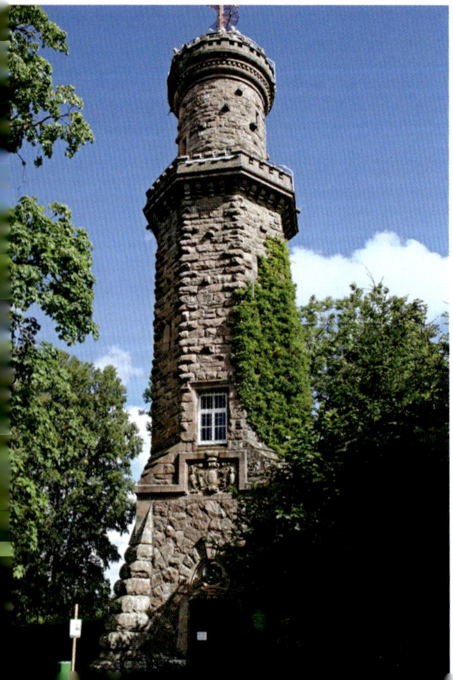

behalten wir die Richtung bei. Der breite Waldweg führt stetig steigend zu einem Wegetreff, wo wir uns rechts halten. Merklich steiler geht's jetzt bergauf und bald schon erkennen wir im lichten Wald rechts die Gebäude der **Lautermühle**.

Am Wegpunkt »Heilige Wiesen« gehen wir geradeaus und biegen in der Senke rechts über das **Sulzbächle (5)**, 592 m. Nach dem Holzsteg leitet ein Hohlweg kurz hinauf zu einem Forstweg, dem wir eben nach rechts folgen. Etwa zehn Minuten später setzen wir den Marsch halb rechts auf einem weichen Naturweg fort. Bei einer Holzbrücke wandern wir rechts über den Wildbach und dann nordwestlich das breite Wiesental hinauf.

Oben halten wir uns parallel zum Waldrand und erreichen bald die Brücke über die **B294 (6)**, 652 m, und somit den Ortsrand von Lauter-

Eine Wendeltreppe führt im Herzog-Friedrich-Turm hinauf.

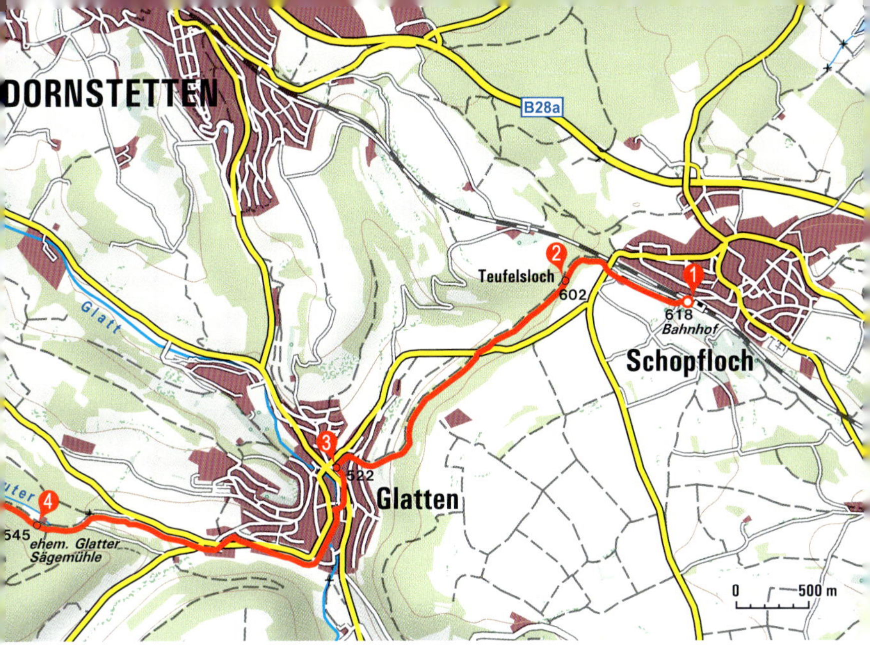

bad. Wir marschieren geradewegs auf das stählerne Eisenbahnviadukt der Kinzigtalbahn zu und wenden uns unter der mächtigen Brücke nach rechts und gehen den Stokingerweg hinauf. Am Ortsende behalten wir am Waldrand die Richtung bei und passieren die Schneise einer Skipiste und das **Waldhotel Zollernblick (7)**, 704 m. Dann schreiten wir weiter nordwestlich und gelangen auf Waldwirtschaftswegen an zwei Brunnen und der **Palmenwaldhütte (8)**, 726 m, vorbei. Am Stadtrand gehen wir nicht über die Fußgängerbrücke, sondern die Lauterbadstraße kurz links und dann links zu dem Waldweg. Im Anstieg passieren wir die Köhlerhütte und setzen wenig später am Waldrand den Marsch zum Kienberg und dem **Herzog-Friedrich-Turm (9)**, 799 m, fort. Nach der Aussicht auf Freudenstadt leitet uns die Markierung des Ostwegs hinunter in die Stadt, am Kurhaus vorbei zum Marktplatz von **Freudenstadt (10)**. Die Forststraße führt uns von dort aus in nordwestlicher Richtung zum 500 m entfernten **Stadtbahnhof (10)**, 732 m.

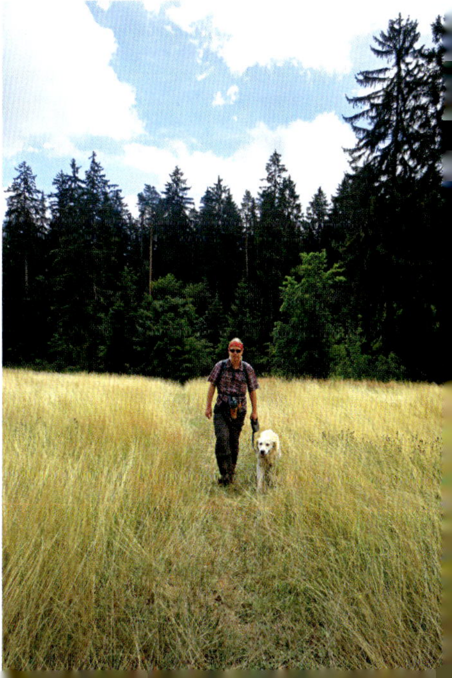

Traumpfade am Kienberg.

22 Hansjakob-Runde

Eine andere Welt, abseits von Stress und Trubel

Ländliches Flair – Schwarzwald pur

Zunächst wandert man entlang der wild rauschenden Wolfach flussab und steigt beim Ochsenwirt recht steil hinauf. Die herrliche Wanderung führt im Hochtal Schwarzenbruch an vielen wunderschön gelegenen Schwarzwaldhöfen vorbei, wobei man einen beeindruckenden Einblick in die Landwirtschaft und Bewirtschaftung der extremen Hanglage bekommt. Wildromantisch geht es abschließend durch das Wildschapbachtal wieder hinab ins Wolftal und nach Schapbach. Die Wanderung eignet sich für alle Hunde und Hundebesitzer mit guter Kondition, wobei der erste Aufstieg zum Weierbrunnen einiges abverlangt!

KURZINFO

Ausgangspunkt: Schapbach, 404 m, Parkplatz beim Freibad, Busanschluss.
Anfahrt: A5 bis Offenburg – B33 bis Wolfach – Oberwolfach – Schapbach.
Gehzeit: 4 Std.
Höhenunterschied: 600 m.
Anforderungen Mensch: Genusswanderung meist auf Landwirtschaftswegen.
Anforderungen Hund: Teilweise kräftige Auf- und Abstiege. Ausreichend Wasserstellen unterwegs.
Wasserstellen: Wolfach, Weierbrunnen, Schwarzenbruch, Wildschapbach.
Einkehr: Schapbach, Ochsenwirt, Schmalzerhisli (Sa. und So.), Wildschapbach.
Unterkunft: Landgasthof Sonne, Dorfstr. 31, 77776 Bad Rippoldsau-Schapbach, Tel. +49 7839 222, sonne-freudenstadt.de; Ochsenwirtshof, Wolfacher Str. 21, 77776 Bad Rippoldsau-Schapbach, Tel. +49 7839 919798, ochsenwirtshof.de.
Tierarzt: Dr. M. Sieder, Siechenwaldweg 15, 77709 Wolfach, Tel. +49 7834 4031.
Tierbedarf: Fressnapf, Im Spießacker 5, 77716 Haslach im Kinzigtal, Tel. +49 7832 9741160.
Karte: Freizeitkarte Nr. 504, 1:50.000.

Vom Freibad in **Schapbach (1)**, 404 m, wandern wir im Wolftal flussab, indem wir uns zunächst südwestlich halten. Nach etwa 20 Gehminuten gelangen wir zum Hotel **Ochsenwirt (2)**, 385 m. Links des Gebäudes führt unser Wanderweg im Wald steil hinauf zum **Weierbrunnen (3)**, 521 m, wo wir und unser Hund uns an dem kühlen Nass erfreuen. Hier schwenken wir rechts auf den Forstweg ein. Gefühlte drei Minuten später verlassen wir diesen aber in einer Rechtskurve bereits wieder und wenden uns links dem bergan leitenden farngesäum-

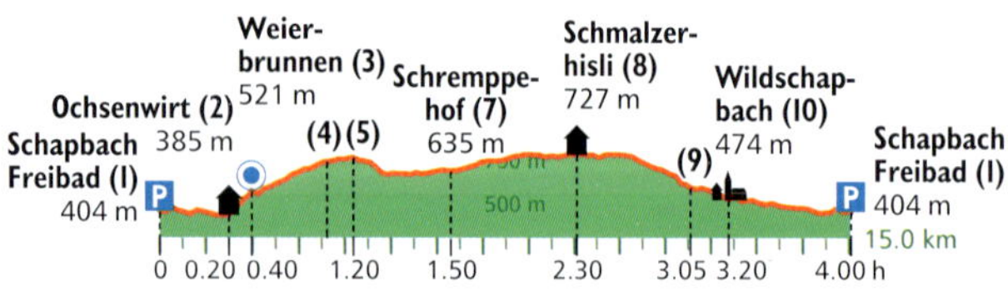

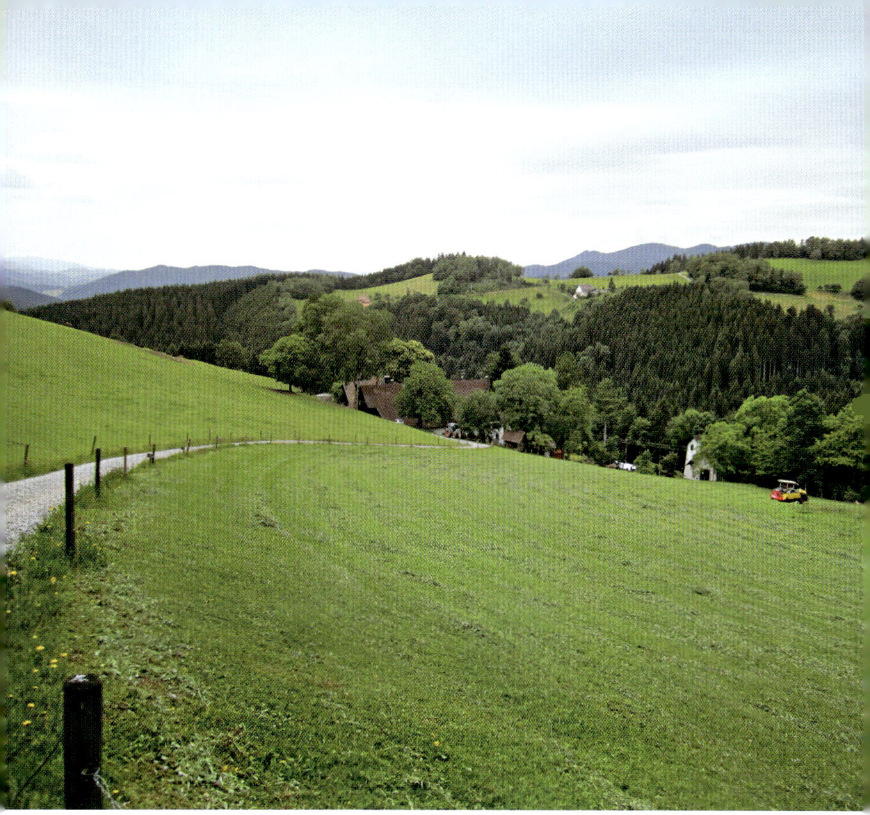

Wiesen, Täler und Wälder, so schön ist der Schwarzwald.

ten Wiesenweg zu und erreichen bald die **Ochsenhütte**, 581 m.
Der Waldweg steigt weiter an und bringt uns hinter einem Forstweg zu einem weiteren. Dann wandern wir kurz entlang einer Wiese und wenden uns nach dem Wald beim **Hasenackerhof (4)**, 689 m, rechts dem Wirtschaftsweg zu. Zunächst schreiten wir entlang an Wiesen in nordwestliche Richtung und gelangen bald in den Wald. Kurz bevor sich der Forst wieder öffnet, schreiten wir 0,5 km nach dem Hasenacker am Standort **Überm Hanselehof (5)**, 709 m, links hinab. Der Weg wird immer steiler. Unten gehen wir kurz links und kurz darauf scharf rechts. Der Weg schlängelt sich zu der kleinen Siedlung **Schwarzenbruch (6)**, 625 m, und bestaunen dort das sich drehende Mühlrad.

Die Hansjakob-Runde ist eine grobe Verkürzung des kleinen Hansjakobwegs. Zu Ehren des einstigen Karlsruher Landtagsabgeordneten sind heutzutage sogar zwei mehrtägige Rundwanderwege des Schwarzwaldvereins benannt. Die Hansjakobwege sind dem großartigen Theologen, Schriftsteller und Erzähler Heinrich Hansjakob (1837–1916) gewidmet. Hansjakob bezeichnete einst die grandiose Landschaft des Mittleren Schwarzwalds als sein »Paradies«.

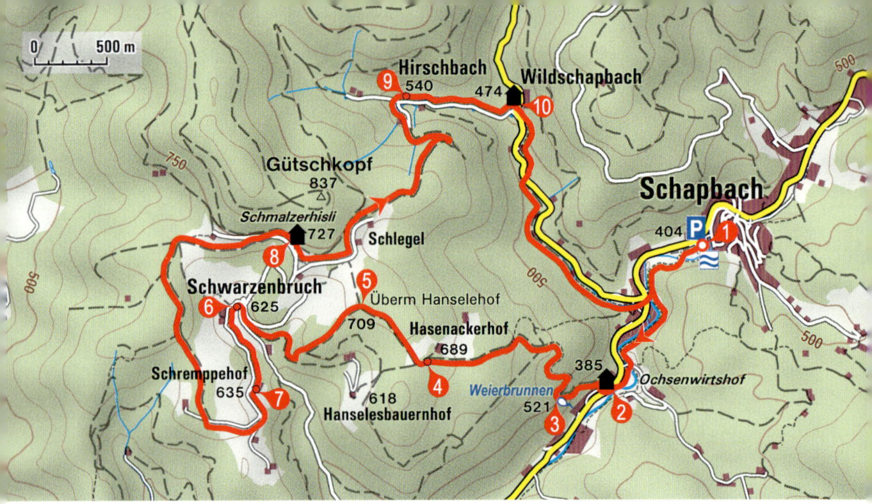

Bald verlassen wir wieder den lieblichen Ort mit den schmucken Bauernhäusern und wandern südlich in den Wald. Nach dem **Schremppehof (7)**, 635 m, halten wir uns entlang grüner Weideflächen und gehen an der Gabelung rechts zu dem Schremppehöhenweg. Zur Linken öffnet sich jetzt ein überaus stimmungsvoller Blick zu den bewaldeten Schwarzwaldbergen des Umlandes. Auf der **Anhöhe**, 684 m, biegen wir rechts in einen Birkenwald, passieren eine Weidefläche und halten im angrenzenden Nadelwald dem Weg permanent die Treue. Am Wegrand steht noch eine alte Stütze der früheren Drahtseilbahn, die hier während ihrer fast 60-jährigen Betriebszeit etwa 1 Million Tonnen Schwerspat aus der Grube Clara beförderte.

Nach dem **Waldstück**, 715 m, wandern wir rechts über eine Wiese, und gelangen unterhalb des Hasenhauses östlich zum fast 15 Minuten entfernten **Schmalzerhisli (8)**, 727 m, mit dem sehenswerten Brunnen des Hansjakobstein. Eine ausgiebige Rast für Mensch und Tier ist an dieser Stelle empfehlenswert. Gestärkt wandeln wir anschließend für wenige Meter auf dem Querweg Gengenbach – Alpirsbach, dann wandern wir links über den Wiesen-

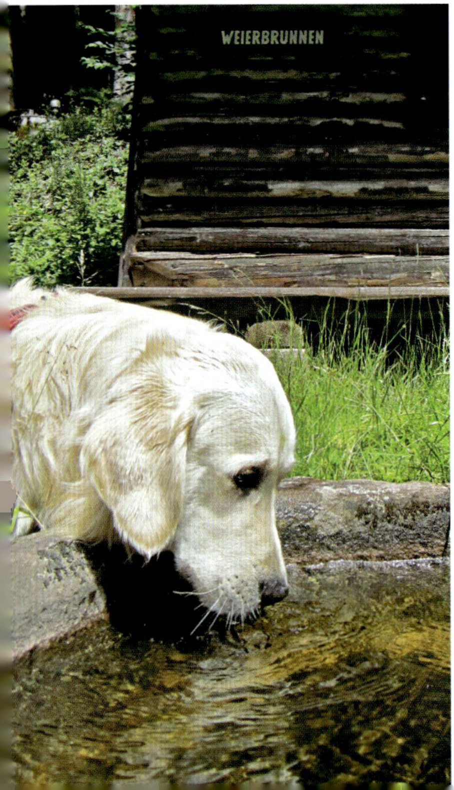

Das freut den Hund: Wasserle trinken am Weierbrunnen.

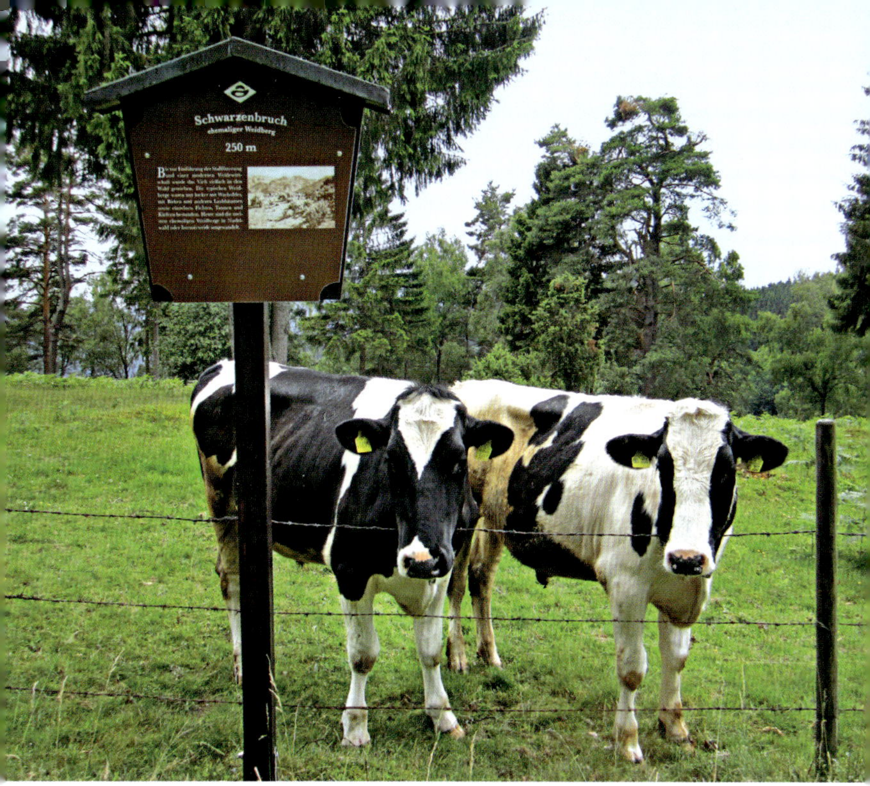

Black and white beobachten uns neugierig.

weg zu dem Teerweg, der rechts der Bäume weiterführt.

Auf dem Schlegel gehen wir geradeaus weiter und gelangen oberhalb zweier Bauernhöfe wieder in den Wald. An der folgenden Lichtung behalten wir die Richtung bei, dann gehen wir rechts versetzt den breiten Waldweg recht steil hinab. Beim folgenden Forstweg biegen wir rechts ab und beim Teerweg scharf links. Dieser führt nun mächtig steil bergab zu den Häusern von **Hirschbach (9)**, 540 m. Entlang des quirlig plätschernden Hirschbachs wandern wir talwärts und können dabei in den Sommerwochen die mühsame Heuernte der Bauern beobachten. Beim Ort **Wildschapbach (10)**, 474 m, queren wir eine Landstraße und setzen die wunderschöne Wanderung auf dem Grasweg talwärts fort. Nach etwa 500 Metern kreuzen wir erneut die Landstraße, leinen hier vorsichtshalber den Hund kurz an, und folgen dann genussvoll für eine halbe Stunde dem Wanderweg parallel zum Wildschapbach. In wildromantischer Atmosphäre gelangen wir rasch talwärts und gehen bei den Häusern von **Vorwildschapbach** links über die Brücke hinab in den Talgrund des Wolftals, 402 m. Links versetzt schreiten wir bei einem Holzhandel über die Wolfach und links stromauf, bis bei den Sportanlagen eine weitere Brücke wieder hinüber zu dem Parkplatz des Schwimmbads von **Schapbach (1)** leitet.

23 Um Schapbach

Auf den Bergeshöhen neben dem Wolftal

Herrliche Wanderung ins Kaltbrunnertal
Kräftig geht's bergauf zum Schmidsberger Platz und dem Schwarzwälder Fernwanderweg Mittelweg, dann aber darf man sich auf dem Weg zum Zieflesbrunnen an den zahlreichen Heidelbeeren erfreuen. Im Kaltbrunnertal lädt außerdem der herrlich gelegene Martinshof zur wohlverdienten Rast ein, bevor nach dem ehemaligen Kloster Wittichen der nächste kräftezehrende Aufstieg ansteht.

KURZINFO

Ausgangspunkt: Schapbach, 403 m, Parkplatz beim Freibad, Busanschluss.
Anfahrt: B33 Kinzigtal, Ausfahrt Wolfach und Landstraße bis Schapbach.
Gehzeit: 5.30 Std.
Höhenunterschied: 840 m.
Anforderungen Mensch: Zwei längere Auf- und Abstiege.
Anforderungen Hund: Auf Bergeshöh gibt es kein Wasser. Unternehmen Sie die Tour nicht am heißesten Sommertag!
Wasserstellen: Zieflesbrunnen und mehrere Bäche in den Tälern.
Einkehr: Martinshof, Kaltbrunn (Mo. Ruhetag).
Übernachtung: Landgasthof Pension Sonne, Dorfstr. 31, 77776 Bad Rippoldsau-Schapbach, Tel. +49 7839 222, sonne-freudenstadt.de.
Tierarzt: Dr. M. Sieder, Siechenwaldweg 15, 77709 Wolfach, Tel. +49 7834 4031.
Tierbedarf: Fressnapf, Im Spießacker 5, 77716 Haslach im Kinzigtal, Tel. +49 7832 9741160.
Karte: Freizeitkarte Nr. 504, 1:50.000.

Wir beginnen die Wanderung in **Schapbach (1)**, 403 m, beim Freibad, wandern rechts am Feuerwehrgebäude vorbei und stromauf der Wolfach bis zum Rathaus. Dort gehen wir zur Polderbergstraße, die gleich kräftig zu steigen beginnt. Am Fichtenrain gelangen wir aus der Wohngegend in den nahen Wald und setzen hinter einer Schranke den Marsch auf dem breiten Schotterweg fort. An der Kreuzung gehen wir rechts, und an der folgenden Gabelung biegen wir links, dann erreichen wir bald eine kleine Lichtung. Wieder im Wald, flacht die Steigung schrittweise ab und wir gelangen nach einem Wasserspeicher zu einer großen Wiesenlichtung. Halb links wandern wir zu einem Waldweg und folgen beim Abzweig links zu dem breiten Weg. Dieser führt erneut steil bergauf zu einem schmalen Pfad und dem Wegpunkt Höll, 598 m,. Im tiefen Wald säumen hier ungezählte Heidelbeersträuchern den Wegrand und wir steigen über Stock und Stein hinauf zum Wegetreff bei der Schmidsberger Kehre, 649 m. Ab hier führt uns ein Forstweg in einem fast halbstündigen kontinuierlichen Anstieg zum **Schmidsberger Platz (2)**, 762 m, wo wir den Fernwanderweg Mittelweg kreuzen. Achtung, der Sandeckwaldweg leitet halb rechts weiter, wir verlassen ihn jedoch bereits nach 20 m rechts zu dem romantischen Naturpfad hin! Alte vermoderte Grenzsteine der

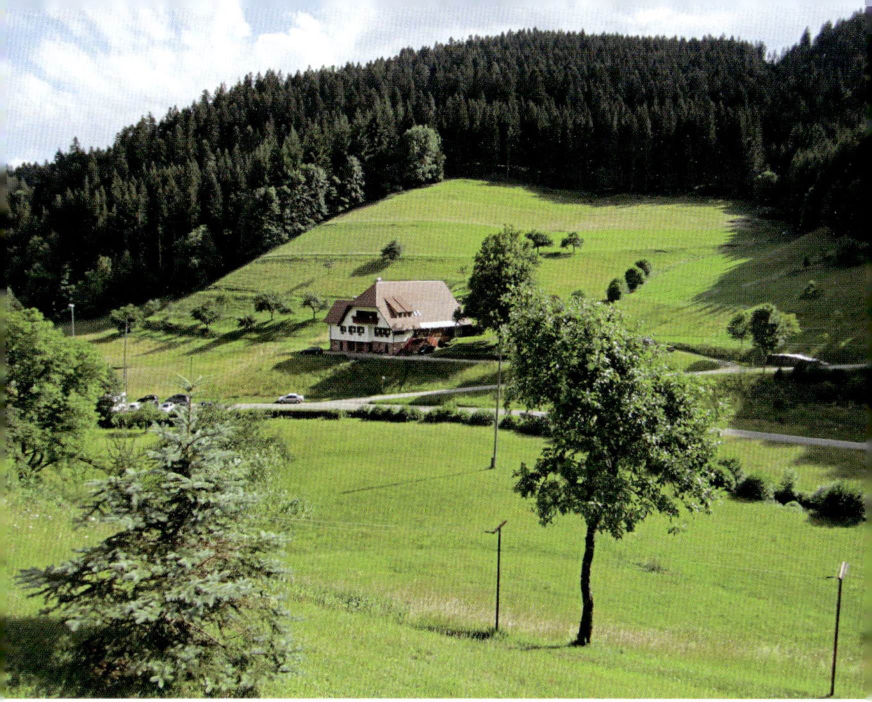

Herrlich gelegen, die Landschaft beim Martinshof.

einstigen badisch-württembergischen Grenze weisen uns den Weg und wir folgen dem niedergetretenen Pfad, der sich zwischen bemoosten Steinen und Heidelbeergestrüpp entlangschlängelt. Zur Erntezeit fühlt man hier sich mit den endlos vielen Heidelbeeren wie im Garten Eden. Nach etwa zehn Minuten erreichen wir beim **Zieflesbrunnen (3)**, 700 m, einen Wegetreff, an dem wir uns südöstlich talwärts halten. Jetzt folgen wir beständig dem Talbach zur Linken. Bei einem kleinen Parkplatz weitet sich das Kaltbrunnertal und wir setzen auf dem Teersträßchen die Wanderung fort und erreichen in der Folge die kleine Siedlung **Hinter Kaltbrunn (4)**, 544 m. Das lustige Plätschern des Talbachs in der Talaue lockt den Hund förmlich an und es begleitet uns weiter auf dem Wanderweg zum **Bühlhof**, dem **Rußhof** und weiteren einzeln stehenden bäuerlichen Anwesen. Bald erreichen wir die ersten Häuser des beschaulichen Ortes **Kaltbrunn** und kehren dort am besten im Gasthaus **Martinshof (5)**, 482 m, ein. Nach der Rast nehmen wir beim Ortsschild scharf rechts den Karl-Ketterer-Weg hinauf

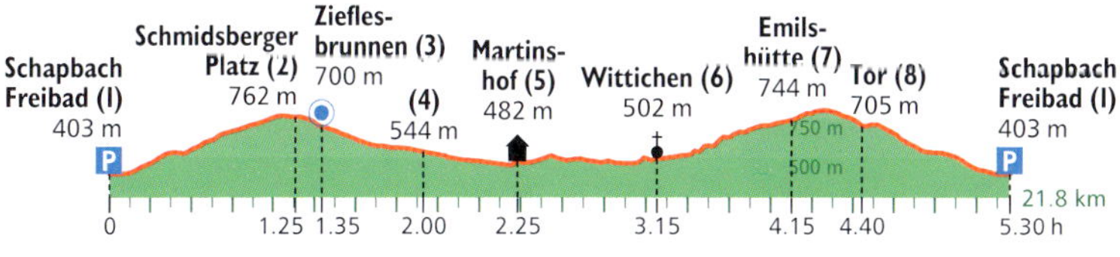

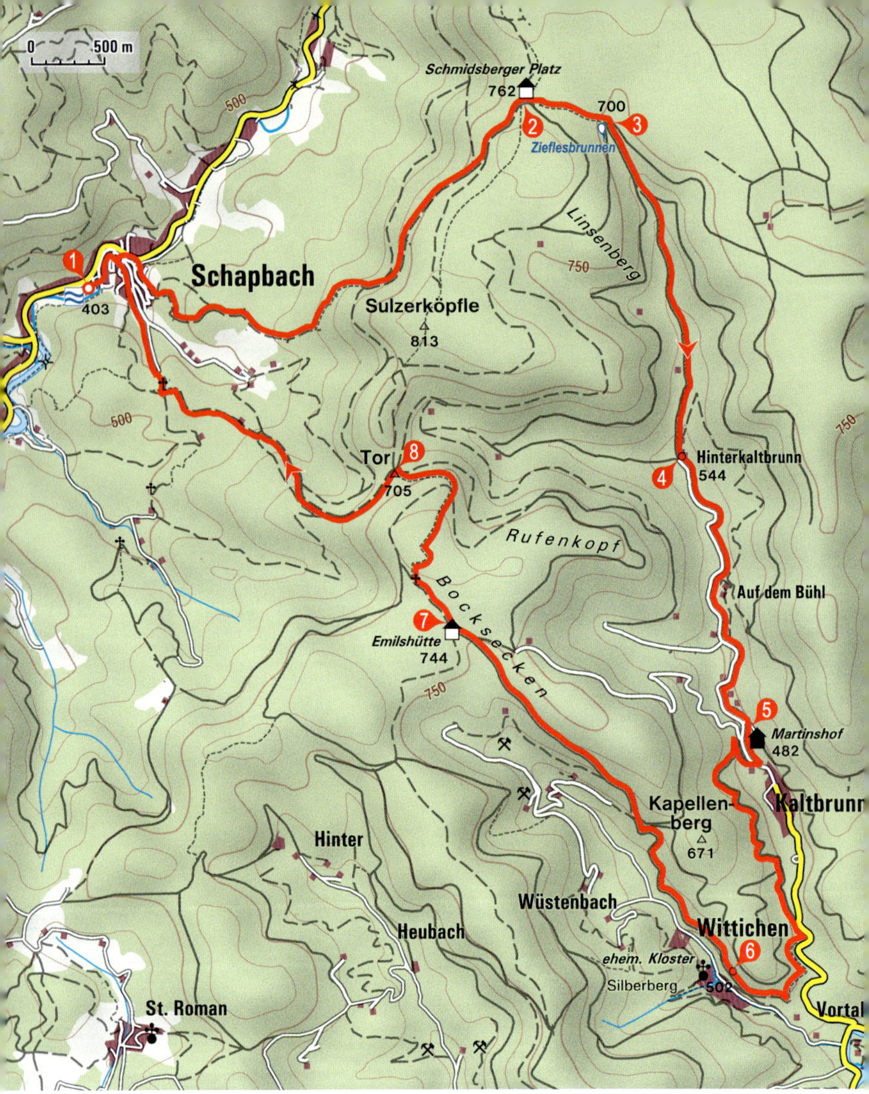

und zweigen dann auf Höhe des Friedhofs nach links ab. In der nahen Lichtung grüßt von gegenüber der Martinshof noch mal herüber, dann verschwinden wir im Wald. Oberhalb der Viehweide kann Ihr Hund nun Kühe betrachten. Der Weg führt bequem am Hang entlang hinab ins Kaltbrunnertal und so gelangen wir halb rechts auf einem Waldweg zur **Burgfelsenkapelle**, 498 m,. Hier schreiten wir rechts hinab und wir treffen nach etwa 5 Minuten auf den Querweg Gengenbach-Alpirsbach. Mit Blick auf das stattliche Gebäude des ehemaligen **Kloster Wittichen (6)**, 502 m, geht es weiter. Der breite Weg leitet unterhalb des Kapellenbergs zum Jägerhaus und im Wald ständig bergan zur **Emilshütte (7)**, 744 m, und dem Mittelweg. Etwas beschwerlich geht es auf grobem Schotter den Fernwanderweg hinauf zu einem alten Steinmonument am linken Wegesrand, das mit der Aufschrift »vivet veritas« versehen ist. An der **Bocksecke**, 792 m, schreiten wir rechts zu einem grasbewachsenen Pfad, der im Zickzack durch den sehr dichten Wald leitet. Fast meint man, hier sagen sich Fuchs und Hase »Gute Nacht«. Im märchenhaften Wald gelangen wir hinab zum **Tor (8)**, 705 m, wo wir den Mittelweg wieder verlassen. Auf einem Wirtschaftsweg geht's talwärts und dann schnurgerade über eine Wiese, wo wir die idyllische Landschaft genießen. Wieder im dichten Nadelwald leitet ein Forstweg zum Wegpunkt **Steig**, 513 m, und jetzt wandern wir nur noch talwärts zurück nach **Schapbach (1)**.

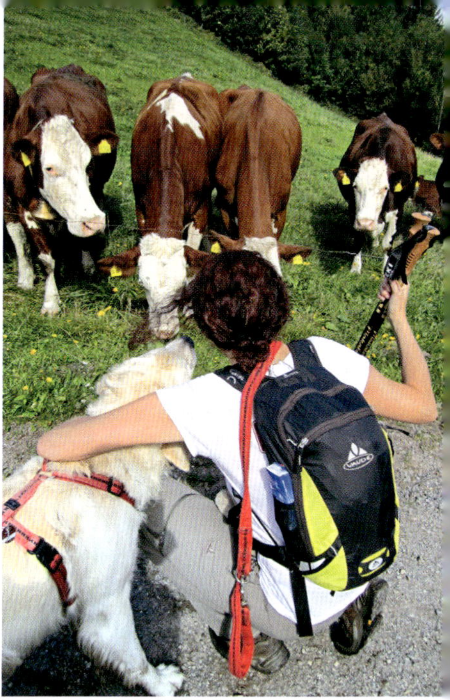

Oben: Hunde und Kühe sollten respektvollen Abstand halten.
Unten: Das ehemalige Kloster Wittichen.

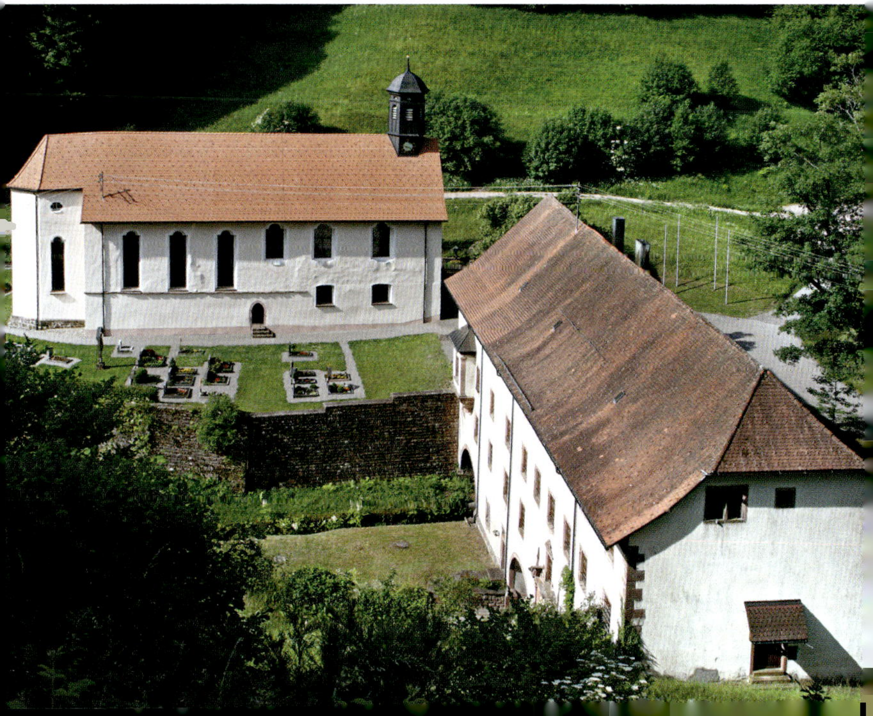

24 Von Schenkenzell nach Alpirsbach

Zum Schluss ein gemütliches Bierchen

Pilgerreise zu Wallfahrtsstätten

Nicht nur die Pfarrkirche von Schenkenzell, sondern auch das ehemalige Klarissinnenkloster zu Wittichen und natürlich die berühmte Alpirsbacher Klosteranlage sind ein absolutes Tourenhighlight.

Das bekannte Alpirsbacher Brauwasser schmeckt ohne Hopfen und Malz auch den Hunden, natürlich ist es mit den gewissen Zutaten verfeinert für den Menschen wesentlich schmackhafter. Alpirsbach ist durch die Bierbrauerei und die fast 900-jährige Klosteranlage ein sehr bekanntes und beliebtes Ausflugsziel. Das ehemalige Benediktinerkloster wurde im romantischen Stil erbaut, jedoch stammt der Kreuzgang aus der Gotik. Der weitere Weg nach Schenkenzell bietet als weiteres Highlight eine liebliche Schwarzwälder Hochalm mit einer historischen Grenze.

KURZINFO

Ausgangspunkt: Schenkenzell Bahnhof, 357 m, Parkplatz, Bahnanschluss.
Anfahrt: A5 Ausfahrt Offenburg B33 und B294 ins Kinzigtal.
Gehzeit: 4 Std.
Höhenunterschied: 500 m.
Anforderungen Mensch: Sehr steiler Aufstieg von Vortal zur Sattellege.
Anforderungen Hund: Im Bereich des Alpirsbacher Kloster ist mit vielen Personen zu rechnen.
Wasserstellen: Kinzig, Reinerzau, in Vortal mehrere (4) Bäche, beim Nollenberg, Jägerbrunnen, Rinkenbach.
Einkehr: Alpirsbach und Schenkenzell.
Unterkunft: Hotel Waldblick, Schulstr. 12, 77773 Schenkenzell, Tel. +49 7836 93960, hotel-waldblick.de.
Tierarzt: Dr. Wolfgang Schwenk, Reutiner Str. 2, 72275 Alpirsbach/Peterzell Tel. +49 7444 51032.
Tierbedarf: Fressnapf, Sägewerkstr. 15, 78727 Oberndorf am Neckar, Tel. +49 7423 8682686.
Karte: Freizeitkarte Nr. 504, 1:50.000.

In Vortal treffen vier Schwarzwaldbäche zusammen; der Gallenbach, Kaltbrunnerbach (Talbach), Witticherbach (Klosterbach) und Reinerzauerbach. Sie fließen als kleine Kinzig bei Schenkenzell in die Kinzig, die wiederum bei Kehl/Strasbourg in den Rhein strömt.

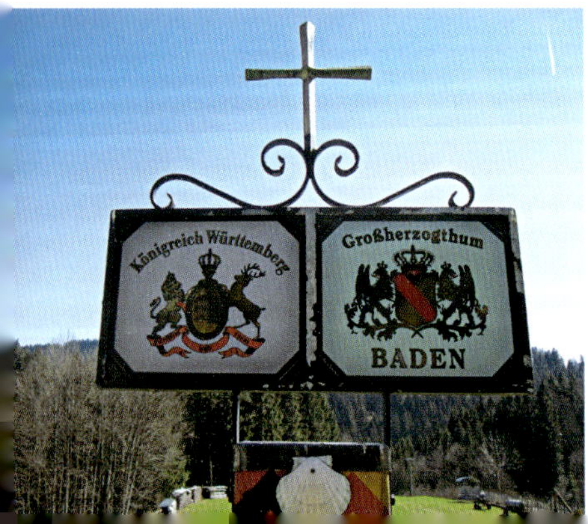

Diese Wanderung beginnen wir am Bahnhof von **Schenkenzell (1)**, 352 m, und halten uns dort zunächst 300 Meter weit nördlich, bis hinter der Reinerzau die Markierung nach links zeigt. Kurz hinter dem Rathaus biegen wir am Steinkreuz links über das Wasser und entschei-

Historische Grenze zwischen Baden und Württemberg.

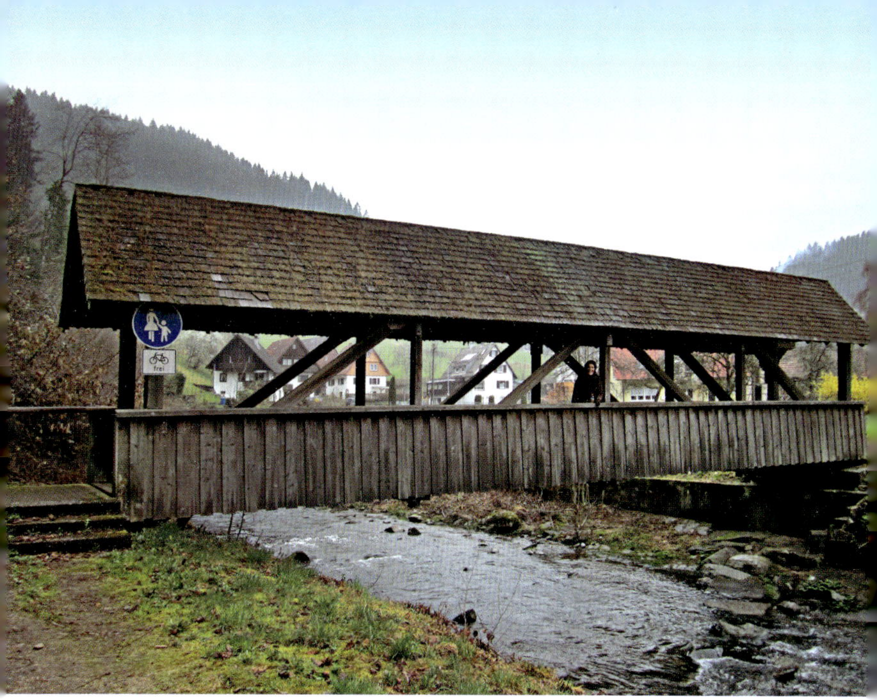

Die Narrenbrücke leitet sicher über die Reinerzau.

den uns danach für den breiten Uferweg, um dann auf dem Narrenbrückle die Reinerzau erneut zu queren. Am Eselbach geht's links und oberhalb einer Holzhandlung weiter ins Tal. Fast ausschließlich romantische Pfade bringen uns weiter nach **Vortal (2)**, 415 m. Das liebliche Örtchen erreichen wir nach gut 45 Wanderminuten. Hier fließen mehrere Bäche zusammen. Lassen Sie Ihren Hund ausgiebig daraus trinken, denn ein steiler Aufstieg steht ihm in Kürze bevor. Am Sägweiherplatz schreiten wir über die kleine Kinzig, und folgen dem Grasweg empor. An der Gabelung halten wir uns rechts in den Wald und am nächsten Abzweig links, sehr steil hinauf zu dem Naturweg auf den **Gallusberg Äcker**, 512 m. Hier kreuzt ein Schotterweg und wir setzen den steilen Anstieg fort, halten uns an der Gabelung links und treffen auf ein Sträßchen, das wir rechts entlangschreiten. Richtung Südost leitet jetzt ein nur noch leicht ansteigender Waldweg zum wenige Minuten entfernten Wegetreff **Sattellege (3)**, 608 m, wo wir uns links halten. Fast eben wandern wir nun durch Nadelwald und nehmen an

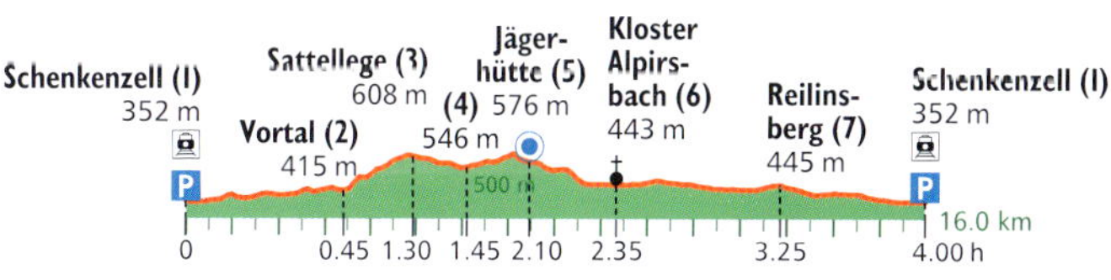

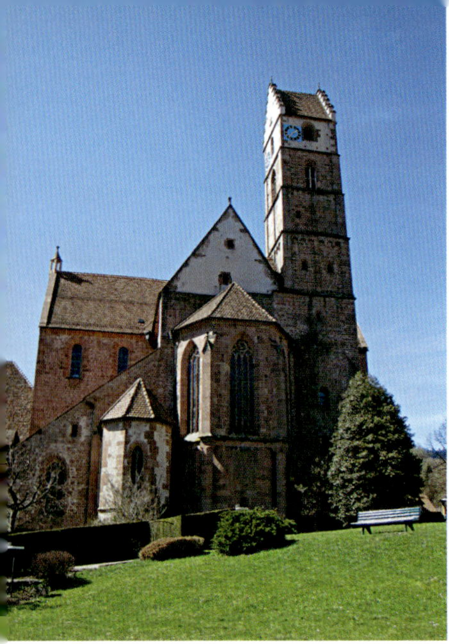

Stolz präsentiert sich das Kloster Alpirsbach.

Schmale Waldwege bei Vortal.

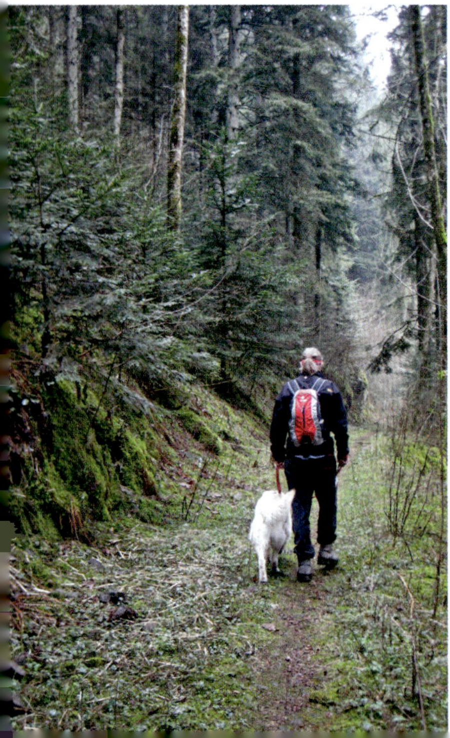

der Gabelung den rechten Weg hinab. Der weiche, grasbewachsene Weg führt unterhalb vom Nollenberg durch einen traumhaften Wald und quert dabei mehrere Wasserrinnsale, was den mitwandernden Hund nach dem vorausgegangenen Aufstieg sicher erfreuen wird. Nach gut einem Kilometer halten wir uns bei den Häusern von **Nollenberg (4)**, 546 m, nördlich auf dem Waldweg und wenden uns beim Wegetreff an der Lichtung links. Im weiten Bogen umwandern wir nun das Ehnisbachtal und gelangen am **Jägerbrunnen** und der **Jägerhütte (5)**, 576 m, vorbei. Wenig später gehen wir an der Kreuzung »Krähenbadberg« rechts talwärts und nach dem Wald nochmal rechts zum Teerweg, der an Weideflächen vorbei zur Hütte des Schäferhundevereins führt. Weiter auf unserem Weg gelangen wir nach wenigen Minuten zu einen Aussichtspavillon mit herrlichem Panorama auf die Klosterstadt Alpirsbach. Vor dem Pavillon leitet jetzt ein Pfad mit Holzgeländer rechts rasch in den Talgrund. Jetzt wird es wieder Zeit, den Hund an die Leine zu nehmen, dann bringt uns die Krähenbadstraße am Bahnhof vorbei ins Zentrum der berühmten Bier- und Klosterstadt **Alpirsbach (6)**, 443 m. Nach Besichtigung der alten Klosteranlage (natürlich muss der Hund kurz draußen warten) setzen wir zunächst den Marsch auf dem Ostweg (Pforzheim – Schaffhausen) fort. Die schwarzrote Raute leitet für gut zwei Kilometer auf dem Gutleutweg nach **Rötenbach** an die viel befahrene B 294, wo wir rechts abbiegen und nach 100 Metern scharf links zum Hinteren Weg schreiten. Entlang der Kinzig wenden wir uns beim Haus Nr. 25 rechts und hinter der Bahnschranke links.

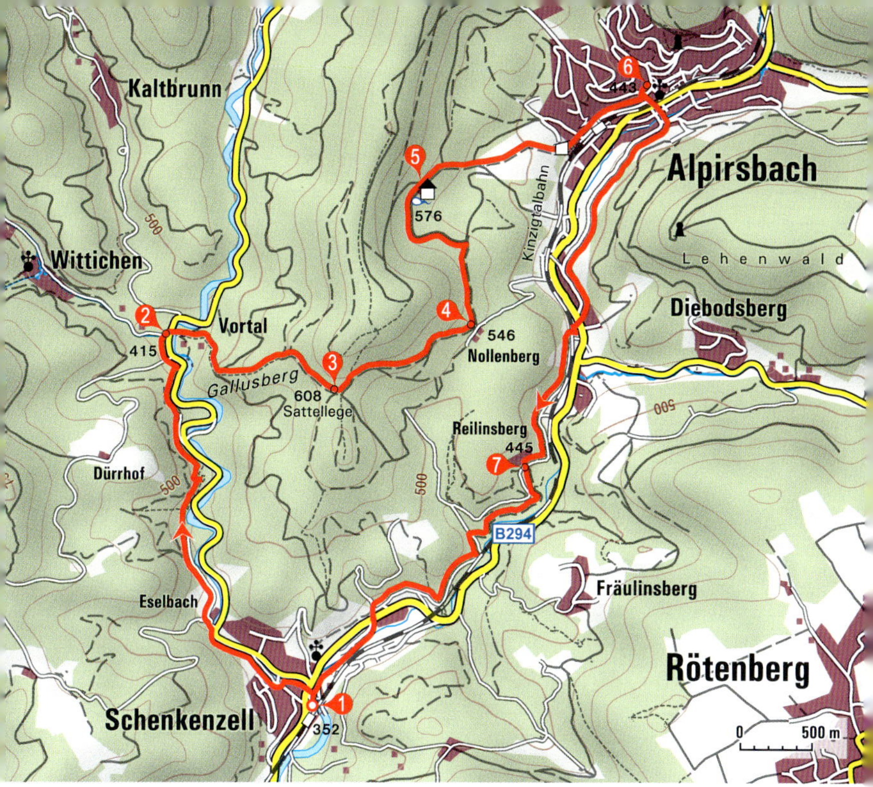

Im Wald steigt der Weg nun hinauf zur herrlichen Schwarzwälder Hochalm **Reilinsberg (7)**, 445 m, wo wir eine historische Grenze zwischen Baden und Württemberg überschreiten. Hier wandern wir links talwärts und durchschreiten das hier enge Kinzigtal. Beim Wegpunkt **Rinkenbach**, 400 m, treffen wir auf einen Forstweg, den wir scharf links weiter gehen. Plötzlich gibt der lichte Wald den herrlichen Blick auf **Schenkenzell (1)** frei und der Weg zum Bahnhof stellt keine größere Herausforderung mehr dar. Falls Sie Ihren Vierbeiner in der Kinzig baden lassen wollen, bedenken Sie doch die Strömung, die bei Weitem nicht unterschätzt werden darf!

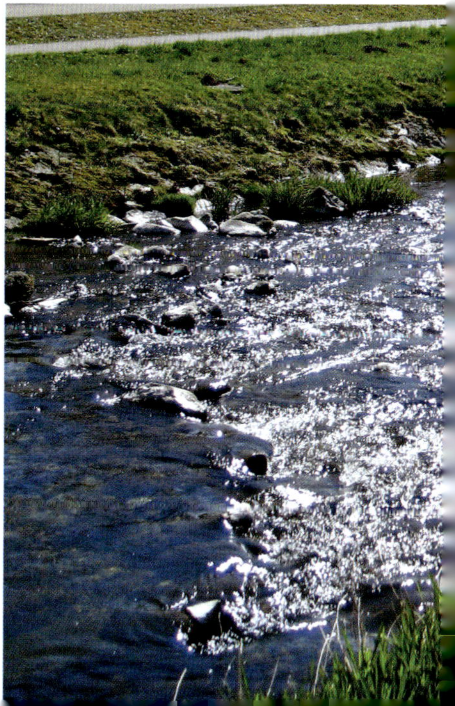

Die Kinzig bei Schenkenzell fließt dem Rhein entgegen.

25 St. Roman und der Teufelstein

Zu den Höhen des mittleren Schwarzwalds

Die Wallfahrtskirche und der Stein des Teufels …

Der wunderschön gelegene Luftkurort St. Roman besteht gerade mal aus knapp mehr als ein Dutzend Häusern und einer Wallfahrtskirche. Das ursprünglich wirkende Schwarzwalddorf ist umgeben von schier endlosen Wäldern. Grüne Wiesen ziehen sich bis zum Waldrand weit die Hänge hinauf, einfach so, wie man sich ein Bilderbuch-Schwarzwalddorf eben vorstellt. Bereits im 15. Jahrhundert soll es schon die ersten Pilger hierher gezogen haben, kein Wunder, denn der Kinzigtäler Jakobusweg leitet heutzutage auch direkt an dem hübschen Kirchlein vorüber. Aufgrund der relativ kurzen Tourenlänge und der nicht allzu vielen Höhendifferenz ist diese Wanderung problemlos auch für kleinere oder ältere Hunde zu meistern.

KURZINFO

Ausgangspunkt: St. Roman, 642 m, Parkplatz.
Anfahrt: B294 ins Kinzigtal, dann das Sulzbächletal (zwischen Schiltach und Halbmeil (Wolfach) etwa 5 km weit hinauf ins Hochtal nach St. Roman.
Gehzeit: 1.30 Std.
Höhenunterschied: 250 m.
Anforderungen Mensch: Kurzer Rundkurs mit abenteuerlicher Wegführung in der zweiten Hälfte. Nicht nach langen Regenfällen oder bei Schneeresten begehen, vom Trillenbächle bis Heidenäckerle sonst schwieriger Weg.
Anforderungen Hund: Abwechslungsreiche Hundewanderung.
Wasserstellen: Sulzbächle, Trillenbächle sowie ein paar weitere kleine Wasserläufe.
Einkehr: St. Roman.
Unterkunft: Naturparkhotel Adler, St. Roman 14, 77709 Wolfach-St.Roman, Tel. +49 7836 93780, naturparkhotel-adler.de.
Tierarzt: Dr. M. Sieder, Siechenwaldweg 15, 77709 Wolfach, Tel. +49 7834 4031.
Tierbedarf: Fressnapf, Im Spießacker 5, 77716 Haslach im Kinzigtal, Tel. +49 7832 9741160.
Karte: Freizeitkarte Nr. 504, 1:50.000.

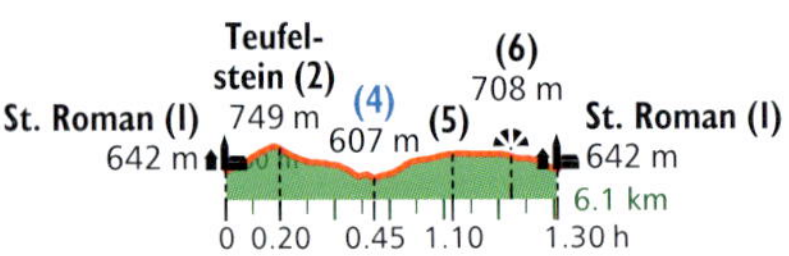

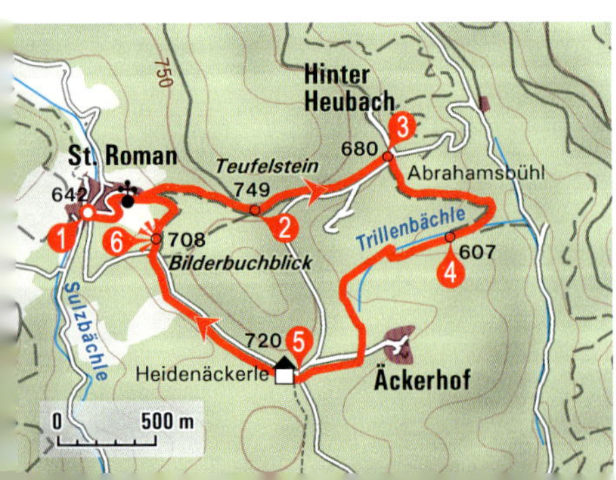

In dem beschaulichen Schwarzwalddorf **St. Roman (1)**, 642 m, beginnen wir diese relativ kurze, aber dennoch sehr schöne Wanderung. Wir gehen in der Dorfmitte, beim sandsteinernen Brunnen, dem Hansjakobstein, los und entscheiden uns für den Weg neben dem Zufluss des Sulzbächle. Richtung Osten steigen wir kehrenreich hinauf zur hübschen **Wallfahrtskirche**. Oben im Wald behalten wir nun die Richtung

Landschaft bei St. Roman.

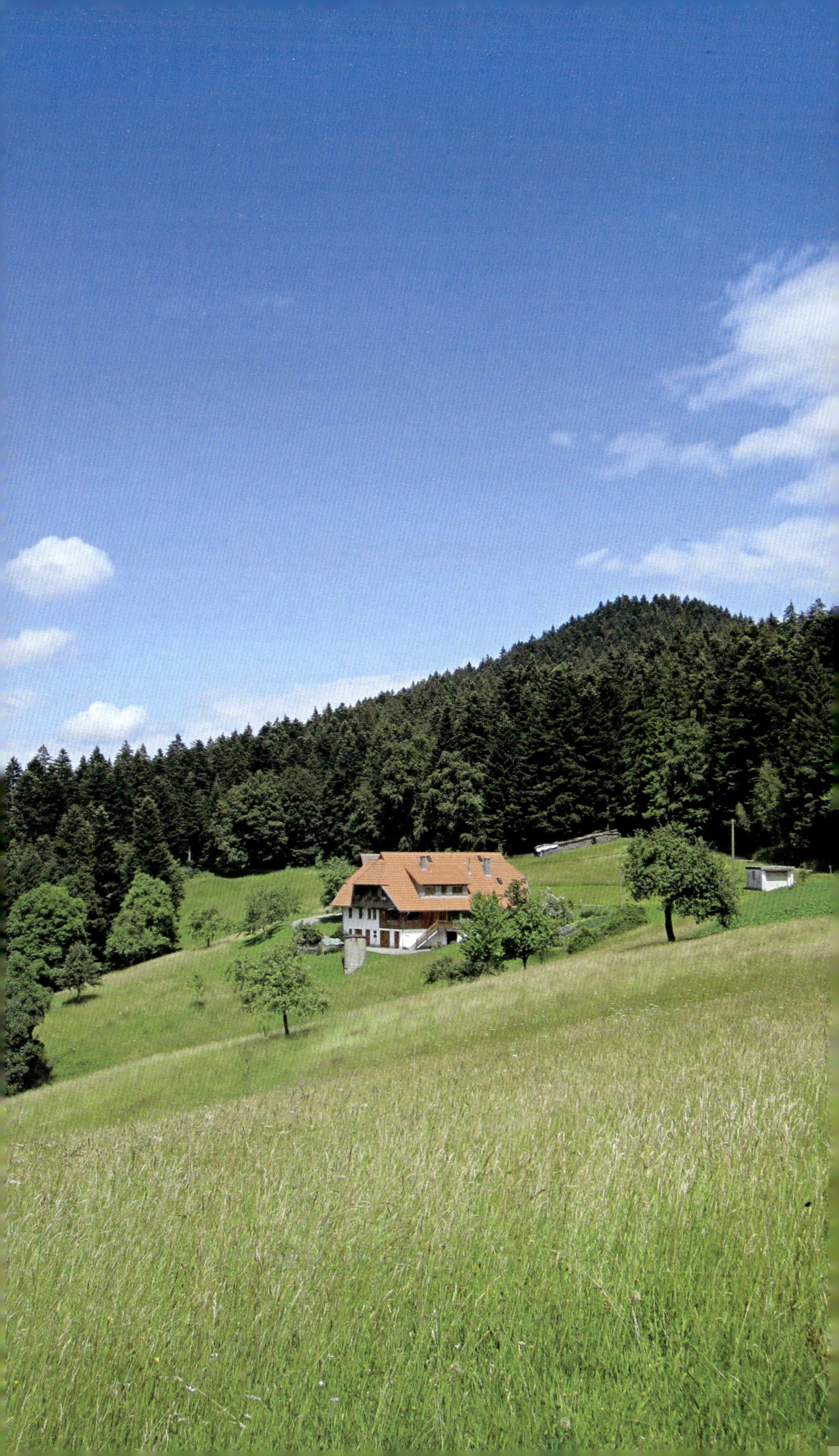

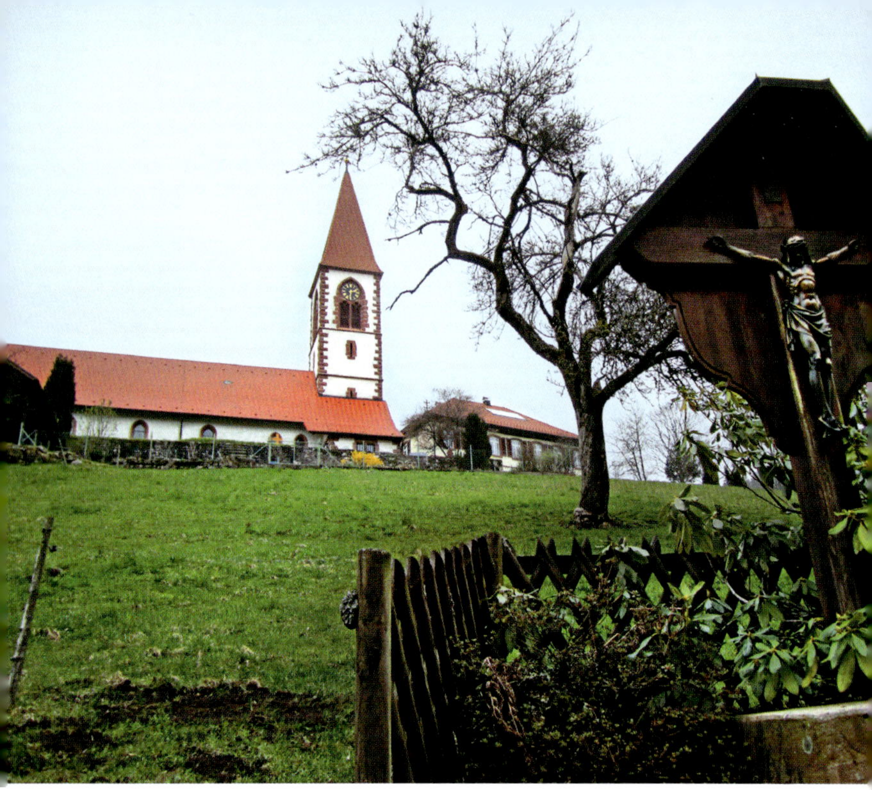

Die Wallfahrtskirche zu St. Roman.

bei und erreichen nach etwa einem halben Kilometer bereits den markanten **Teufelstein (2)**, 749 m. Hier verlassen wir die Markierung des Kinzigtäler Jakobuswegs und wandern weiter östlich durch den Wald.

Der Teufelstein ist ein Buntsandsteinklotz mit einem Ausmaß von etwa 6 Kubikmeter. Folgende Sage wird über ihn erzählt: Als einst die St. Romaner Wallfahrtskirche erbaut wurde, soll dies den Teufel mächtig erbost haben, so dass er den Bau mit dem größten Stein zerstören wollte; Gott aber zeichnete diesen mit drei Kreuzen. Der Teufel gab sich zwar alle Mühe, konnte den Fels aber nicht mehr anheben.

Schon nach wenigen Minuten treffen wir auf einen Fahrweg, der uns bis zum Waldaustritt in die selbe Richtung leitet. Bei der großen Lichtung **Abrahamsbühl (3)**, 680 m, treffen wir auf einen kleinen Bach,

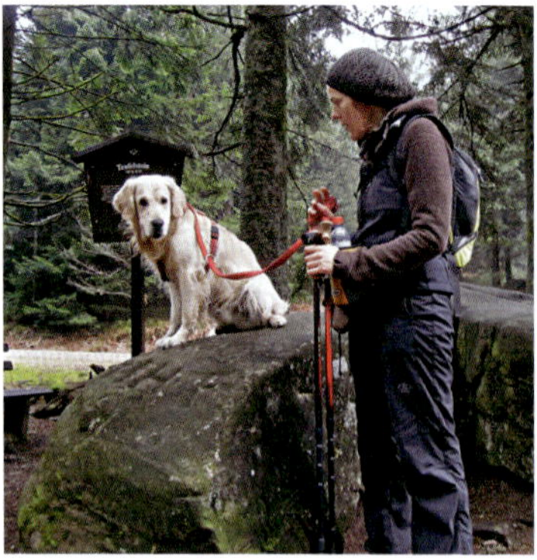

wenden uns aber nach dem Planschen scharf rechts dem Wanderweg entlang des Waldrands zu. Die Markierung des kleinen Hansjakobwegs führt uns gemächlich hinab zu einem markanten Baum inmitten der grünen Wiese. Kurz danach schreiten wir den Waldweg rechts hinab in den Trillengrund zum **Trillenbächle (4)**, 607 m. Wir wandern nun etwa 300 Meter weit neben dem Bach talauf und biegen an der Kreuzung rechts ab. Jetzt beginnt ein etwas abenteuerlicher Wegabschnitt. Wer dies nicht möchte, folgt einfach der gelben Raute weiter hinauf. Wir aber schreiten den markierungslosen Weg in einer Linkskurve bergan. Das Wegchen führt zu der herrlichen Lichtung des **Trillenhof**, wo wir das rege Treiben des Wildes im Gehege gegenüber beobachten. Nach der Lichtung marschieren wir im Wald den Wiesenpfad zum 300 Meter entfernten Forstweg weiter. Hier halten wir uns rechts hinauf und wenden uns oben beim Teerweg erneut rechts. Über das **Heidenäckerle (5)**, 720 m, schreiten wir geradeaus an einer Hütte vorbei, passieren danach das Gehöft Waldweber, bis in einer Linkskehre die gelbe Raute geradeaus durch den Wald führt. Kurz danach erhaschen wir einen **Bilderbuchblick (6)** hinüber zur Kirche von St. Roman und treffen nach etwa fünf Minuten wieder zu dem uns bekannten Anstiegsweg. Jetzt wandern wir wieder links hinab nach **St. Roman (1)**, wo Ihr Hund am Brunnen ohne Ende Wasser schlabbern kann.

Wenn Hunde sprechen könnten: »Wie weit ist es noch?«

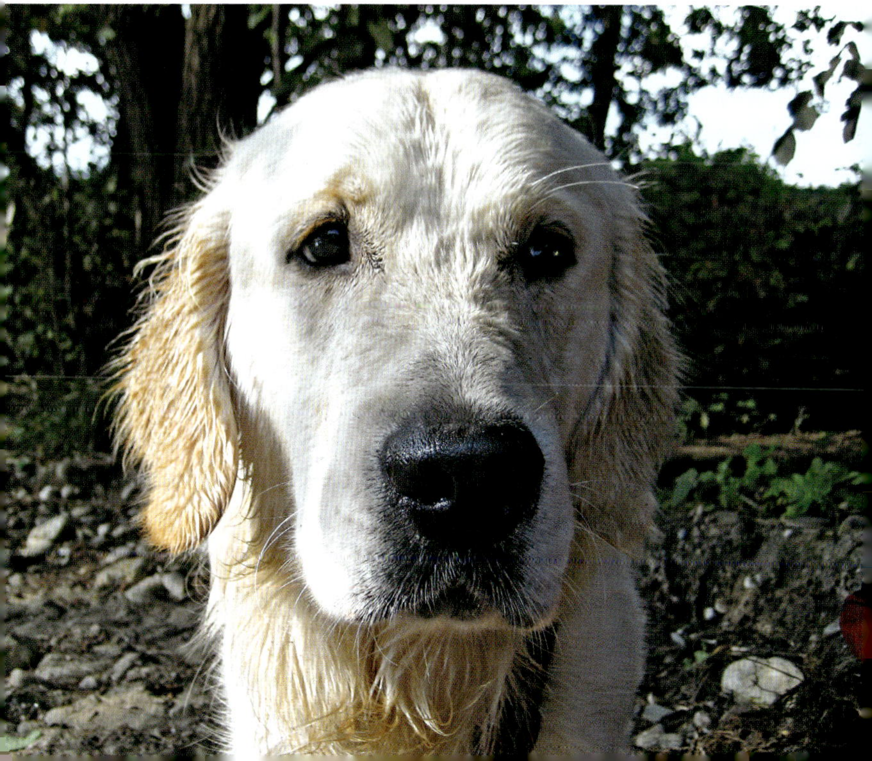

26 Die Brandenkopfrunde

Grandiose Aussicht und wohlschmeckende Windbeutel

Allumfassende Aussicht vom Brandenkopfturm

Die Brandenkopfrunde entpuppt sich als unschwere Höhenwanderung, die auf dem Brandenkopf nicht nur ihren topografischen Höhepunkt erlebt. Zwar treffen hier oben auch die Gemarkungen der fünf Gemeinden Oberharmersbach, Oberwolfach, Zell am Harmersbach, Hausach und Fischerbach zusammen, doch beeindrucken den Wanderer vielmehr die kulinarischen Köstlichkeiten aus der Schwarzwälder Küche des Wanderheims. Vor allem aber besticht der atemberaubende Rundblick von der viereckigen Plattform des steinernen Brandenkopfturm, der nach insgesamt 151 Stufen und 32 Höhenmetern ein jedes Wanderherz höher schlagen lässt. Vier Tafeln informieren auf des Turmes Höhe in allen Himmelsrichtungen und kilometergenau über die Namen der umliegenden Berge und Siedlungen. Schade, dass der Hund diesen Ausguck nicht genießen kann!

KURZINFO

Ausgangspunkt: Bei der Kreuzsattelhütte, 745 m. Wohnmobile können am Waldparkplatz Bettelfrau abgestellt werden.
Anfahrt: Die Brandenkopf-Passstraße befindet sich zwischen Oberharmersbach und Oberwolfach-Walke/Rankachtal, nördlich des Kinzigtals.
Gehzeit: 2.30 Std.
Höhenunterschied: 300 m.
Anforderungen Mensch: Unschwierige Höhentour. Nur der Finalanstieg zum Brandenkopf ist der großen Steine wegen kurzzeitig etwas unwegsam.
Anforderungen Hund: Fast die gesamte Tour verläuft im schattigen Wald und ist ihrer Länge und Höhenlage wegen durchaus auch an wärmeren Sommertagen machbar. An heißen Sommertagen unbedingt Extrawasser mitnehmen.
Wasserstellen: Zwei Brunnen bei der Kreuzsattelhütte, Brunnen unterm Brandenkopf, Wanderheim Brandenkopf und mehrere Waldbäche.
Einkehr: Wanderheim auf dem Brandenkopf (Mo. Ruhetag), Kreuzsattelhütte (vom Schwarzwaldverein teilbewirtschaftet).
Unterkunft: Wanderheim Brandenkopf, Brandenkopf 1, 77784 Oberharmersbach, Tel. +49 7831 6149, brandenkopf.net.
Tierarzt: Dr. Wolf-D. Geißler, Bergstr. 8, 77736 Zell am Harmersbach, Tel. +49 7835 5640.
Tierbedarf: YourDOGsfavourite, Bergstr. 29, 77736 Zell am Harmersbach, Tel. +49 7835 630686.
Karte: Freizeitkarte Nr. 503, 1:50.000.

Bei der **Kreuzsattelhütte (1)**, 745 m, direkt an der Brandenkopf-Passstraße gelegen, können Sie am Brunnen Ihre Wasserflaschen für sich und den Hund mit klarem Bergwasser auffüllen. Danach folgen wir der roten Westwegraute in südlicher Richtung bis zur Westweggabelung »Am Reiherskopf« und schreiten dort geradeaus weiter. Am folgenden Abzweig links haltend, haben wir bald vom Waldweg eine schöne Aussicht, und der breite Weg führt fast eben durch den Nadelwald. Nach einem kurzen Abstieg biegen wir am Forstweg halb rechts ab. Der wunderschöne Pfad leitet bald hinab zum Wegetreff **Hirzwasen (2)**,

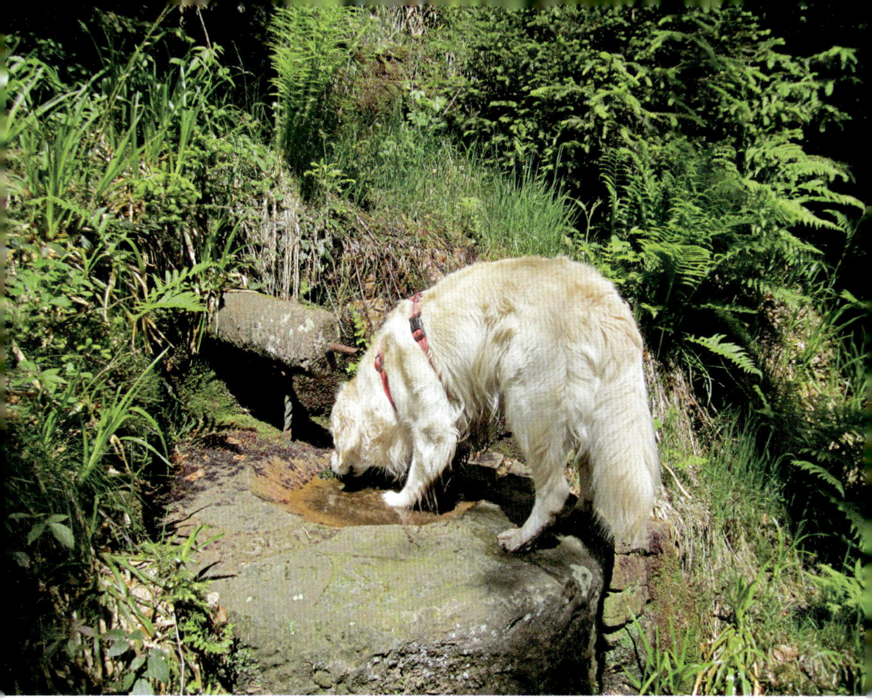

Durstig hat er den Brunnen am Brandenkopf gefunden.

725 m. Wir gehen rechts, aber nicht zum Forstweg, sondern zur Pfadspur und erblicken durch den teils lichten Wald bereits den Brandenkopf. Auf schmalem Wege queren wir einen Steilhang und erfreuen uns dabei der Heidelbeeren und Farne. Über Stock und Stein geht's gemächlich hinauf zu einem Schotterweg. Hier wenden wir uns links und schreiten auf dem Hirzwasenweg hinüber zum **Wanderparkplatz Bettelfrau (3)**, 805 m. Jetzt führt der Fuchsmauerweg beständig leicht ansteigend in südlicher Richtung zum Wegetreff »Am Steigleskopf«, wo wir uns für den Weg halb rechts entscheiden. Kontinuierlich steigen wir weiter bergan und passieren vor dem steilen Aufstieg zum Oberen Brandenkopfweg noch einen kleinen Brunnen. Von der dortigen Wegkreuzung leitet rechts ein steiniger Pfad etwas beschwerlich hinauf zum Gipfel des **Brandenkopf (4)**, 945 m. An dem lauschigen Plätzchen lädt die Küche des Wanderheims und der Aussichtsturm förmlich zum Verweilen ein. Gönnen Sie sich mit Ihrem Hund eine kleine Rast. Frisch gestärkt halten wir uns zunächst weiter westlich

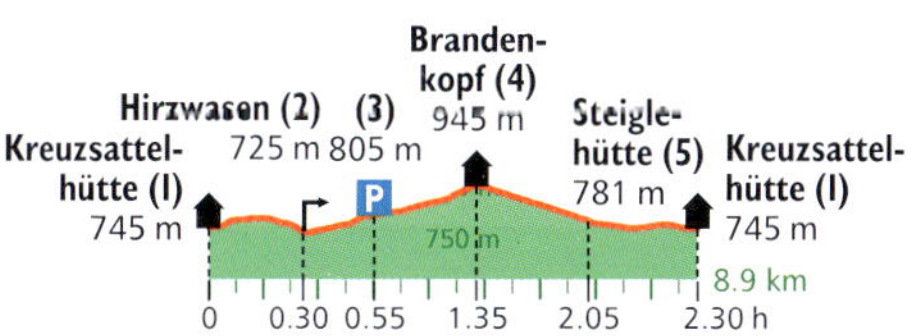

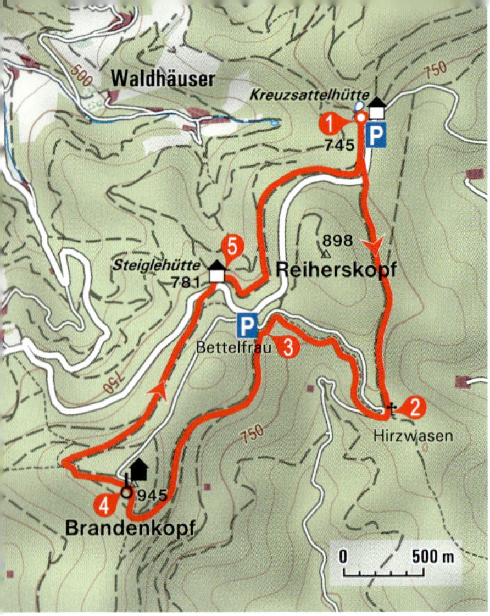

und wandern hinter einer Schranke auf dem Schotterweg dem großen Windrad entgegen. Vor der Windkraftanlage wenden wir uns am **Farnlehenkopf**, 910 m, dem Pfad rechts zu und gehen bereits nach wenigen Metern erneut scharf rechts. Auf breitem Wege geht's angenehm hinab zum Wegetreff Spitzbrunnen (835 m, der Brunnen ist abseits des Wegs), wo wir die Richtung sowie den Abwärtstrend beibehalten. Vorbei an moosbegrünten Steinen und ungezählten Heidelbeersträuchern wandern wir weiter durch den Wald und blicken zwischen den Baumstämmen hindurch, weit hinab ins tief eingeschnittene Harmersbachtal. Der breite Weg führt permanent talwärts zur hölzernen **Steiglehütte (5)**, 781 m, sowie der Passstraße zwischen Oberharmersbach und Oberwolfach. Jenseits der Straße biegen wir rechts zum Gründlesweg, der sich durch den Mischwald schlängelt, dabei queren wir mehrere kleine lustig plätschernde Waldbäche. Nach einem sanften Anstieg treffen wir erneut auf die Straße und folgen ihr vollends zum **Ausgangspunkt (1)** zurück.

Im Wanderheim auf dem Brandenkopf gibt es gigantische Windbeutel.

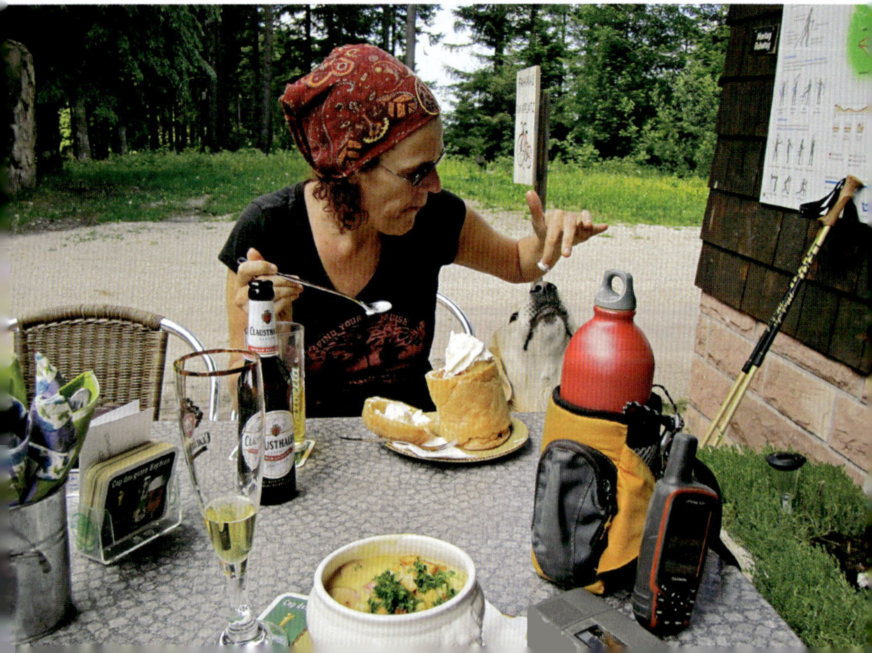

27

Von Zell nach Oberharmersbach

Abwechslungsreiche Wanderung

Höhenwanderung zwischen Nordrach- und Harmersbachtal

Diese Wanderung führt uns zwischen zwei Tälern hinauf zu den Höhen des mittleren Schwarzwalds und entpuppt sich dabei als wahre Genusswanderung. Nach dem Anstieg von Zell am Harmersbach wandern wir auf fast gleichbleibender Höhe und genießen die hervorragenden Aussichten ins Nordrach- und Harmersbachtals sowie hinüber zum stattlichen Brandenkopf und dem hügeligen Umland.

KURZINFO

Ausgangspunkt: Zell am Harmersbach (Bahnhof), 218 m, Parkplatz 2 kostenfrei, Bahn- und Busanschluss. Wohnmobilabstellmöglichkeiten gibt es in Bahnhofnähe.
Anfahrt: A5 bis Offenburg, B33 nach Biberach und weiter nach Zell a. H.
Retour zum AP: Mit Zug 722 oder Wanderweg durchs Harmersbachtal.
Gehzeit: 3.15 Std.
Höhenunterschied: Aufstieg ca. 460 m, Abstieg ca. 380 m.
Anforderungen Mensch: Genusstour.
Anforderungen Hund: Meist breite Wege. Zur Rückkehr Bahnfahrt.
Wasserstellen: Radiumquelle, Holzbrunnen, Engelbächlein, Harmersbach.
Einkehr: Mühlstein.
Ums Unterkunft: Hotel Sonne, Hauptstr. 5, 77736 Zell a. H. Tel. +49 7835 63730, sonne-zell.de; Hotel Bären, Dorf 35, 77784 Oberharmersbach, Tel. +49 7837 92880, baeren-oh.de.
Tierarzt: Dr. Wolf-D. Geißler, Bergstr. 8, 77736 Zell am Harmersbach, Tel. +49 7835 5640.
Tierbedarf: YourDOGsfavourite, Bergstr. 29, 77736 Zell am Harmersbach, Tel. +49 7835 630686.
Karte: Freizeitkarte Nr. 503, 1:50.000.

Vom Bahnhof in **Zell am Harmersbach (1)**, 218 m, wenden wir uns der Hindenburgstraße zum Storchenturm zu und machen uns auf den Weg in die Altstadt. Hinter dem Rathaus gehen wir rechts versetzt zur Kirchstraße und anschließend an der stattlichen Kirche vorbei. Im angrenzenden Neubaugebiet folgen wir jetzt geradeaus dem Weg und marschieren nach dem Ort den Feldweg hinauf zum Waldeck **Neuhauser Rebberg**, 276 m. Hier halten wir an einem Kneippbecken links, und bevor wir in den Wald marschieren, schweift unser Blick noch mal hinaus ins weite Tal. Fünf Minuten später erreichen wir die **Radiumquelle (2)**, 270 m, einen Quellbrunnen mit sehr hohem Radiumgehalt, wo sich der

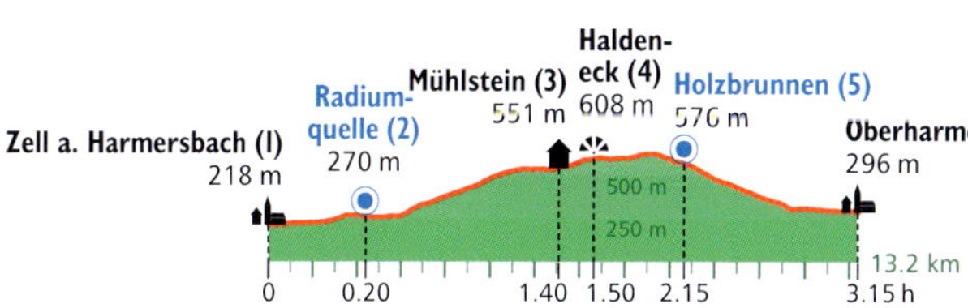

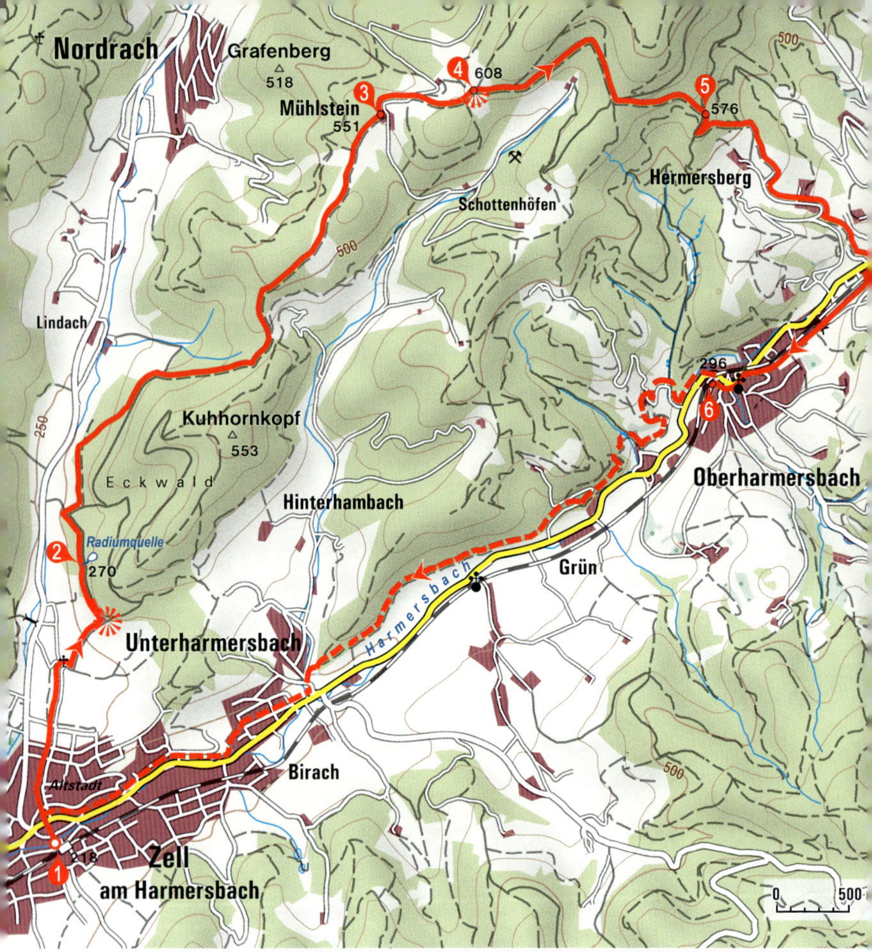

Hund richtig erfrischen kann. Danach wenden wir uns am Wegetreff Steinenbach rechts und halten uns bald am Waldrand nach Norden. Dann steigen wir den Pfad rechts bergan (zahlreiche Brombeerfelder laden zur reichen Ernte ein) und schwenken beim Forstweg links. Dieser führt uns beständig in östlicher Richtung durch den Wald zur großen Wiesenlichtung **Heugrabeneck**. Erneut im Wald gehen wir am Wegetreff halb rechts und erkennen beim Waldaustritt rechts im Tal den Ort **Unterharmersbach**. Ein Schotterweg leitet an Obstbäumen entlang hinüber zu dem kleinen verträumten Ort **Mühlstein (3)**, 551 m. Hier gehen wir links, dann gleich wieder rechts und folgen dem Feldweg zum Waldrand. Am **Haldeneck (4)**, 608 m, öffnet sich uns ein idyllischer Panoramablick und umsäumt von blühenden Blumenwiesen genießen wir einen herrlichen Blick auf das Umland bis hin zu den Vogesen. Dann wandern wir fast eben in einen bezaubernden Mischwald und queren nach einem Rechtsknick kurz hintereinander am **Täschenwasen**, 634 m, zwei Forstwege. Nach einem Bildstock fällt unser Weg steiler ab,

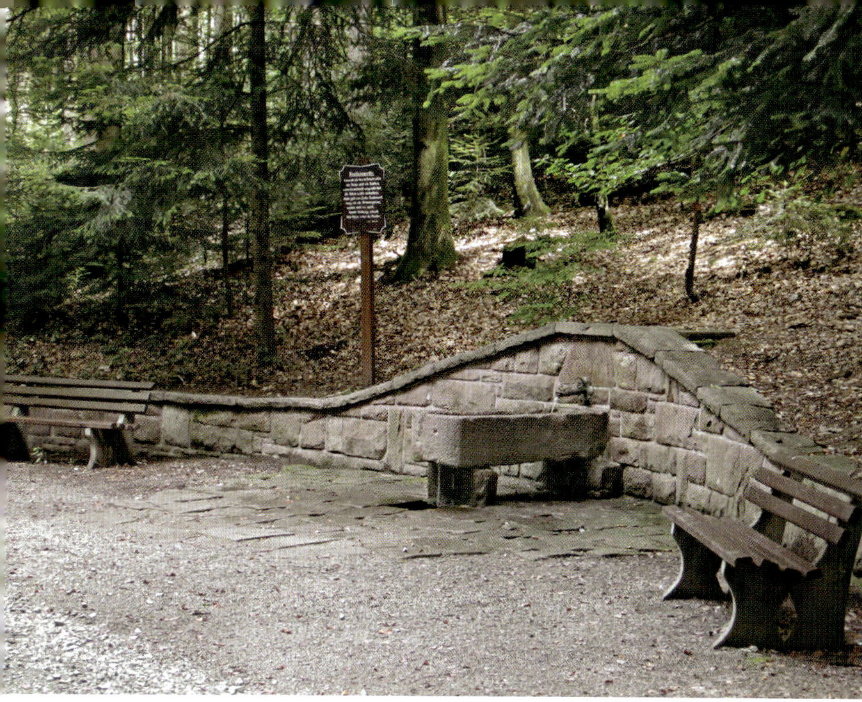

Die Radiumquelle hat einen hohen Radiumgehalt.

wir steigen über große Steine mühevoll bergab und gelangen bald zum erfrischenden **Holzbrunnen (5)**, 576 m. Hier entscheiden wir uns beim Wegetreff für den rechten Forstweg. Nach 10 Minuten schreiten wir am Harmersberg aus dem Wald und von rechts grüßt der mächtige Brandenkopf herüber. Drei bäuerliche Anwesen, saftige Weideflächen und Streuobstwiesen säumen den Wegrand, während wir beständig talwärts schreiten. Vor dem Wald erfreuen wir uns an der fantastischen Aussicht auf den Talschluss des Harmersbachtals. Stets absteigend passieren wir das **Schafloch**, und das Engelbächlein begleitet uns talwärts, wenn wir im Limrain steil bergab wandern. Die Talstraße bringt uns rasch zu den Bahnschienen und dem **Lokschuppen** von Oberharmersbach, 313 m. Etwas mehr als einen Kilometer weit folgen wir dem Fußweg und dem Verlauf der Schienen, dabei dient uns auch die mächtige, sandsteinerne Kirchturmspitze der Oberharmersbacher Pfarrkirche St. Gallus als Orientierung. Nehmen Sie Ihren Hund auf diesem Wegabschnitt besser an die Leine, da hier des Öfteren auch Radfahrer unterwegs sind. Im Zentrum laden mehrere Wirtshäuser die Wanderer ein. Nach guter Speise folgen wir der Dorfstraße rechts hinab und erreichen bald linker Hand den **Bahnhof von Oberharmersbach (6)**.

Die sagenumwobene Radiumquelle wurde einstmals nach heilkräftigen Substanzen untersucht. Der Chemiker und Geologe Goldbach stellte hierbei den höchsten Radiumgehalt aller Zeller Gewässer fest.

28 Ums liebliche Kinzigtal

Naturerlebnis im mittleren Schwarzwald

Von Wolfach nach Hausach und zurück

Von Wolfach geht's hinauf zum Mahnmal der Kriegsopfer hoch über der Stadt, bevor man die Dohlenbacher Höhe sowie den Osterbachsattel überschreitet. Am Käppelehof vorbei wandert man dann wieder hinab ins Kinzigtal nach Hausach. Der weitere Weg gilt nun meist als einfach, dann erhascht man von dem grandiosen und romantischen Höhenweg teilweise wunderschöne Talblicke sowie zu den benachbarten Schwarzwaldbergen.

KURZINFO

Ausgangspunkt: Wolfach Bahnhof, 261 m, Parkplatz, Bahn- und Busanschluss.
Anfahrt: Über Offenburg, Haslach, Hausach die B33 durchs Kinzigtal.
Gehzeit: 5 Std.
Höhenunterschied: 630 m.
Anforderungen Mensch: Längerer Anstieg zum Osterbachsattel.
Anforderungen Hund: Schmaler Pfad im Abstieg nach Kirnbach. Genügend Wasser mitnehmen.
Wasserstellen: Kinzig, Wolfach und mehrere kleine Bäche.
Einkehr: Wolfach, Käppelehof, Hausach, Wutach-Turm und Kirnbach.
Übernachtung: Kurgarten Hotel, Funkenbadstr. 7, 77709 Wolfach, Tel. +49 7834 4053, kurgartenhotel.de; Hotel zum Hecht, Hauptstr. 51, 77709 Wolfach, Tel. +49 7834 83510, hecht-wolfach.de.
Tierarzt: Dr. M. Sieder, Siechenwaldweg 15, 77709 Wolfach, Tel. +49 7834 4031.
Tierbedarf: Fressnapf, Im Spießacker 5, 77716 Haslach im Kinzigtal, Tel. +49 7832 9741160.
Wanderkarte: Freizeitkarte Nr. 503, 1:50.000.

Vom Bahnhof in **Wolfach (1)**, 261 m, wandern wir an der Post vorbei und schreiten durchs Stadttor in die überaus sehenswerte Altstadt. Gegenüber dem stattlichen Rathaus biegen wir jetzt links zur Kirchstraße, gehen anschließend über die Kinzig und halten uns am Narrenbrunnen links.

Entlang des Wassers geht's zunächst am Floßhafen vorbei und nach der Herlinsbachschule den Fußweg rechts. Der Anstieg führt hinauf zum **Ehrendenkmal**, 350 m, das an die Kriegsopfer erinnert; trotz allem ist der Blick hinunter nach Wolfach ein Genuss. Wir wenden uns jetzt dem Hofeckleweg zu, der bald in den angrenzenden Wald leitet. Beständig geht's nun bergan und etwa 20 Minuten später steigen wir links auf dem steilen Wurzelpfad aufwärts. Nach dem Serpentinenweg nehmen wir den breiten Weg rechts, der in einen weiteren Pfad mündet. Ein breiter, teils steiniger Weg führt bald rechts leicht abschüssig weiter und kurz darauf wandern wir links hinauf zur **Dohlenbacher Höhe (2)**, 500 m. Auf der weiten Rasenfläche kann der geliebte Vierbeiner nach Herzenslust mal so richtig rennen. Hier treffen wir jetzt übrigens auch auf den Westweg und genießen dabei den weiten Blick hinab ins Wolftal. Dann folgen wir der roten Raute in Richtung Norden, passieren im Wald

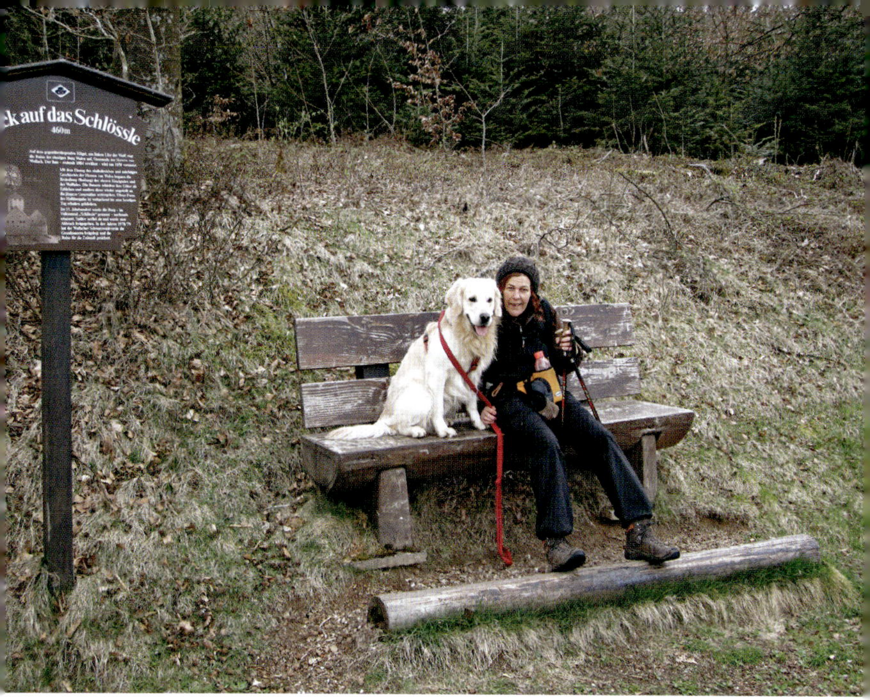

Rast bei der Dohlenbacher Höhe.

das »Weiße Kreuz« und der anfangs breite Weg führt eben hinüber zum **Osterbachsattel**, 505 m. Links bringt uns der Weg hinab zum romantisch gelegenen **Käppelehof (3)**, 465 m, und wir halten uns nach dem Berggasthof südlich in den kleinen Wald. Hinter einer Schranke schreiten wir auf dem breiten Weg oberhalb herrlicher Schwarzwaldhöfe weiter und einem längeren Waldabschnitt wieder dem Kinzigtal zu. Beim Waldaustritt erkennen wir rechts Hausach und die Burgruine Husen. In **Hausach (4)**, 234 m, wandern wir bis zur Kinzig, folgen dieser flussab und kreuzen sie auf dem Narrensteg. Jetzt folgen wir links dem Dammweg für gut 200 Meter und biegen dann rechts ab in den Fußweg, der uns zur Hauptstraße bringt. Diese gehen wir kurz links und folgen dann im Zentrum nach der Pfarrkirche rechts in die Breitenbachstraße zum südlichen Ortsrand und wenden uns dann vor dem Bildstock links der Waldstraße zu. Jetzt wandern wir für etwa zwei Kilometer in östlicher Richtung am Stadtrand entlang und biegen bei den Häusern von **Wutach-Turm (5)**, 244 m, links über die Bahnschienen.

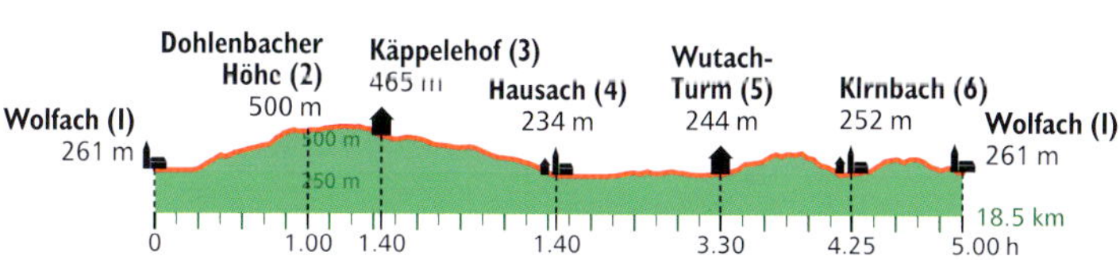

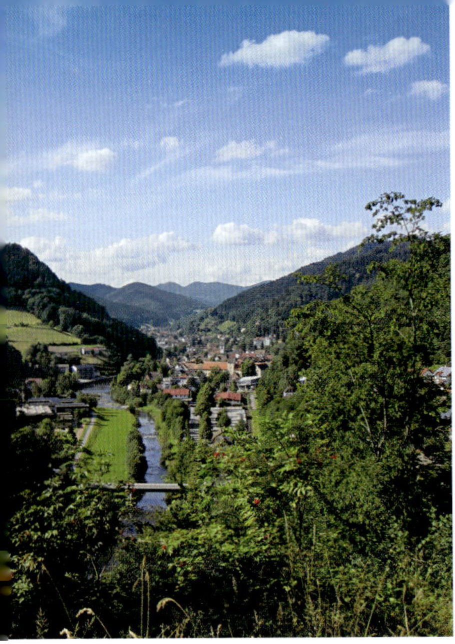

Herrlich gelegenes Wolfach.

Beim Gasthaus Hirsch wenden wir uns rechts, und danach kreuzen wir die B33. Rechts erkennen wir die Vogtsbauernhöfe des weiterhin bekannten Freilichtmuseums. Bei der Mühle halten wir uns rechts und weiter der Kirnbacher Straße zu. Nach gut 100 Metern biegen wir halb rechts ab in den Wald, bald scharf rechts und wenden uns unterhalb des »Schanz- und Wachthauses« (Hütte) links dem steilen Serpentinenpfad zu. Nach dem Steilstück geht's links und am **Schänzle**, 323 m, scharf links. Fast eben leitet nun ein Forstweg über eine **Kuppe**, 373 m, dann biegen wir steil links hinab und zweigen nach etwa 300 Metern scharf links ab. Ein schmaler Pfad führt uns wildromantisch über mehrere Holzbrücken hinab in den Talgrund nach **Kirnbach (6)**, 252 m.

Im Ort schreiten wir die Talstraße links entlang und beim Kirnbacher Hof rechts versetzt Richtung Norden. Beim letzten Haus gehen wir rechts den Schmittegrundweg hinauf und wenden uns oben am Waldrand nach links. Bequem wandern wir romantisch über dem **Schmittegrund (7)**, 325 m, am Hang entlang hinab nach Wolfach. Nach den Schienen gehen wir links zum **Bahnhof (1)**.

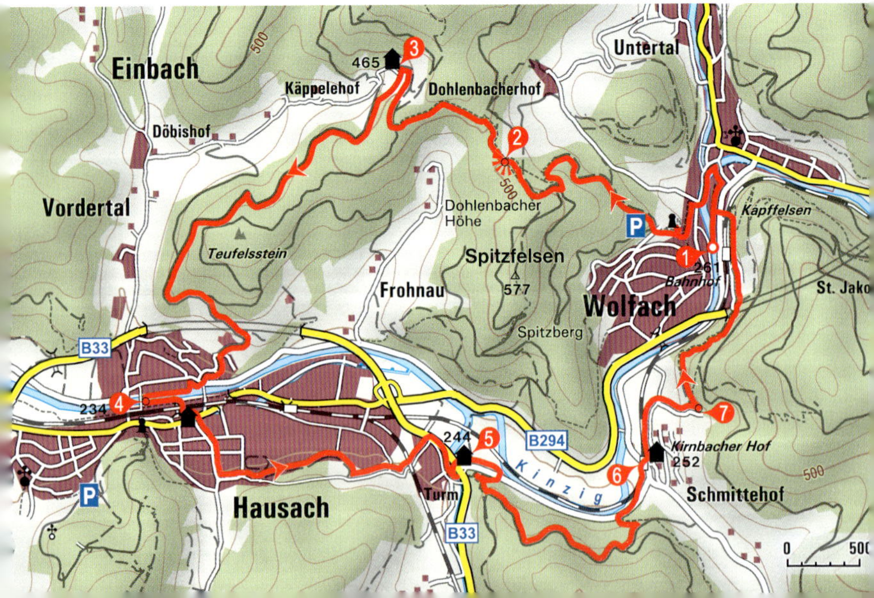

29

Haslacher Runde

Zum Heiligen Brunnen und dem Rotweinbänkle

Auf herrlichen Höhen des mittleren Schwarzwalds
Südlich vom Kinzigtal wandern wir durch tiefe Wälder, dabei ermöglicht der romantische Höhenweg immer wieder tolle Aussichten hinab ins Tal sowie zu den benachbarten Schwarzwaldbergen. Vom Bannstein aus führt die Route hinab nach Mühlenbach und die Talwanderung zurück nach Haslach ist einfach und überwiegend flach.

KURZINFO

Ausgangspunkt: Haslach, 222 m, Parkplatz beim Bahnhof, Bahnanschluss.
Anfahrt: Bundesstraße ins Kinzigtal oder mit Ortenau S-Bahn.
Gehzeit: 3 Std.
Höhenunterschied: 400 m.
Anforderungen Mensch: Wunderschöne Wanderung.
Anforderungen Hund: Beim Bannstein kein Wasser, vor allem an warmen Tagen ausreichend Wasser mitnehmen.
Wasserstellen: Klosterbach, Heiliger Brunnen, Mühlenbacher Talbach und Waldsee.
Einkehr: Mühlenbach, Haslach.
Unterkunft: Gasthaus Storchen, Hauptstr. 35, 77716 Haslach, Tel. +49 7832 979797, hotel-storchen.de.
Tierarzt: Dr. Jörg Schäffner, Lippstr. 18, 77716 Haslach im Kinzigtal, Tel. +49 7832 9460190.
Tierbedarf: Fressnapf, Im Spießacker 5, 77716 Haslach im Kinzigtal, Tel. +49 7832 9460190.
Karte: Freizeitkarte Nr. 503, 1:50.000.

Wir beginnen diesen großartigen Rundwanderweg in **Haslach (1)**, 222 m, am Bahnhof. Die Neue Eisenbahnstraße bringt uns Richtung Zentrum, wo wir uns vor dem Klosterbach links dem Fußweg zuwenden. Danach gehen wir die Mühlbachstraße weiter bis zur B 294 und dann links versetzt zur Hansjakobstraße und dem **Hansjakobmuseum**. Hier, in dem stattlichen Schwarzwaldhaus, Freihof genannt, lebte einst Heinrich Hansjakob. Ihm sind heutzutage zwei grandiose Schwarzwald-Wanderwege in Form von Mehrtagestouren gewidmet. Wir biegen rechts zur Otto-Göller-Straße und dann links zur Rotkreuzstraße ab, die uns bald steigend aus dem beschaulichen Städtchen bringt.
An der **Rotkreuzhütte**, 286 m, wandern wir nun halb links, den mit 14 Bildstöcken gesäumten Waldpfad zum **Heiligen Brunnen (2)**, 401 m, hinauf. Im Laubwald steigen wir beständig bergan und biegen beim Wegetreff **Hirschfelsenweg**,

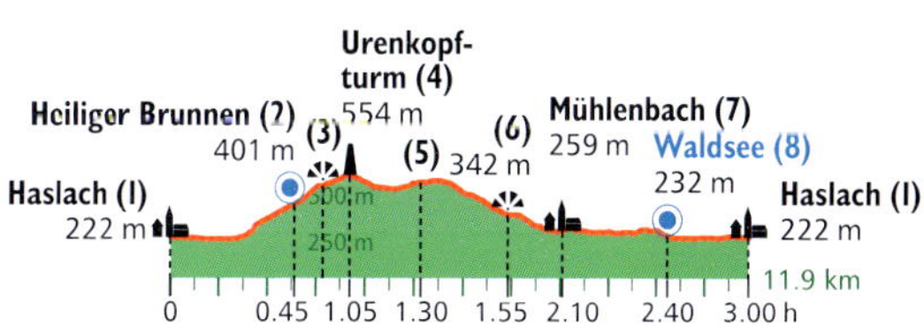

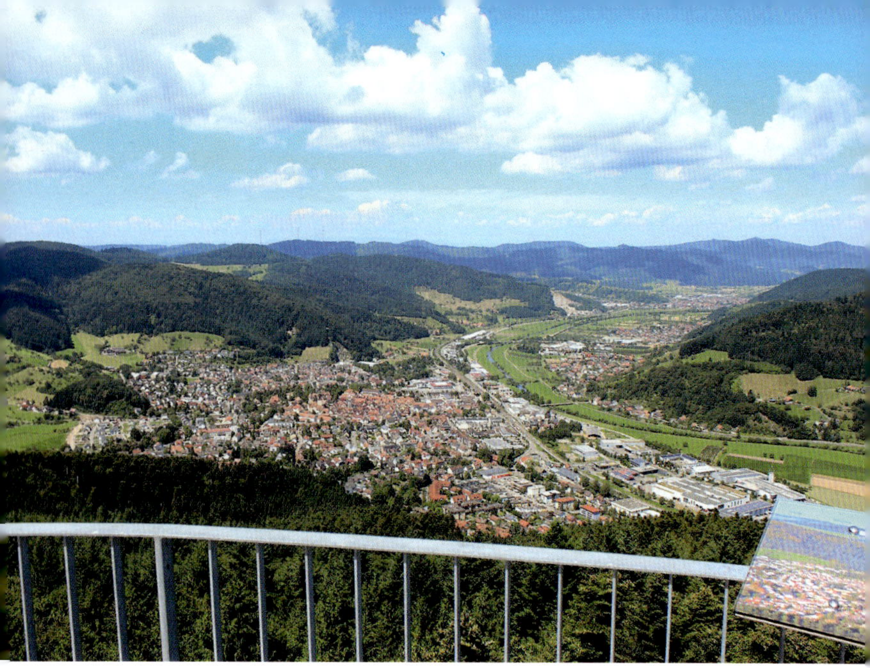

Traumblick auf Haslach vom Urenkopfturm.

468 m, nach rechts, hinauf durch einen noch jungen Buchenwald zur fünf Minuten entfernten **Sandhasenhütte (3)**, 497 m. Hier öffnet sich ein stimmungsvoller Ausblick hinab nach Haslach und ins Kinzigtal, die vom **Urenkopfturm (4)**, 555 m, noch gewaltiger ist.

Danach gehen wir durch den Wald zum **Bohnenacker**, 488 m, und halten uns dort links. An der folgenden Gabelung schreiten wir links zum **Rotweinbänkle**, 503 m. Genießen Sie einen Schluck vom im Rucksack mitgebrachten Roten, aber geben Sie Ihrem Hund besser nur Wasser! Eine grandiose Aussicht übers Kinzigtal hinüber nach Fischerbach sowie zum Brandenkopf erfreut uns von diesem schönen Plätzchen

Kurz darauf geht's scharf rechts zu einem Grasweg, dann biegen wir links auf einen schmalen Waldweg ab, und wir wandern geradeaus zum **Bannstein (5)**, 515 m. Hier schwenken wir scharf rechts und gehen nach fünf Minuten links in ei-

Dem Heiligen Brunnen, oberhalb von Haslach gelegen, werden heilende Kräfte besonders bei Augenleiden zugeschrieben. Nach alten Überlieferungen werden ihm auch Kräfte ganz besonderer Art nachgesagt; wird er doch von den Einheimischen auch »Kindlesbrunnen« genannt! Die kleinen Holzkreuzchen in der nahen Grotte neben dem Brunnen sollen jedenfalls dem Wunsch nach einem Geschwisterchen Nachdruck verleihen. Lassen Sie Ihren treuen Freund das Brunnenwasser trinken und wer weiß, vielleicht gibt es irgendwann auch kleine Welpen! Der heilige Brunnen am Ende des Kreuzwegs ist ein beliebtes Ausflugsziel.

nen breiten Weg, dann wandern wir geradeaus weiter. Im dichten Nadelwald folgen wir dem breiten Forstweg talwärts zum **Aussichtspavillon (6)**, 342 m, den wir nach einer scharfen Rechtskehre errreichen. Hier erfreuen wir uns am weiten Talblick hinab nach Mühlenbach. Der Waldweg lässt uns schnell Höhenmeter verlieren und am Wegetreff »Vulkanweg« halten wir uns links, hinter einer Schranke dann weiter dem Tal zu. Kurz vorm Waldende gehen wir links und erreichen bald das beschauliche Örtchen **Mühlenbach (7)**, 259 m. An der Hauptstraße geht's kurz links, dann rechts über den Bach und erneut rechts. Beim Friedhof gehen wir halb rechts hinab und nach dem Ort, beim Sportplatz, talaus am Bührershof vorbei. Ohne nennenswerte Anstrengung gelangen wir nach einer knappen Wanderstunde am **Waldsee (8)**, 232 m, vorbei wieder zurück nach **Haslach (1)**. Hinter der überaus sehenswerten Altstadt finden wir im Norden den Bahnhof.

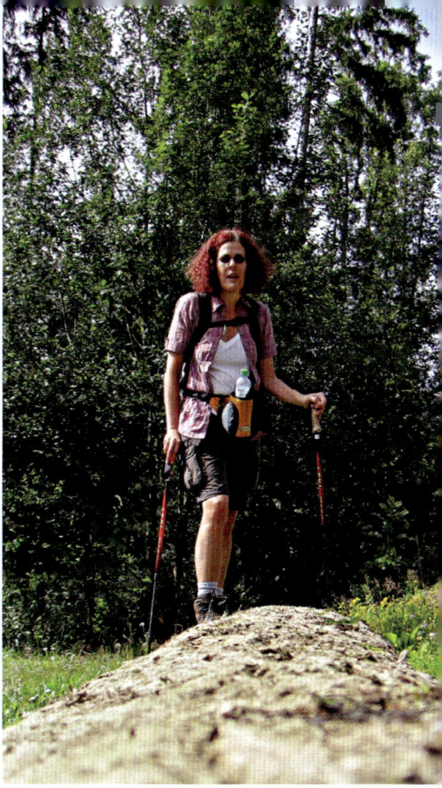

Sportgerät im Wald: Balancieren auf einem Baumstamm.

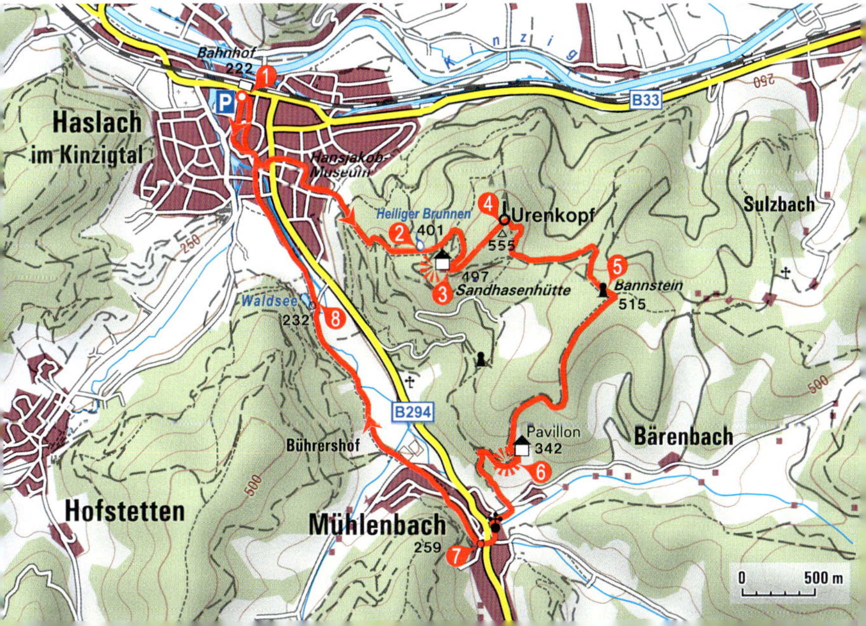

30 Das Hauserbachtal

Herrliche Bergtour mit entzückender Aussicht

Ländliches Idyll auf den südlichen Höhen von Hausach
Das romantische Hauserbachtal ist ein stiller Taleinschnitt südlich des teils industriellen Kinzigtals. Erleben Sie den Schwarzwald von seiner beschaulichen Seite und genießen Sie die herrliche Landschaft. Zuvor aber steigt man an der Burgruine Husen bei Hausach vorbei hinauf zum aussichtsreichen Haseneckle; von dort blickt man bereits ins Hauserbachtal hinab. Ein letzter steiler Anstieg leitet fast zum Schluss noch zur Kreuzbergkapelle. Zwar hat diese Wanderung nicht allzu viele Kilometer Länge, trotzdem aber ist sie vor allem wegen des steilen Schlussanstieges zum Kreuzberg für alte Hunde recht beschwerlich.

KURZINFO

Ausgangspunkt: Wasserwerk und Wassertretstelle am Ende der Kreuzbergstraße.
Anfahrt: B33 bis Hausach, dort die Kreuzbergstraße ganz nach oben (Schotterpiste) bis Parkplatz beim Wasserwerk.
Gehzeit: 2.30 Std.
Höhenunterschied: 350 m.
Anforderungen Mensch: Wunderschöne Wanderung, aber teils steile Auf- und Abstiege.
Anforderungen Hund: Unternehmen Sie die Tour nicht am heißesten Sommertag! Ausreichend Wasser mitnehmen.
Wasserstellen: Brunnen am Kreuzberg, Hof Reutegrund und Kreuzberg; Hauserbach und Bach vom Kreuzberg.
Einkehr: Unterwegs keine, aber SB-Kühlschrank beim Hof Reutegrund.
Unterkunft: Gasthaus zur Blume, Eisenbahnstr. 26, 77756 Hausach, Tel. +49 7831 286, hotelblume.de.
Tierarzt: Dr. Sieder, Siechenwaldweg 15, 77709 Wolfach, Tel. +49 7834 4031.
Tierbedarf: Fressnapf, Im Spießacker 5, 77716 Haslach im Kinzigtal, Tel. +49 7832 9741160.
Karte: Freizeitkarte Nr. 503, 1:50.000.

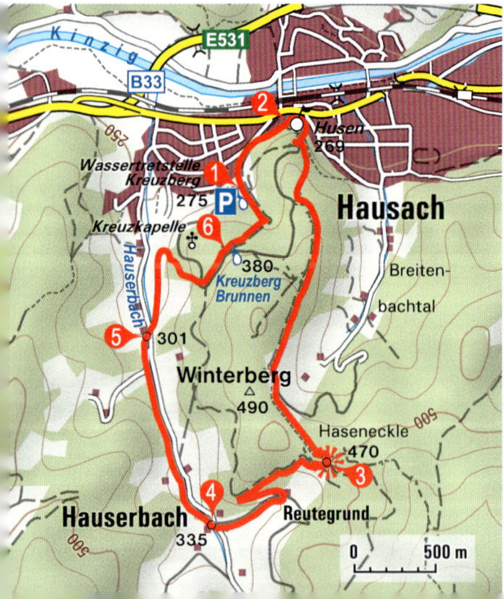

Vom im Jahre 1913 erbauten **Wasserwerk** am **Kreuzberg (1)**, 275 m, wandern wir zunächst für rund 200 Meter die Kreuzbergstraße hinab und biegen an der Gabelung nach rechts. Bald gelangen wir zur **Ruine Husen (2)**, 269 m, die stolz über den Dächern von Hausach thront. Die Aussicht auf die Stadt im Kinzigtal ist sehenswert. Der teils schmale Bergsteig leitet ab jetzt mit dem Westweg gemeinsam um die einstige Burganlage und beginnt ab hier kräftig zu steigen. Bei einem Forstweg wenden wir uns nach links und verlassen diesen bereits in der

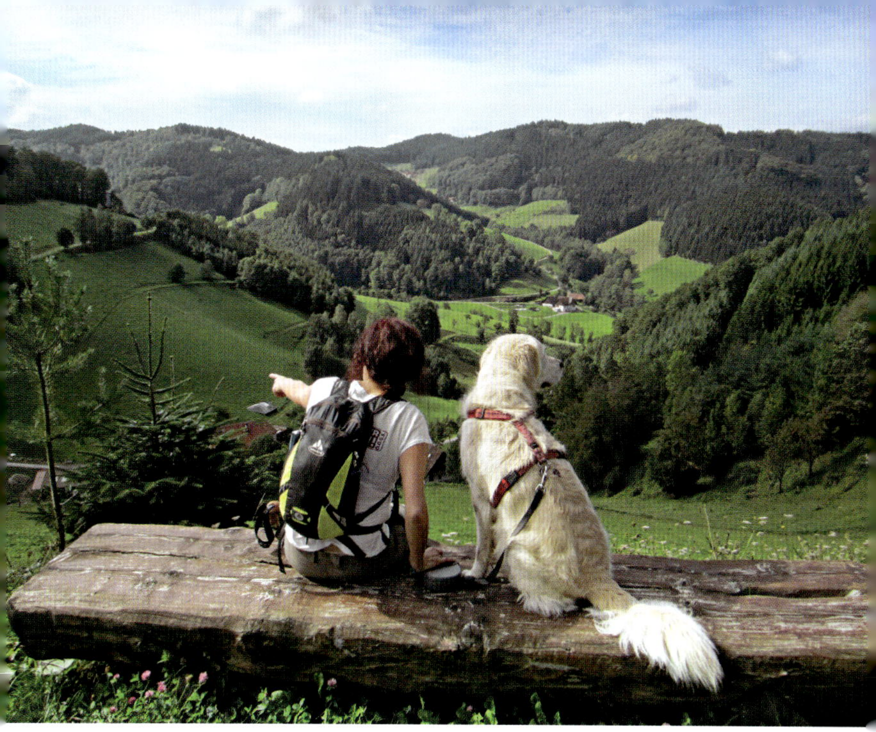

Von der Sitzbank blickt man weit ins Hauserbachtal.

Rechtskurve wieder zum schmalen **Abenteuerweg**, der infolge mit zahlreichen Überraschungen in Form von diversen Holzspielgeräten und sogar einem Indianerzelt aufwartet. Bei der **Schmids Wanderecke**, 350 m, gehen wir links zu dem Wanderpfad weiter und steigen kehrenreich im Wald bergauf. Anschließend lässt uns ein Forstweg weiter an Höhe gewinnen und oberhalb des Fuggishofs, 450 m, blicken wir weit hinab durchs Breitental und zum Farrenkopf hinüber. Auf einer Himmelsliege können wir uns bei einer herrlichen Aussicht vorerst einmal erholen. Rechts versetzt leitet anschließend ein schmaler Pfad in einen dunklen Wald und führt uns hinauf zur Haseneckle Hütte. Kurz danach biegen wir am **Haseneckle (3)**, 490 m, scharf rechts ab und blicken bei der Sitzbank tief in das wunderschöne Hauserbachtal hinab. Ab hier folgen wir dem Wiesenweg in den nahen Wald und wenden uns nach ca. 8 Minuten links dem Hof Reutegrund, 410 m, zu. Dort finden wir einen erfrischenden Naturkühlschrank in Form eines

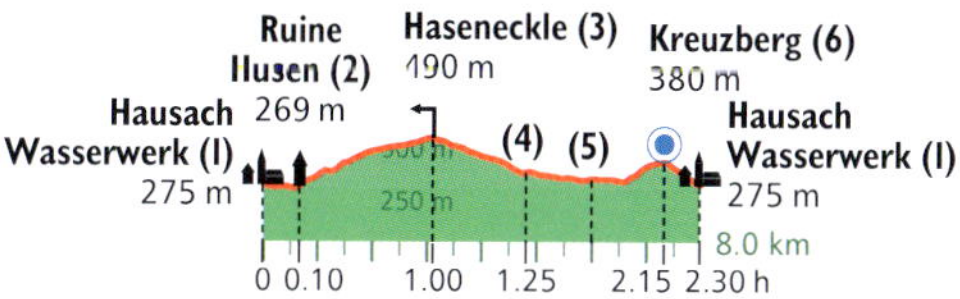

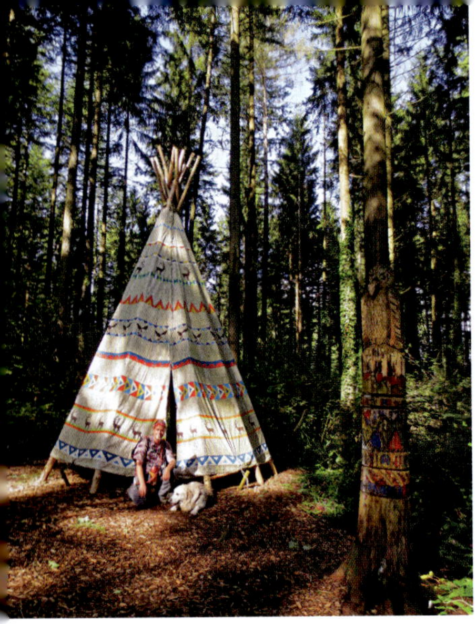

Hier stellt sich die Frage: Gibt es Indianer im Schwarzwald?

Brunnens vor. Wenn Ihr Hund keine Katzen mag, seien Sie am Hof auf der Hut! Entlang des Waldrands geht's auf der Wiesenspur weiter hinab zu einem Bächlein. Ein schmales Sträßchen leitet uns von dort ins **obere Hauserbachtal (4)**, 335 m, sowie der hellblau gestrichenen Hauserbacher Kapelle. Hier wenden wir uns rechts und folgen auf dem Fahrwegchen strikt dem Verlauf des Hauserbachs, in dem der Hund nach Lust und Laune spielen kann. Erst nach fast 1,5 Kilometern verlassen wir beim Geigershof wieder das **untere Hauserbachtal (5)**, 301 m, indem wir uns rechts dem Waldweg zuwenden. Bald geht's über eine Wiese und etwa auf Höhe der Häuser von Hausach-Dorf scharf rechts hinauf. Der steile Schlussanstieg bringt uns bergan zum **Kreuzberg (6)**, 380 m, mit Kapelle, Spielplatz, Hütte und Brunnen. Von hier wandern wir in Richtung Nordosten hinab und gelangen wieder über einen Teil des Abenteuerwegs zum Ausgangspunkt zurück, wo wir in der Wassertretstelle (Hunde dürfen hier das Wasser leider nicht treten) wohltuend die erhitzten Füße erfrischen können.

Vom Kreuzberg blicken wir übers Kinzigtal zum Brandenkopf.

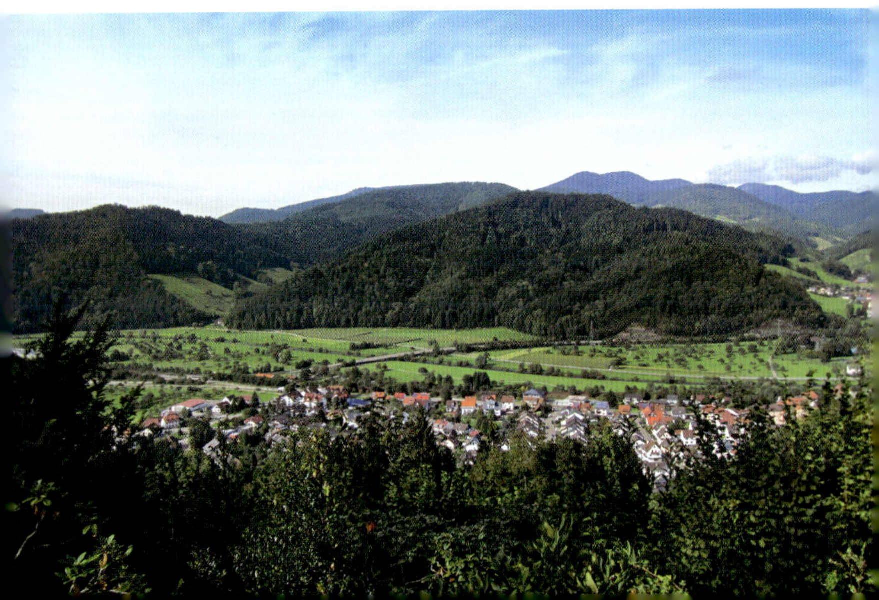

Zur Schutterquelle

31

Sportive Mittelgebirgstour

Grandiose Runde mit Blick zum Hochschwarzwald
Die Quelle des Schutterursprungs ist bei dieser fantastischen Wanderung bei Weitem nicht die einzige Wasserstelle. Schier ungezählte Bäche und Wasserläufe werden wir auf der gesamten Tour passieren, was vor allem die Vierbeiner freuen wird. Aber auch der Mensch kommt bei der Tour nicht zu kurz, denn vor allem im Finalabschnitt sind herrliche Fernblicke nicht selten.

KURZINFO

Ausgangspunkt: Höhenhäuser, 666 m, Parkplatz, Busanschluss.
Anfahrt: Zur Passhöhe der Höhenhäuser fährt man entweder aus dem Kinzigtal, Schuttertal oder Elztal.
Gehzeit: 4.45 Std.
Höhenunterschied: 540 m.
Anforderungen Mensch: Recht lange, aber lohnenswerte Wanderung.
Anforderungen Hund: Die Wanderung verläuft oft auf Wirtschaftssträßchen. Aufgrund der Tourenlänge nicht für die heißesten Sommertage geeignet.
Wasserstellen: Schutterquelle, Grundbach, Hintertälerbach, Uhlsbach, Biederbach, Kunnenbach.
Einkehr: Höhenhäuser, Dürrhöfe, Wanderheim Kreuzmoos, Eckle.
Unterkunft: Höhenhäuser, Gasthof Zum Kreuz, Höhenhäuser 2, 79215 Biederbach, Tel. +49 7826 215, hoehengasthaus.de.
Tierarzt: Dr. F. Schuster, Schillerstr. 8, 77716 Haslach im Kinzigtal, Tel. +49 7832 2174.
Tierbedarf: Fressnapf, Mauermattenstr. 5, 79183 Waldkirch, Tel. +49 7681 4749487.
Karte: Freizeitkarte Nr. 505, 1:50.000.

Den herrlichen Rundkurs »Zur Schutterquelle« beginnen wir bei **Höhenhäuser**. Wir wenden uns beim **Höhengasthaus Zum Kreuz (1)**, 666 m, südwestlich dem ebenen Wanderweg entlang des Waldrands zu und schreiten nach etwa 500 Metern im Wald weiter. Der breite Weg bringt uns in der zweiten Lichtung an eine Unterstandshütte sowie zur **Schutterquelle (2)**, 689 m. Im Quellbach kann Ihr Vierbeiner nach Lust und Laune läppern, planschen und ausgiebig den Durst löschen. Wieder im Wald nehmen wir am Wegetreff **Schlegelsberg**, 690 m,

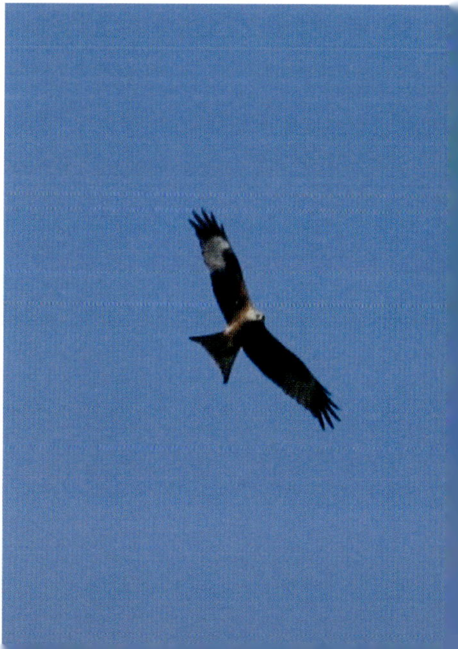

Hoch über uns zieht der Greifvogel seine weiten Kreise am tiefblauen Himmel.

den dritten Weg rechts und folgen dem Wanderweg bergan. Nach einer langen Geraden biegen wir am Wegpunkt **Bei den Dürrhöfen**, 712 m, links ab und schreiten jetzt aus dem Wald. Hier besteht am Bergkiosk die Möglichkeit zur Verpflegung. Ein breiter Teerweg führt nach Süden und an der Gabelung schreiten wir rechts über die Kreuzmoosmatte zum etwa eine viertel Stunde entfernten Wanderheim des Schwarzwaldvereins **Am Kreuzmoos (3)**, 730 m. Das Wanderheim hat eine bemerkenswert gute Küche und sei dem Wanderer wärmstens empfohlen. Gestärkt behalten wir zunächst die Richtung bei und biegen an der Gabelung beim Wald links ab. Das Sträßchen leitet uns bald durch einen Wald. Die Bankette neben dem wenig befahrenen Weg bieten den empfindsamen Hundepfoten einen weichen Untergrund. Das Sträßlein windet sich teils kurvenreich zum Bildstock und zum Wirtshaus am **Eckle (4)**, 634 m. Gut 100 Meter nach dem Wirtshaus wenden wir uns vor dem Wald links dem Wanderweg zu und gehen beim Waldeck nochmals links. Etwa 100 Meter danach wandern wir halb rechts in den Wald und werden bald danach von einem Zufluss des Grundbachs begleitet. Relativ steil geht's jetzt hinab zum Hinteren Grundhof, wo wir wieder auf einen Fahrweg treffen. In mittelbarer Nähe begleitet uns zur Linken beständig der Grundbach, wenn wir meist entlang des Waldrands konstant in nordöstlicher Richtung und im leichten Gefälle nach **Hintertal (5)**, 474 m, hinabwandern. Gemeinsam mit dem Hintertälerbach schwenken wir dann rechts und biegen

Freudig springt er über die Wiese.

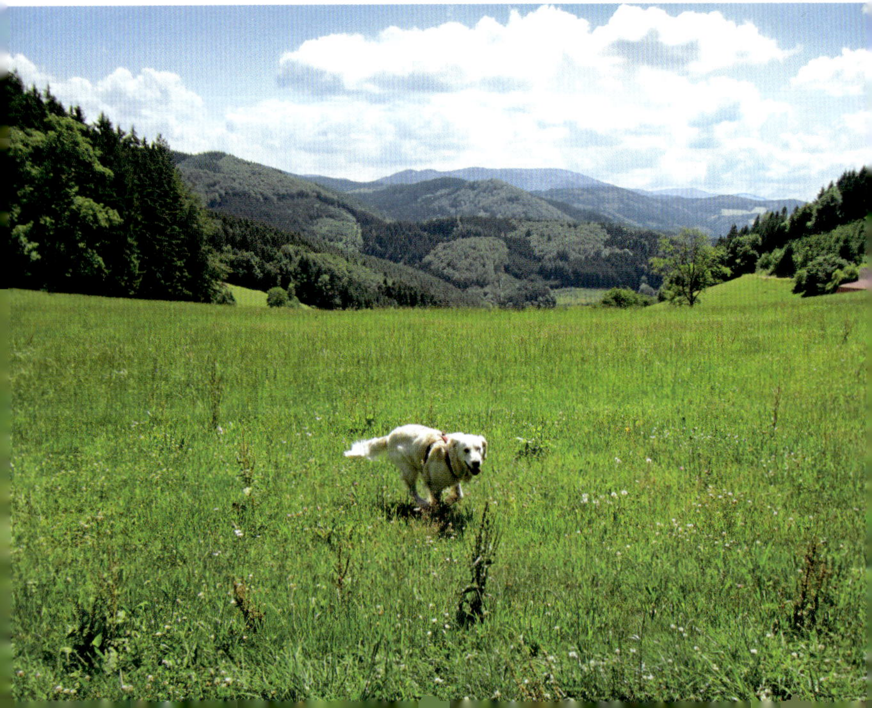

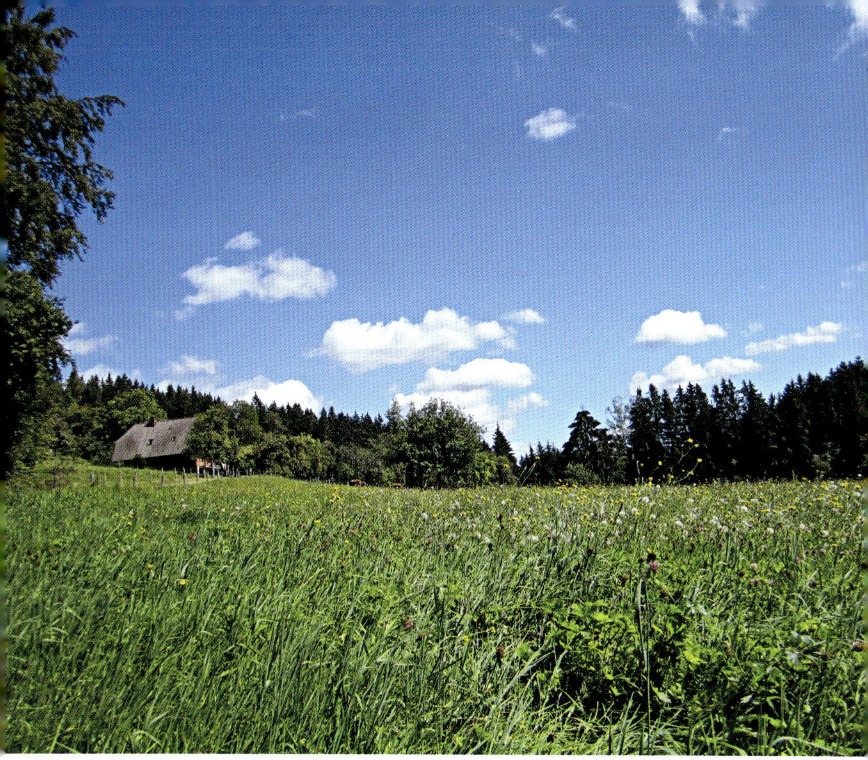

Bei Lachen versteckt sich dieses einsame Bauernhaus am Waldrand.

nach 200 Meter halb links ab. Im nahen Wald beginnt der breite Weg bald anzusteigen und führt dann in nördliche Richtung eine halbe Stunde hinauf zur Bausethöhe. Beim Waldaustritt biegen wir scharf rechts und folgen dem Weg entlang des Waldrands, bis wir zu einem Wirtschaftsweg stoßen, dem wir rechts hinüber nach **Uhlsbach (6)**, 506 m, folgen. Bei den Gebäuden schreiten wir links, queren den Uhlsbach und gehen weiter nach Norden. Dann schwenken wir links zum Wald, gehen am Abzweig rechts und erreichen bald den Ort **Kirchhöfe (7)**, 500 m. Vor der Straße schreiten wir rechts hinüber zum Friedhof und kreuzen in der Ortsmitte die Fahrstraße. Bald queren wir den Biederbach und gehen vom Kunnenbach begleitet ständig weiter nördlich in ein herrliches Wiesental. Im Wald trifft der Hansjakobweg hinzu, wir behalten die Richtung bei und passieren das bäuerliche Anwesen **Lachen (8)**, 553 m. Über grobe Steine wandern wir kurz steil empor

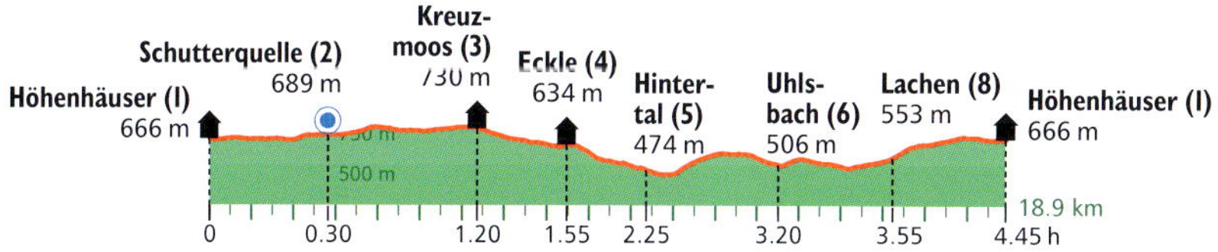

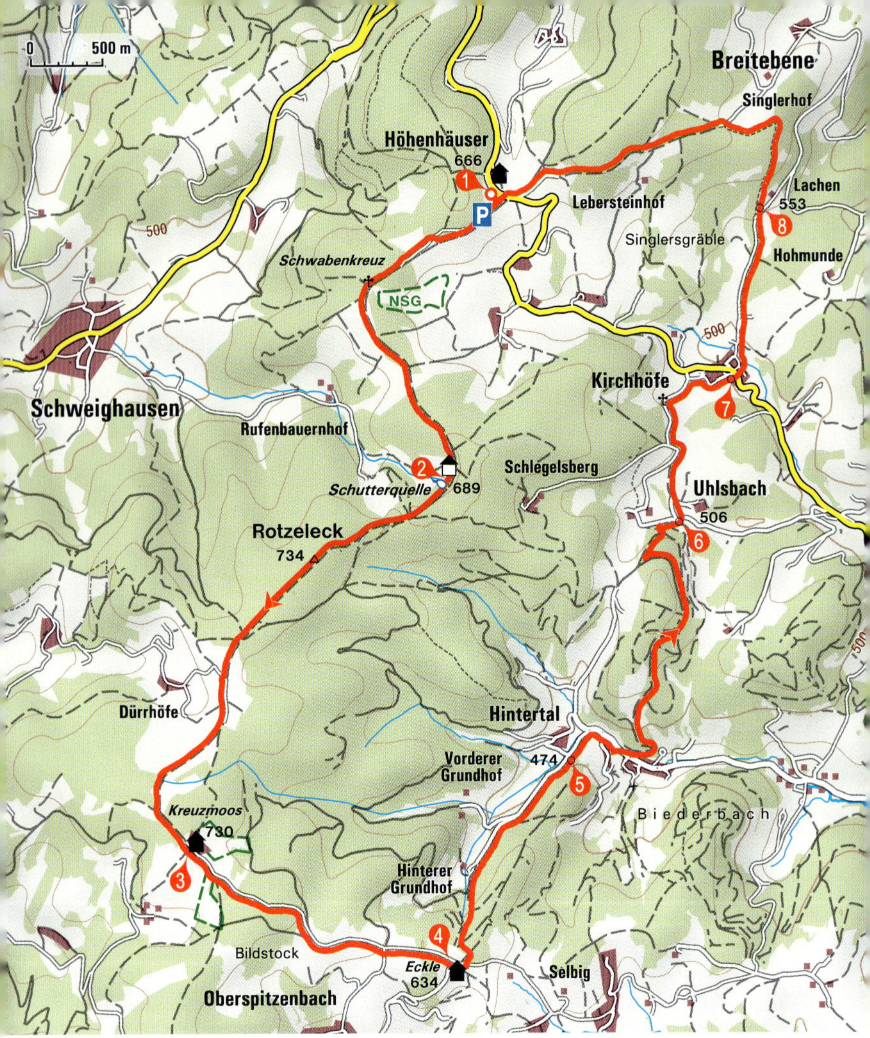

zu einem begrünten Pfad und folgen, wieder im Wald, der Markierung links. Auf der Breitebene, 665 m, erleben wir zur Rechten einen wahren Prachtblick hinüber zum Brandenkopf und marschieren den breiten, ebenen Weg weiter zum Wegpunkt Ob dem Lebersteinhof. Links öffnet sich uns jetzt ein atemberaubendes Panoramafenster hin zu den südlichen Bergen des Schwarzwalds. Im angrenzenden Wald passieren wir anschließend mehrere schmucke Ferienhäuschen und gelangen hinter einer Viehweide links hinüber nach **Höhenhäuser (1)** und dem Höhengasthaus Zum Kreuz.

Auf der Passhöhe bei Höhenhäusern verläuft die Wasserscheide zwischen dem Elztal und Schuttertal. Der Wanderer erfreut sich hier an einem weiten Ausblick.

32

Elzach-Runde

Schweißtreibende Bergtour

Hoch hinauf zur Schwedenschanze
Östlich des Elztals erstreckt sich das liebliche, friedvolle Yachtal. Oben auf dem Rohrhardsberg gelangt man bei der Schwedenschanze zu einer herrlichen baumfreien Hochebene, dem Naturschutzgebiet Heiliggeistloch. Da die Strecke einen enorm großen Höhenunterschied aufweist, sollte diese Wanderung keinesfalls an einem heißen Sommertag unternommen werden, dies schont den Kreislauf von Mensch und Hund. Nehmen Sie auf jeden Fall einen genügenden Wasservorrat mit!

KURZINFO

Talort, Ausgangspunkt: Elzach, 365 m, Parkplatz, Bahnanschluss.
Anfahrt: A5 bis Freiburg Nord, Waldkirch, Elztal.
Gehzeit: 6 Std.
Höhenunterschied: 950 m.
Anforderungen Mensch: Großer Aufstieg. Bei den Siebenfelsen besonders steil.
Anforderungen Hund: Lange anstrengende Tour. Da auf der Bergeshöhe vorwiegend trockenes Gebiet ist, Wasser mitnehmen.
Wasserstellen: Mehrere Bachläufe und Martinsbrunnen.
Einkehr: Elzach, Schwedenschanze, Yach.
Unterkunft: Hotel Gasthof Hirschen, Triberger Str. 8, 79215 Elzach-Oberprechtal, Tel. +49 7682 92000, happy-hirsch.de; Gasthof Hirschen-Dorfmühle, Dorfstr. 19, 79215 Biederbach, Tel. +49 7682 327, hotel-hirschen.9gg.de.
Tierarzt: Dr. Milan Serbin, Talbachstr. 13, 79183 Waldkirch, Tel. +49 7681 1677.
Tierbedarf: Fressnapf, Mauermattenstr. 5, 79183 Waldkirch, Tel. +49 7681 4749487.
Karte: Freizeitkarte Nr. 505 und 506, 1:50.000.

Im herrlichen Elztal starten wir in Elzach (1), 365 m, am Bahnhof diese anspruchsvolle Wanderung, indem wir uns kurz Richtung Süden halten und dann links der Kirchhalde zuwenden. Die blaue Raute des Ortenau-Baar-Wegs begleitet uns und bereits im Ort beginnt der Weg anzusteigen. Im nahen Wald gehen wir dann beim Forstweg scharf rechts und erreichen bald den Aussichtspunkt Yach, 448 m. Hier folgen wir geradeaus dem Fischerdobelweg und gelangen nach einem weiteren Waldstück (Bei der Viehhütte) zu einer kleinen Lichtung.

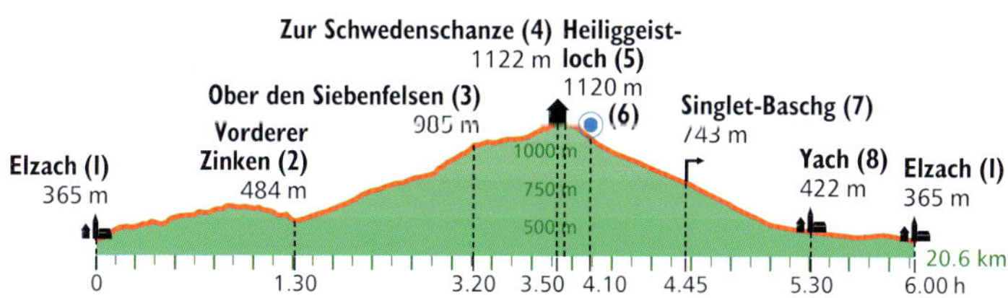

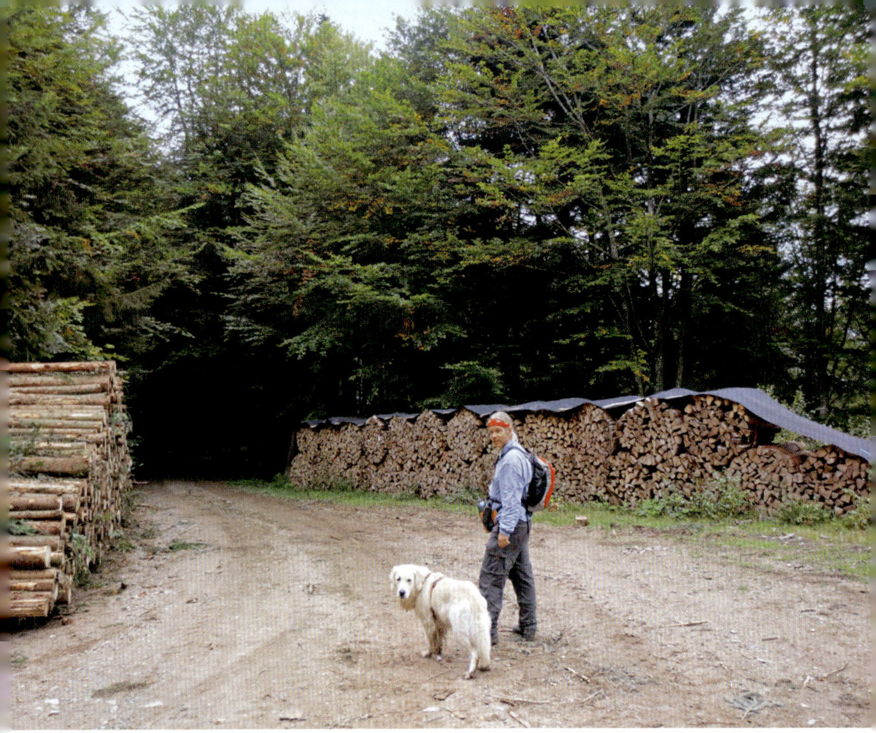

Zwei Freunde im Wald.

Wieder im Wald folgen wir weiter unserem Forstweg, queren mehrere Wasserläufe und halten uns am Fischerdobel rechts. Auf dem Weg zum Kreuz des **Vorderen Zinken (2)**, 484 m, passieren wir einen kleinen See. Dann wandern wir in ein friedvolles Hochtal und werden dabei vom rauschenden Zinkenbach begleitet. Schließlich gelangen wir zum Schneiderbauernhof und dem Fischergrundhof, biegen jedoch vor diesem links ab in den Wald. Dort gehen wir scharf rechts und beginnen bald mit dem mühevollen Serpentinenaufstieg am **Siebenfelsen**. Steil geht's bergauf, bis wir **Ober den Siebenfelsen (3)**, 985 m, auf den Wanderweg Zweitälersteig treffen. Hier wenden wir uns in Richtung Süden und treten auf dem Premiumwanderweg Am Schlagbaum aus dem Forst. Wir halten uns rechts und gelangen nach einem kleinen Waldstück zum Schänzlehof. Jetzt wandern wir über die karge Hochebene hinüber zum Gasthaus **Zur Schwedenschanze (4)**, 1122 m, auf dem **Rohrhardsberg**. Eine erfrischende Rast für zwei- und vierbeinige Wanderer ist jetzt angesagt. Frisch gestärkt folgen wir dem Pfad entlang des zaungeschützten Naturschutzgebietes zum Wegetreff **Heiliggeistloch (5)**, 1120 m, und wandern direkt auf ein mächtiges Windrad zu. Kurz davor verlassen wir den Zweitälersteig wieder und halten uns geradeaus. Nach dem Riesenrotor treten wir wieder in den Nadelwald, steigen auf dem für Fahrzeuge gesperrten Weg talwärts und halten uns an der Kurve weiter geradeaus. Steil geht's im dichten

Wald zum **Martinsbrunnen (6)**, 1030 m, der eine erfrischende Kühlung für Mensch und Tier bietet. Unterhalb des Passecks schwenken wir rechts in einen Forstweg und behalten an folgender Kreuzung die Richtung bei. Der Baschgweg bringt uns weiter durch den teils lichten Wald und wir blicken hinab nach Elzach. Nach mehreren Minuten Abstieg erreichen wir den Wegetreff **Singlet-Baschg (7)**, 743 m, wo wir gerade weitergehen. Kurz nach einer Schranke schwenken wir links und marschieren aus dem Wald. Ein famoser Ausblick erwartet uns, weite Weideflächen erstrecken sich zur Rechten. Herrliche Schwarzwaldhöfe liegen weit verstreut auf den Grünflächen, die sich weit bis zum Waldrand die Berghänge hinaufziehen. In großzügigen Kehren steigen wir entlang des Weidegebiets ab und bekommt das schöne Gefühl, die Welt wäre hier noch in Ordnung!

Bald gelangen wir wieder in wasserreiches Gebiet und wenden uns nach dem Hinteren Zinkenbach nach rechts. Das rauschende Wasser begleitet uns zum Dorf **Yach (8)**, 422 m. Hier halten wir uns beim Bierhäusle links zur Dorfstraße und gehen auf bequemem Weg zwischen Wasser und Straße ins Zentrum. Beim Ortsschild folgen wir halb rechts der Alten Yacher Straße und erkennen rückblickend noch einmal das Windrad vom Heiliggeistloch. Nach einem weiten Rechtsbogen gelangen wir wieder hinab zum **Ausgangspunkt (1)**.

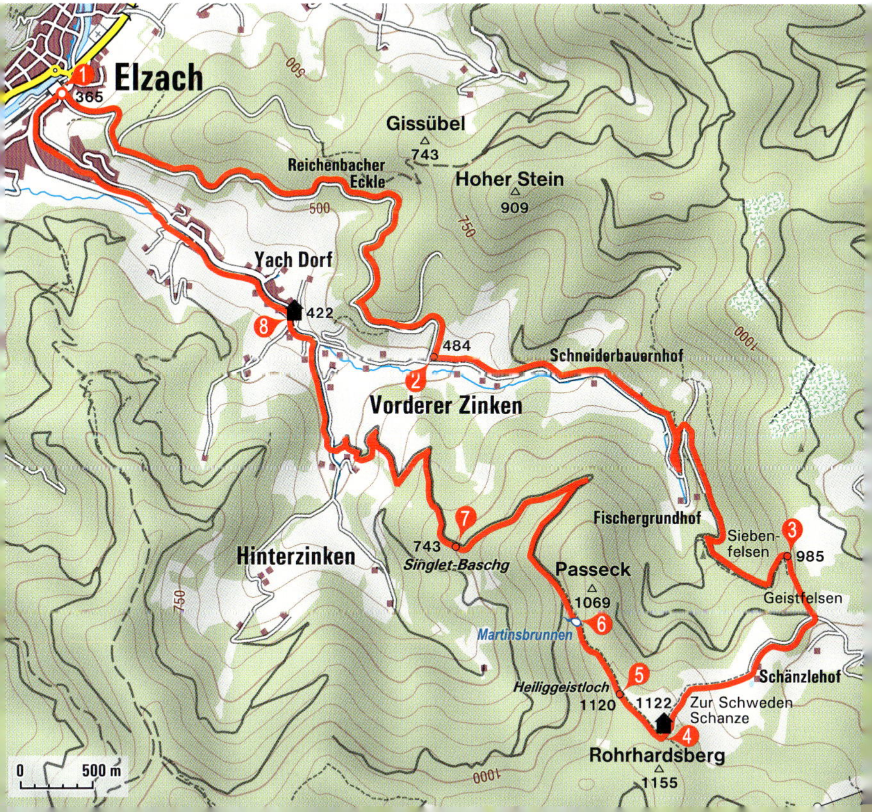

33 Ins Krumpenloch

Wandern abseits der Zivilisation

Reichlich Wasser und alte schmucke Bauernhäuser

Südlich von St. Georgen im Schwarzwald führt uns diese fantastische Wanderung in das herrliche Hochtal Krumpenloch. Die vereinzelt stehenden Häuser liegen von tiefen Tannenwäldern umgeben wildromantisch zerstreut inmitten saftig grüner Wiesen. Der Landstrich nordwestlich von Villingen-Schwenningen im Schwarzwald-Baar-Kreis ist von viel Landwirtschaft und Wäldern geprägt. Die Wanderung lässt sich auch an wärmeren Sommertagen begehen, da sich Hunde in der wasserreichen Gegend gut erfrischen können.

KURZINFO

Ausgangspunkt: St. Georgen, 805 m, Parkplatz, Bahn- und Busanschluss. Wohnmobile lassen sich am Waldparkplatz südlich des Bahnhofs abstellen.
Anfahrt: St. Georgen liegt an der B 33.
Gehzeit: 3.15 Std.
Höhenunterschied: 260 m.
Anforderungen Mensch: Angenehme Etappe.
Anforderungen Hund: Die Etappe weist immer wieder kurze Steigungen auf. Die Wanderstrecke entlang des Röhlinbachs ist bei Radfahrern sehr beliebt.
Wasserstellen: Röhlinbach, Spechtlochbach, Aspengrundbach, Vogellochbach.
Einkehr: Großer Hof.
Unterkunft: Hotel Kammerer, Hauptstr. 23, 78112 St. Georgen, Tel. +49 7724 93920, hotel-kammerer.de.
Tierarzt: Michael Zeller, Sommerauer Str. 23, 78112 St. Georgen, Tel. +49 7724 918830.
Tierbedarf: Fressnapf, Karlsruher Str. 27, 78048 Villingen-Schwenningen, Tel. +49 7721 509150.
Karte: Freizeitkarte Nr. 506, 1:50.000.

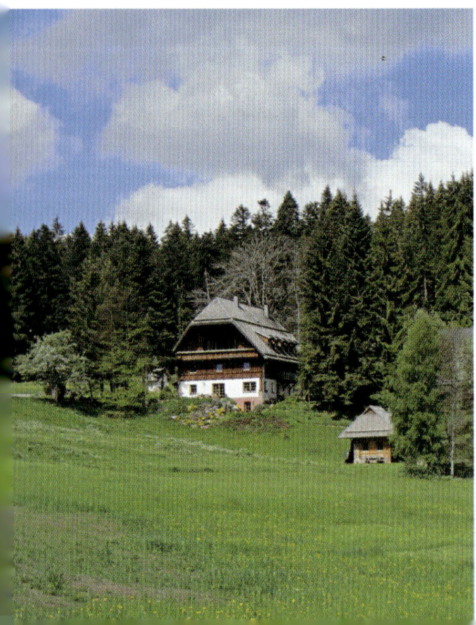

Die Wanderung ins Krumpenloch beginnen wir in **St. Georgen (1)**, 805 m, am Bahnhof. Durch die Unterführung gelangen wir auf die südliche Bahnseite, gehen ca. 30 Meter rechts und wenden uns links den Stufen zu. Der folgende Weg leitet links an einem Bauernhaus vorbei, über eine Wiese hinauf zum **Waldparkplatz (2)**, 853 m, der auch ein (für Ortsunkundige schwer zu findender) möglicher Ausgangspunkt zu dieser Tour wäre. Hier folgen wir in südöstlicher Richtung dem Fahrweg durch den Wald, bis

Im Spechtloch steht dies hübsche Bauernhaus.

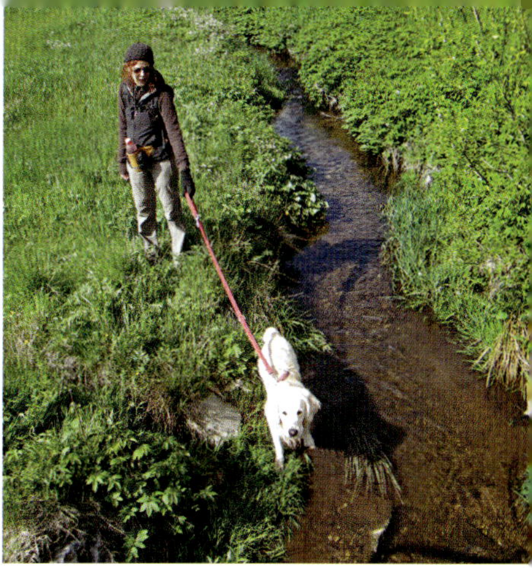

Der Röhlinsbach hat ihn magisch angezogen.

ein Wanderpfad halb links abzweigt. Dieser steigt auf einer schotterigen Spur über eine Kuppe und trifft dahinter erneut auf einen Fahrweg. Stets geradeaus wandern wir jetzt auf dem Band aus Asphalt durch den Wald und gelangen bald zu den idyllisch gelegenen Häusern des Weilers **Krumpenloch (3)**, 830 m. An der Kreuzung beim **Röhlinbach (4)**, 807 m, kann Ihr Hund nun das erste Mal baden gehen.

Danach behalten wir die Richtung bei und schreiten am Behashof vorüber. Der Wanderweg führt durch ein traumhaft schön gelegenes Hochtal dem Wald entgegen. Nach einem kleinen See und dem **Spechtlochbach** gelangen wir bald zu einem Holzkreuz und wandern im **Spechtloch (5)**, 892 m, auf dem Grünschachenweg weiter.

Richtung Südosten geht es nun ohne nennenswerten Höhenunterschied durch einen tiefen Wald zum **Grünschachen**, 871 m, wo wir gute 50 m vor der Straße einen Unterstand vorfinden. Hier biegen wir links ab. Der Waldpfad leitet nach Norden hinab ins Bärloch und zu dem **Aspengrundbach**. Hier wandern wir nun mit unserem treuen Vierbeiner gemütlich durch die wasserreiche Lichtung **Aspengrund (6)**,

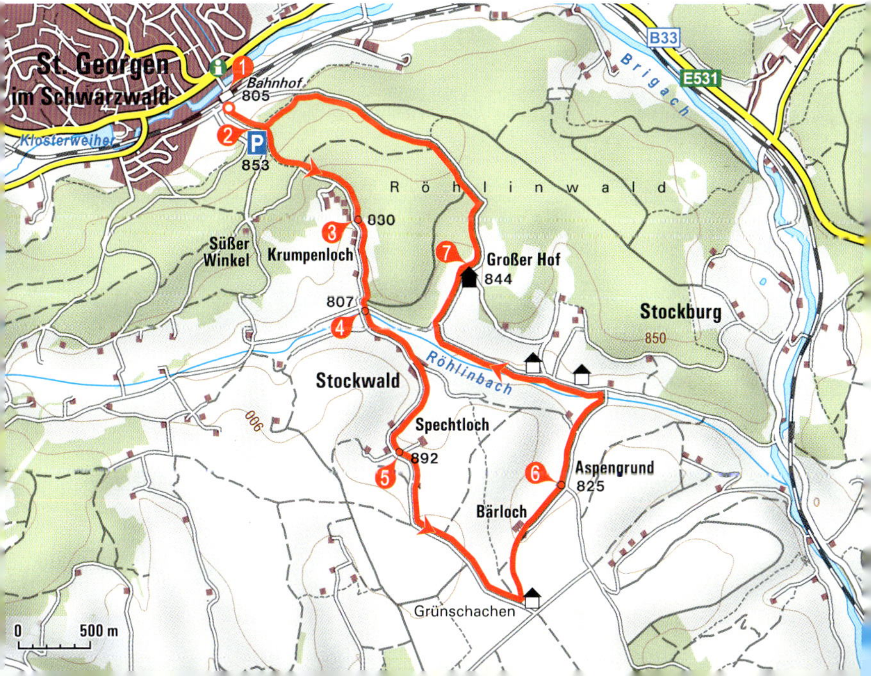

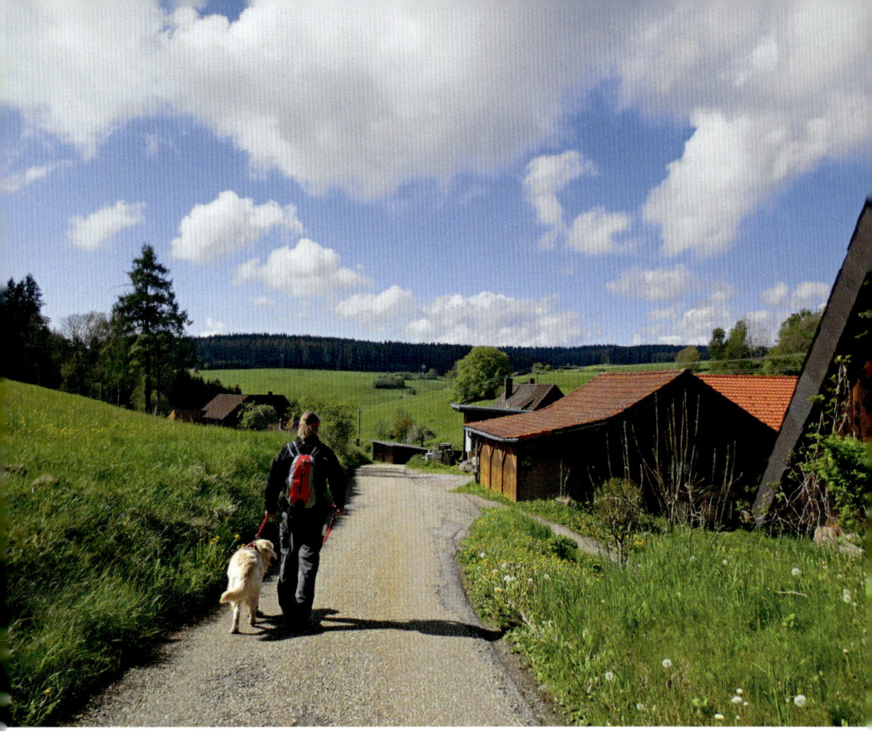

Im Krumpenloch.

825 m, bis wir erneut den Röhlinbach erreichen. Kurz hinter dem Bach treffen wir auf ein Sträßchen, dem wir nach links folgen und dann den Vogellochbach queren. Im weiten Rechtsbogen schwenken wir zum **Unterstockwald**, wo wir einen kleinen See vorfinden. Richtung Norden marschierend gelangen wir jetzt rasch zum Gasthaus **Großer Hof (7)**, 844 m, auch Großbauer genannt. Nachdem sich Mensch und Tier erholt haben, folgen wir dem breiten Weg Richtung Norden in den Wald und halten diesem stets die Treue, bis wir nach 25 Minuten wieder aus dem Wald treten. Vor uns liegt jetzt bereits wieder das schmucke Städtchen St. Georgen, wir aber wenden uns links dem Trampelpfad zu, der uns wieder im Wald hinüber zum **Waldparkplatz (2)** bringt, den wir schon vom Tourenanfang her kennen. Der Rückweg zum Bahnhof in **St. Georgen (1)** ist nun bereits bekannt und bedarf keiner weiteren Beschreibung, außer dass Sie Ihren Hund in Stadtrandnähe lieber wieder an die Leine nehmen.

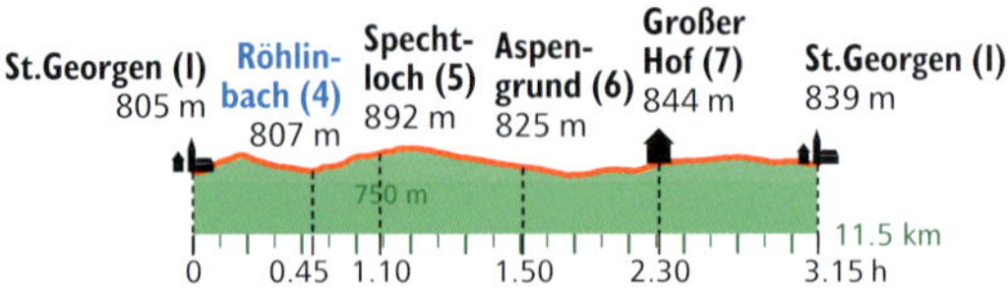

34

Zur Michaelskapelle

Oh Schwarzwald, wie bist du so schön

Zwischen Villingen und Vöhrenbach

Von Herzogenweiler bis Vöhrenbach durchwandern wir einen tiefen Tannenwald. Erleben Sie hier mit Ihrem Hund den Schwarzwald pur. Kurz vor Vöhrenbach erreichen wir dann die herrlich gelegene Michaelskapelle, die wegen ihrer außerordentlichen Wandmalerei als sehenswertes Kleinod gilt.

KURZINFO

Ausgangspunkt: Herzogenweiler, 868 m, Busanschluss. Wohnmobilabstellmöglichkeiten gibt es auf einem Parkplatz nördlich des Orts an der K5734, oder am Parkplatz Schuhbartle.
Anfahrt: Herzogenweiler liegt an der K5734 zwischen Villingen und Vöhrenbach.
Gehzeit: 3.15 Std.
Höhenunterschied: 260 m.
Anforderungen Mensch: Unschwierige Rundwanderung.
Anforderungen Hund: Waldwanderung; nach der Michaelskapelle etwa 600 m entlang einer Straße.
Wasserstellen: Mehrere Brunnen und Bäche.
Einkehr: Nur in Herzogenweiler.
Unterkunft: Pension zum Hirschen, Glaserstr. 2, 78052 VS-Herzogenweiler, Tel. +49 7721 23686, hirschen-herzogenweiler.de.
Tierarzt: Frauke Leuschner, Wilhelmstr. 18, 78120 Furtwangen, Tel. +49 7723 2920.
Tierbedarf: Fressnapf, Karlsruher Str. 27, 78048 Villingen-Schwenningen, Tel. +49 7721 509150.
Karte: Freizeitkarte Nr. 506, 1:50.000.

Nördlich von **Herzogenweiler (1)**, 868 m, parken wir an der Landstraße zwischen Vöhrenbach und Pfaffenweiler, setzen über die Fahrstraße und folgen dem Weg »Am Kühlhaus« in Richtung Süden zur Orts-

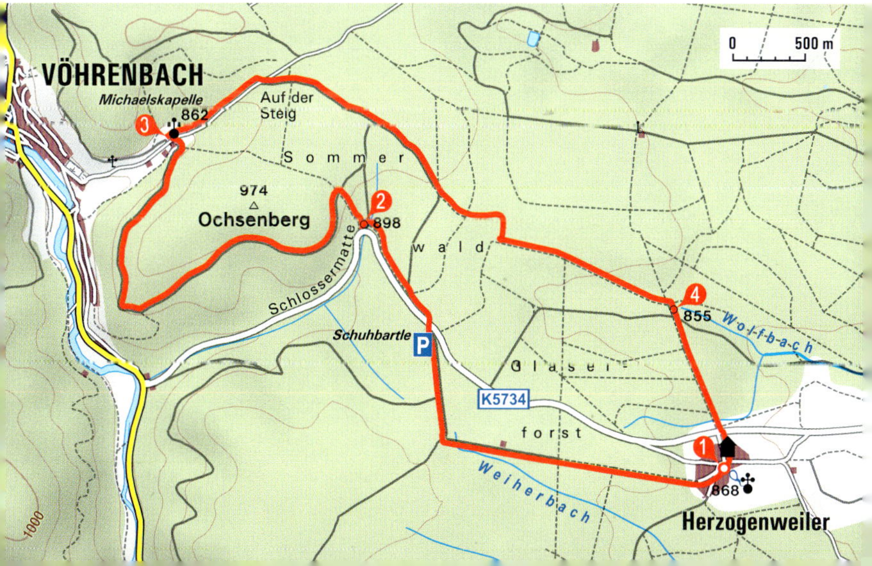

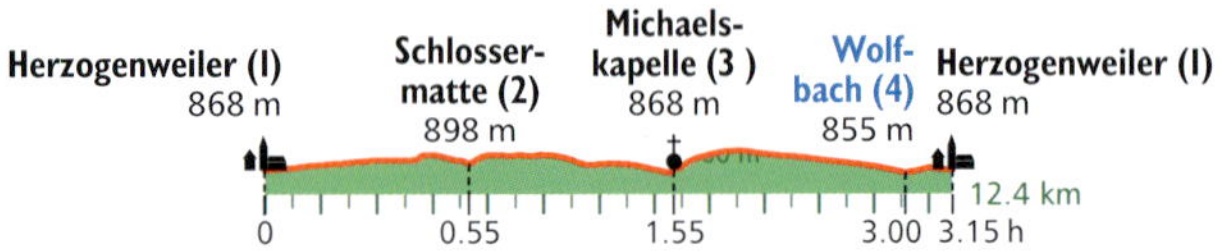

mitte mit ihrem Brunnen. Sogleich nimmt uns rechts die Glaserstraße auf, die wir gleich wieder links zur Fischerstraße verlassen. Dann folgen wir der Jägerhausallee aus dem Ort. Jetzt wandern wir in westlicher Richtung durch den Glaserforst und biegen nach der Schutzhütte und dem **Weiherbach** den Linienweg rechts zur Kreisstraße ab, die wir bald am **Schuhbartle** queren. Dahinter setzen wir auf der Alten Herzogenweiler Straße die Wanderung fort. Bei einer Schranke gehen wir links, parallel zur K5734 hinunter zur **Schlossermatte (2)**, 898 m. Hier biegen wir links, kreuzen den **Brendenbrunnenbach** und wenden uns vor der Straßenkehre gleich wieder rechts, dann wandern wir wieder bergan. Bei dem querenden Forstweg halten wir uns links durch den

Wo sind Asterix und Obelix? Idefix ist schon da!

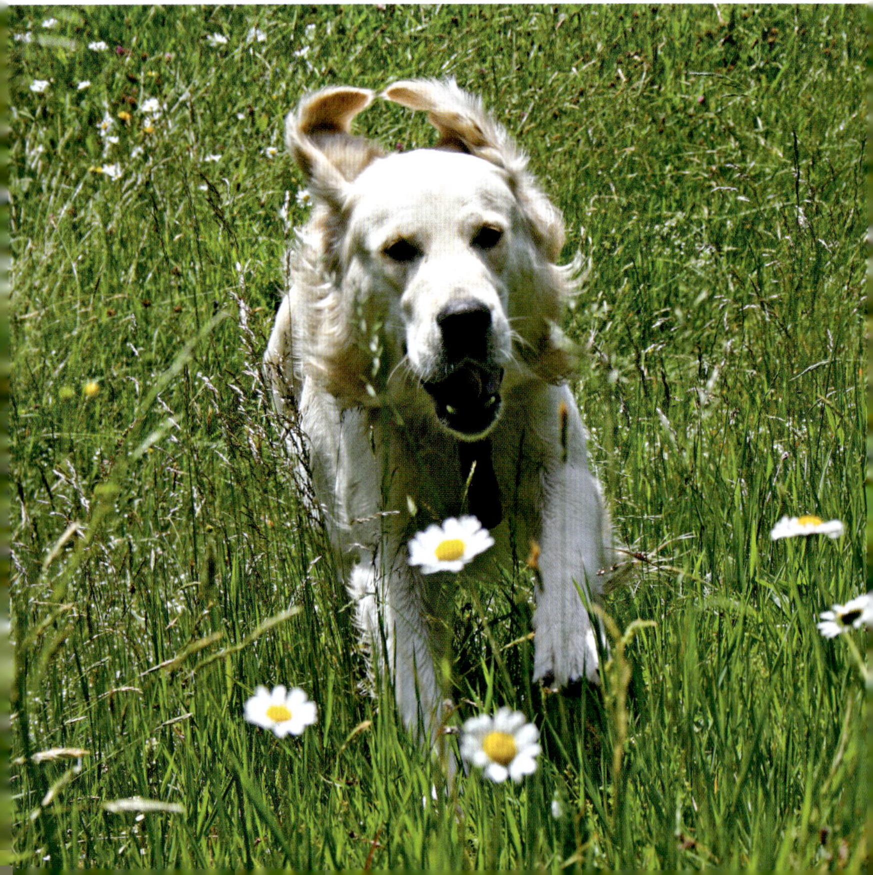

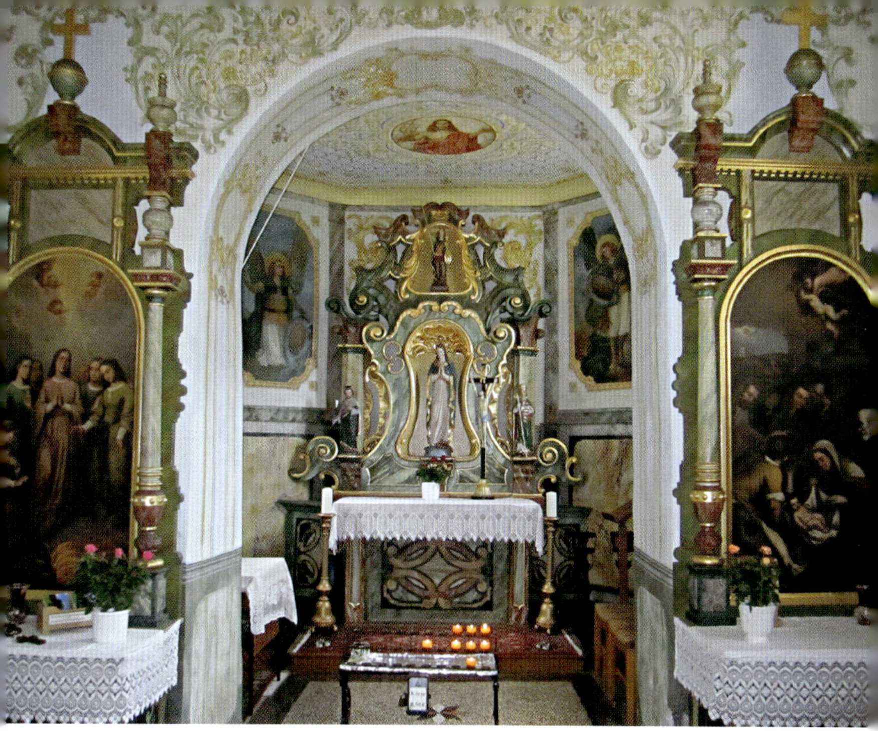

Die Wandmalerei in der Michaelskapelle ist sehenswert.

Tannenwald und erfreuen uns im Sommer an den hier zahlreich wachsenden Heidelbeeren.

Auf dem Ochsenbergweg umwandern wir jetzt im weiten Bogen den Ochsenberg. Bald schon aber dürfen wir uns an dem Talblick auf Vöhrenbach erfreuen und gelangen anschließend hinab zur weißen **Michaelskapelle (3)**, 868 m, die auch Bruderkirchle genannt wird. Das Gotteshaus ist einen Besuch wert, allein schon der Wandmalereien wegen. Den Hund wird dies jetzt weniger interessieren, er erfrischt sich derweil wohl lieber im kühlen Nass des **Triebeckbachs**.

Nun wenden wir uns Richtung Nordosten, der wenig befahrenen Herzogenweiler Straße zu und folgen dem Straßenverlauf für gut 600 Meter hinauf durch den Forst, bis uns in der kleinen Lichtung »Auf der Steig« ein unbefestigter Weg halb rechts in Richtung Osten abbiegen lässt. Im weiten Rechtsbogen durchwandern wir nun den Wald, bis der Forstweg nach etwa 25 Minuten auf eine kleine Lichtung trifft. Hier verlassen wir den Forstweg wieder und marschieren geradeaus den Waldweg weiter. Etwa 400 Meter danach wenden wir uns beim dritten Pfad rechts, wenig später wieder rechts und gelangen dann zu einem Bach. Unser Pfad leitet eine gute viertel Wanderstunde lang in südöstlicher Richtung, dann biegen wir rechts und queren den rauschenden **Wolfbach (4)**, 855 m, sowie einen Forstweg. Ein unbefestigter Weg bringt uns jetzt in gut 10 Minuten über ein Kuppe hinweg zum Ausgangspunkt zurück.

35 Durchs Bregtal

Tolle Flachetappe

Traumwanderung in einer absolut herrlichen Flusslandschaft

Das Bregtal zwischen Vöhrenbach und Furtwangen ist eine sehr empfehlenswerte Genusswanderung, die vor allem durch die herrliche Flusslandschaft geprägt ist. Üppig blühende Blumenwiesen und saftige grüne Weidehänge, die sich bis zu den bewaldeten Berghängen emporziehen, und traditionelle sowie urige Schwarzwaldhöfe finden wir bei dieser angenehmen Flachetappe vor. Fast ständig wandern wir entlang der Breg, was den Hunden reichlich Möglichkeit zur Abkühlung gibt. Da der topografische Höhenunterschied der Tour verschwindend gering ist, stellt sie auch für Alt- und Junghunde keine nennenswerte Probleme dar. Bedenken Sie jedoch beim Hundefreilauf, dass sich auf dem Talweg auch zahlreiche Radfahrer, Jogger und andere Wanderer bewegen!

KURZINFO

Ausgangspunkt: Vöhrenbach, 798 m, Parkplätze im Ort, Busanschluss.
Anfahrt: Vöhrenbach liegt zwischen Furtwangen und Villingen-Schwenningen.
Gehzeit: 2.15 Std.
Höhenunterschied: Aufstieg 90 m und Abstieg 15 m.
Rückkehr mit Bus zum AP: SBG-Bus 7271 (etwa 10 Min.).
Anforderungen Mensch: Sehr leichte Flachetappe, mit ständigem, aber nur geringem Anstieg.
Anforderungen Hund: Fast die ganze Wegstrecke entlang des Wassers. Der Wanderweg durchs Bregtal wird auch gerne von Joggern und Radfahrern benutzt.
Wasserstellen: Breg, Brunnen am Rössleplatz.
Einkehr: Vöhrenbach und Furtwangen.
Unterkunft: Gasthof zum Ochsen, Kälbergässle 5, 78147 Vöhrenbach, Tel. +49 7727 224, ochsen-voehrenbach.de.
Tierarzt: Frauke Leuschner, Wilhelmstr. 18, 78120 Furtwangen, Tel. +49 7723 2920.
Tierbedarf: Fressnapf, Karlsruher Str. 27, 78048 Villingen-Schwenningen, Tel. +49 7721 509150.
Karte: Freizeitkarte Nr. 506, 1:50.000.

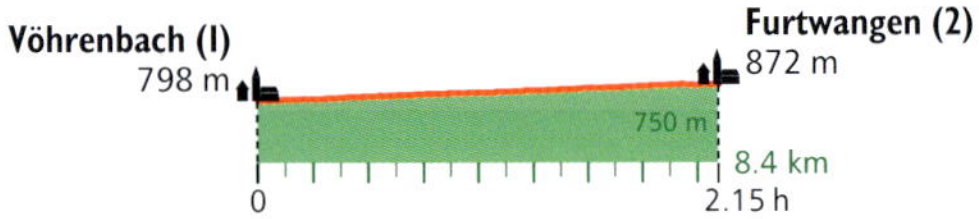

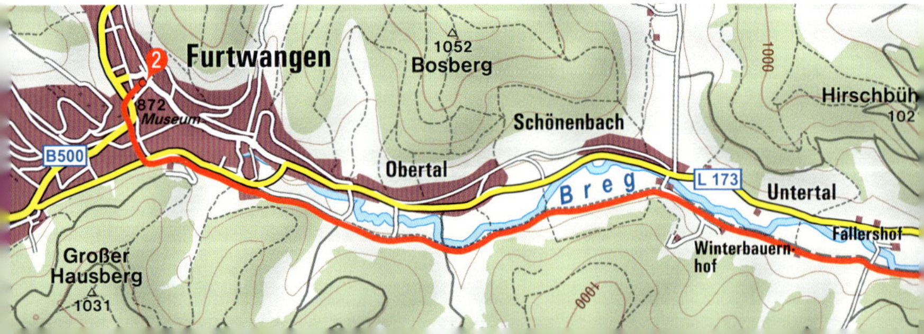

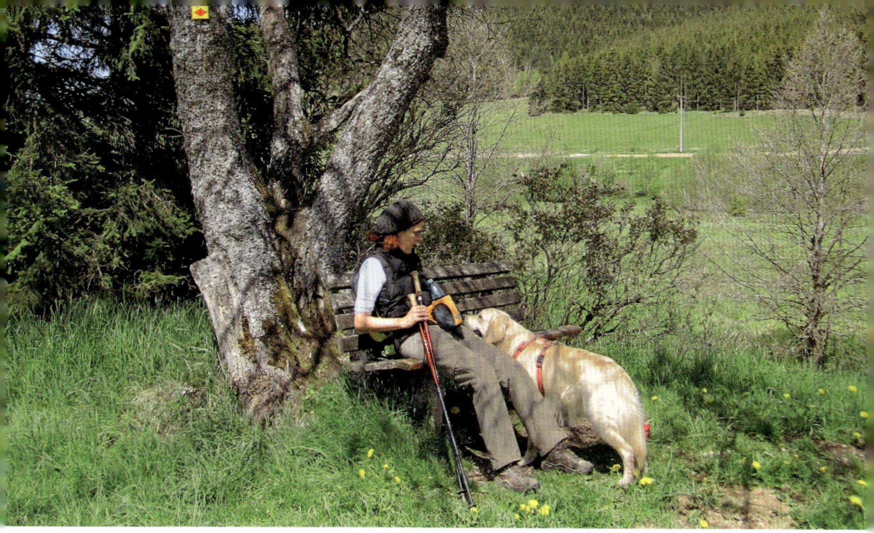

Entspannte Rast im Bregtal.

In **Vöhrenbach (1)**, 798 m, starten wir zu dieser grandiosen Talwanderung durch das liebliche Bregtal nach Furtwangen. An der Friedrichstraße, direkt bei der katholischen Kirche St. Martin wenden wir uns der Kirchstraße zu und queren bald auf dem hölzernen Kirchwegbrückle mit grandiosem Blick zum Skihang die rauschende Breg. Jetzt wandern wir auf der Bahnhofstraße rechts und danach die Schwimmbadstraße bis zum Ortsrand. Bei den Freizeitanlagen gehen wir dann den Schotterweg geradeaus weiter. Flussauf der Breg folgen wir nun dem lehrreichen und interessant gestaltetem Bienenlehrpfad und durchwandern fortan die lauschige und anmutige Flussaue. Eingebettet in eine grandiose

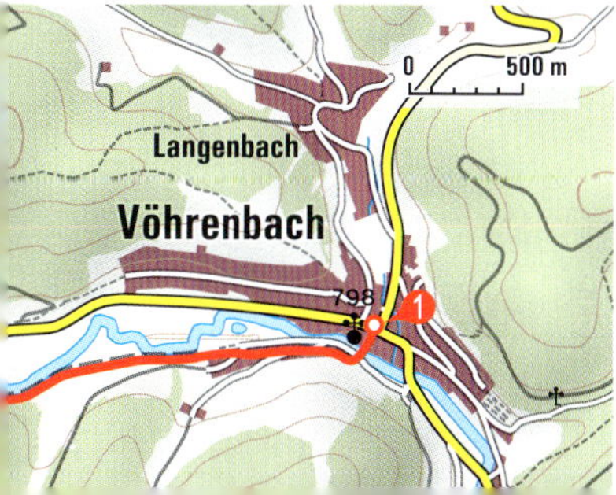

Naturlandschaft genießen wir den weiteren Wegverlauf und bestaunen dabei die alten Bauernhäuser, die hier bereits vor langer Zeit im herrlichen Bregtal erbaut wurden.
In **Schönenbach** Untertal sowie Obertal behalten wir beständig die Richtung Westen bei und wandern **Furtwangen (2)**, 872 m, entgegen, das schon bald sichtbar wird. Nach der kleinen Industriezone am Niegenhirschwald nehmen wir den Fußweg links der B500 und treffen bei der Martin-Schmitt-Straße auf den Fernwanderweg Mittelweg. Hier wenden wir uns rechts der Bahnhofstraße zu und überschreiten kurz danach die hintere Breg. Nach gut 200 Metern führt die Lindenstraße links hinüber zum Marktplatz und wir folgen der Mittelwegausschilderung vollends zum **Rössleplatz** mit seinem sehenswerten Brunnen, direkt an der Breg gelegen.
Jetzt haben wir die Qual der Wahl und entscheiden uns entweder für einen Fußmarsch auf der bekannten Strecke retour, oder nehmen den Bus zurück nach Vöhrenbach.

36 Die Acht ob Tannheim

Zur lieblichen Schwarzwaldlandschaft

Zum romantisch, verträumten Glasbächle

Fast ein jeder denkt, wenn er den Name Tannheim vernimmt, an den wunderschönen österreichischen Ferienort im Tannheimer Tal. Nein, um diesen Ort geht es hier in einem Schwarzwaldhundewanderbuch natürlich nicht, denn es gibt auch in Baden-Württemberg, am Ostrand des Schwarzwalds gelegen, ein Tannheim. Zahlreiche Bäche begleiten diese eindrucksvolle Waldwanderung, die teilweise erhabene Weitblicke zur Schwäbischen Alb zulässt. Die nicht ganz zehn Kilometer lange Wanderung besticht außerdem durch eine geringe Höhendifferenz, was betagten Hunden (und Herrschaften) zugute kommt. Auf der Wanderkarte zeigte der Routenverlauf die Form einer Acht, was dieser Tour schließlich auch den Namen gab.

KURZINFO

Ausgangspunkt: Tannheim, 736 m, beim Freibad, Busanschluss. Wohnmobile lassen sich am besten westlich des Ortes, beim Wanderparkplatz am Waldrand abstellen.
Anfahrt: Von Villingen die L181über Pfaffenweiler, oder von Donaueschingen die L180 bis Wolterdingen und L181 bis Tannheim.
Gehzeit: 2.30 Std.
Höhenunterschied: 160 m.
Anforderungen Mensch: Einfache Wanderung auf Pfaden und Wegen. Das Glasbächle wird mittels einer Steinfurt gequert (stellt aber keine großen Probleme dar).
Anforderungen Hund: Nicht nach lang anhaltenden Regenfällen erwandern. Der Rückweg verläuft entlang eines Radwegs, deshalb bitte etwas Vorsicht.
Wasserstellen: Wolfsbach, Glasbächle, Hochbrandbächle sowie weitere Bäche und Brunnen.
Einkehr: Tannheim, Spitalhöfe, Herzogenweiler.
Unterkunft: Hotel Restaurant Rindenmühle, Am Kneipp-Bad 9, 78052 VS-Villingen, Tel. +49 7721 88680, rindenmuehle.de; Lamm, Lindenbergweg 1, 78052 Tannheim-VS, Tel. +49 7705 207 (Hunde geduldet!).
Tierarzt: Dr. Adamski-Herrmann, Im Belli 56, 78086 Brigachtal, Tel. +49 7721 990190.
Tierbedarf: Fressnapf, Carl-Friedrich-Benz-Str. 7, 78073 Bad Dürrheim, Tel. +49 7726 378434.
Karte: Freizeitkarte Nr. 506, 1:50.000.

Westlich des Schwimmbads von Tannheim (1), 736 m, queren wir den Wolfsbach und behalten am Friedhof auf dem Fußweg die Richtung bei. Im Wohngebiet wandern wir die Steinhalde zur Grusibündstraße, wo wir rechts abbiegen. Im weiten Linksbogen verlassen wir den lieblichen Ort und wenden uns nach dem Bach am Waldrand rechts. Entlang des Walds passieren wir ein wasserreiches Gebiet (Wassergewinnungsanlage). Schon bald schreiten wir im Wald weiter, folgen der rote Raute auf gelbem Grund und erfreuen uns des Sommers an den unzähligen Heidelbeerfeldern, die unseren Weg säumen. Allmählich beginnt der Weg nun leicht anzusteigen. Bei der Lichtung oberhalb eines Sägewerks gehen wir zunächst links und bereits nach etwa 250 Meter rechts auf den unbefestigten Pfad in den anheimelnden Nadelwald. Hinter einem Forstweg gelangen wir bald zum romantischen **Glasbächle (2)**, 779 m, das wir abenteuerlich mithilfe einer Steinfurt überqueren. Schon allein dieses Baches wegen rentiert sich für Hunde, die sonst alltäglich eher in einem Stadtgebiet leben, diese Wanderung. Nach einem ausgiebigem Wasserbad folgen wir weiter dem herrlichen Saumpfad, der uns linker Hand zu einer großen Lichtung führt. Geradewegs wandern wir jetzt auf die **Spitalhöfe (3)**, 820 m, zu. Vor dem bäuerlichen Anwesen schwenken wir rechts und genießen einen weiten Fernblick nach Osten zur Alb hinüber. Bei der Koppel vor dem Gasthaus der Spitalhöfe führt der Wanderweg links dem Wald entgegen. Geradeaus leitet dann der Waldweg nun über den Spittelwinkel zum fast zwei Kilometer entfernten Örtchen **Herzogenweiler (4)**, 868 m, wobei wir zuvor das **Hochbrandbächle** queren.

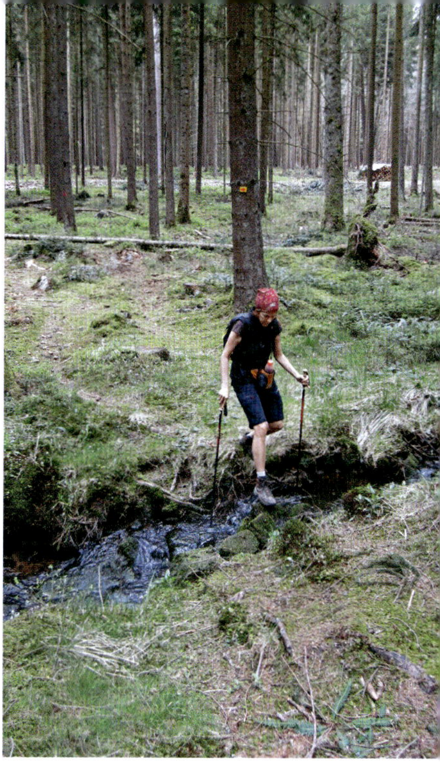

Eine Steinfurt leitet die Wanderer übers Glasbächle.

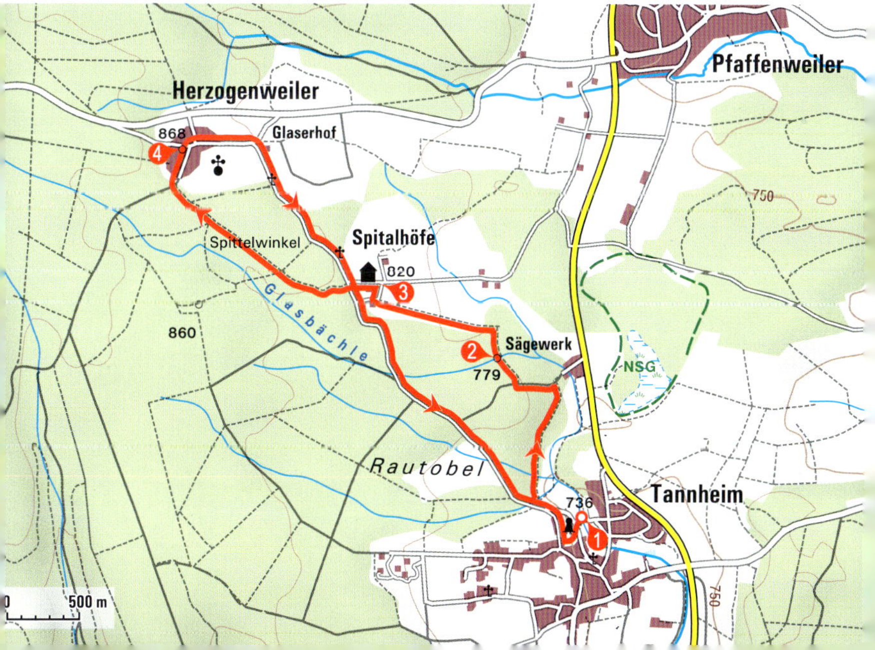

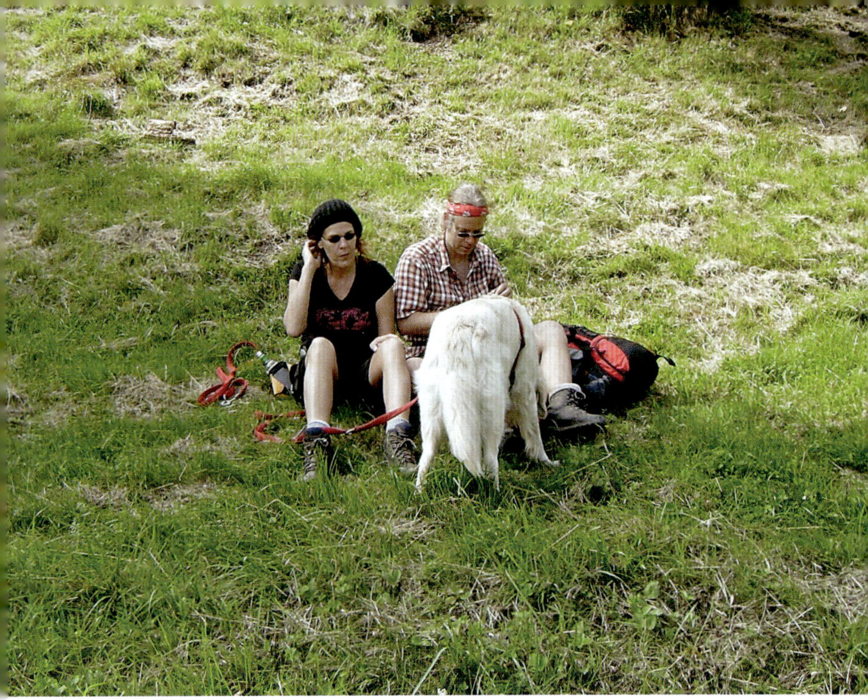

Vesperpause auf der grünen Wiese.

Nach dem Wald schwenken wir rechts und folgen der Fischerstraße zum Dorfplatz mit seinem erquickenden Brunnen. Die Glaserstraße leitet uns jetzt in östlicher Richtung aus dem Ort, und nach 400 Metern schwenken wir rechts in Richtung Glaserhof. Erneut kreuzen wir das Hochbrandbächle und setzen auf dem Spitalhofweg zunächst den Marsch am Waldrand fort. Im Wald halten wir dem breiten Weg weiter die Treue und kreuzen beim Waldaustritt unsere Hinweg-Route. Rechts der Wald und links die **Spitalhöfe (3)**, so wandern wir auf dem Sträßchen in den nahen Wald, wo wir nun erneut auch das **Glasbächle** queren. Wir halten dem Sträßchen die Treue und gelangen bei einer großen Lichtung wieder zu einem Bach. Nach einem kurzen Waldstück erkennen wir bereits wieder **Tannheim (1)** und der Rückweg zum Ausgangspunkt stellt keine Probleme dar.

Legen Sie nach Möglichkeit schon zu Hause ein altes, großes Handtuch in den Kofferraum, Ihr tropfnasser Hund sowie der möglicherweise drei Tage zuvor frisch ausgesaugte Fahrzeuginnenraum Ihrer Karosse werden es Ihnen der Sauberkeit wegen mit Sicherheit danken.

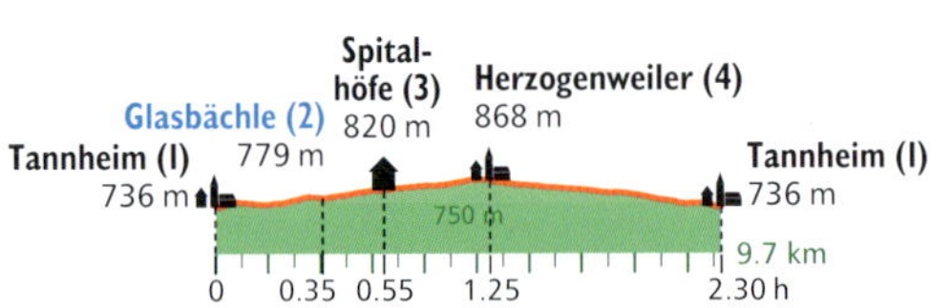

37

Auf dem Kandel

Gipfelglück mit Alpenblick

Hinauf zum höchsten Gipfel des mittleren Schwarzwalds

Zwischen der Orgelstadt Waldkirch und St. Peter liegt das mächtige Bergmassiv des Kandel. Die Bergeshöhe liegt beinahe stolze 1000 Meter höher als das Elztal; wohl deshalb wird diese Gipfelrunde an heißen Sommertagen (auch von Hunden) meist als angenehm empfunden. Des Weiteren führt über den Kandel eine großartige Panoramastraße, die in ihrer Streckenführung und Steilheit keinen Vergleich mit einem Alpenpass scheuen muss. Zahlreiche Biker (mit und ohne Motor) toben sich regelmäßig zahlreich auf der kurvigen Strecke aus, die sich in den letzten Jahren zu einem regelrechteren Spielplatz der Tollkühnheit und einer leider oft viel zu rasant befahrenen Strecke entwickelt hat.

KURZINFO

Ausgangspunkt: Berggasthaus Kandelhof, 1200 m, Parkplatz, Busanschluss.
Anfahrt: Die Passstraße (L 186) hinauf oder von Waldkirch mit Bus 7273 auf den Kandel.
Gehzeit: 2.30 Std.
Höhenunterschied: 390 m.
Anforderungen Mensch: Aufgrund der Höhe ist es einiges kälter als im Tal.
Anforderungen Hund: Angenehme Wege. Wassermitnahme erforderlich.
Wasserstellen: Mehrere Bäche an der Kandel Südostseite.
Einkehr: Gummenhofhütte (teilbewirtet), Berghotel Kandel, Kandelhof.
Übernachtung: Berggasthaus Kandelhof, Kandel 1, 79271 St. Peter, Tel. +49 7660 2500000, kandelhof.de.
Tierarzt: Tierarztpraxis Bretzinger, Winterbachstr. 13, 79286 Glottertal, Tel. +49 7684 90890.
Tierbedarf: Zoo Fachmarkt Billet, Hauptstr. 231, 79211 Denzlingen, Tel. +49 7666 8195.
Karte: Freizeitkarte Nr. 505, 1:50.000.

Auf der baumfreien Hochebene des sagenumwobenen **Kandel (1)**, 1200 m, starten wir auf der **Sattelfläche** und **Passhöhe** diese herrliche Höhenwanderung. Nach dem Berghotel gehen wir für 100 Meter weit rechts und folgen anschließend dem Kandel-Höhenweg halb links über freies Feld. Dabei wandern wir an saftig grünen Viehweiden entlang hinüber zum Kreuzacker. Anschließend passieren wir bei einem kleinen Wald, am **Kaibeloch (2)**, 1186 m, einen Gleitschirmfliegerstartplatz. (Hier biegen wir beim Rückweg hinab.) Im angrenzenden Wald schreiten wir dann beim **Rohrallmend** zu einem Forstweg leicht abwärts und biegen wenig später nach links. Hier finden wir im Tan-

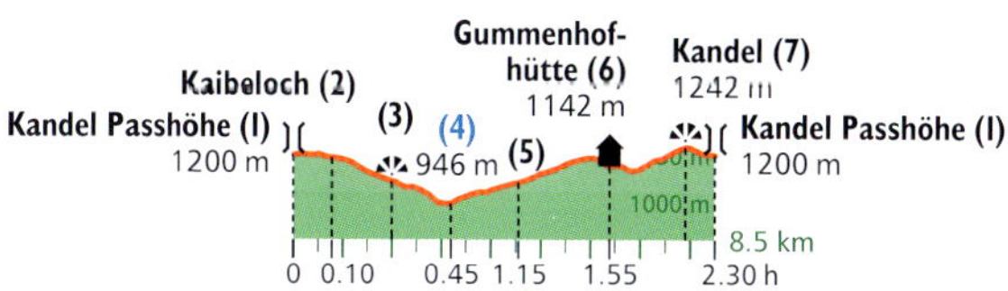

nenwald neben dem knorrigen Wanderpfad ungezählte Heidelbeeren und gelangen im weiteren Verlauf zu der Lichtung **Am Kandelberg (3)**, 1062 m. Bei einem herrlichen Ausblick kann sich Ihr Hund auf der Wiese so richtig austoben. Wir wandern über die Wiese hinab zu dem lichten Buchenwald und schreiten dann oberhalb des Berghäusle nach links. Rechts erkennen wir jetzt den bekannten Schwarzwaldort St. Peter mit seiner markanten Kirche, dahinter den alles überragenden Feldberg sowie bei klarer Sicht die majestätisch wirkenden, schneegekrönten Alpengipfel. Beim **Disselhäusle**, 1036 m, wenden wir uns links in den Wald und schreiten nach fünf Minuten scharf rechts, dann kreuzen wir nach links einen Forstweg. Sehr steil geht es jetzt hinunter zum **Albersbach (4)**, 946 m, wo wir ausgiebig mit dem treuen Vierbeiner spielen können. Nach der Planschpause wenden wir uns hier, ohne den ländlich idyllisch gelegenen Ort **Dreier** zu besuchen, wieder unserem Abstiegsweg zu, den wir jetzt mühevoll hinaufsteigen. Beim Forstweg wenden wir uns jetzt rechts und wandern nun nur noch leicht steigend Richtung Norden. Mehrere kleine Wasserläufe queren wir hier, und nach der kleinen Lichtung **Lochmatte** wenden wir uns dem linken, unauffälligen Waldweg zu. Dieser bringt uns nach gut 600 Metern leichter Steigung zur **Schwärhütte**, 1058 m, die direkt an der Schwarzwald-Panoramastraße, der L186, liegt. Hier wenden wir uns links dem breiten Naturweg zu und wandern in mittelbarer Nähe zur Straße durch den Wald wieder zum Wegetreff **Rohrallmend**. Wir gehen nun für 150 Meter in nordwestlicher

Unterhalb des Kaibeloch finden wir eine herrliche Liegewiese vor.

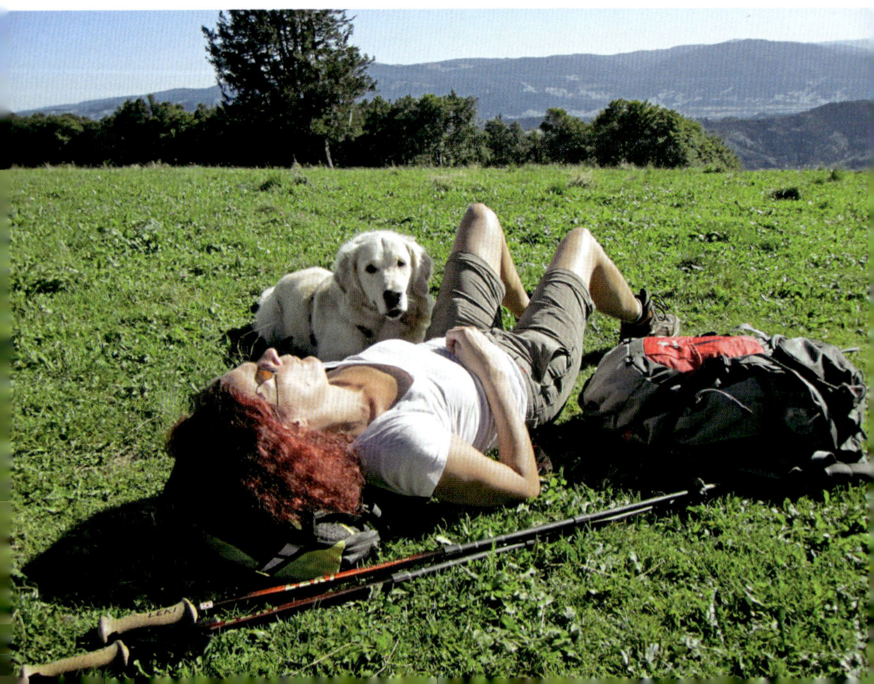

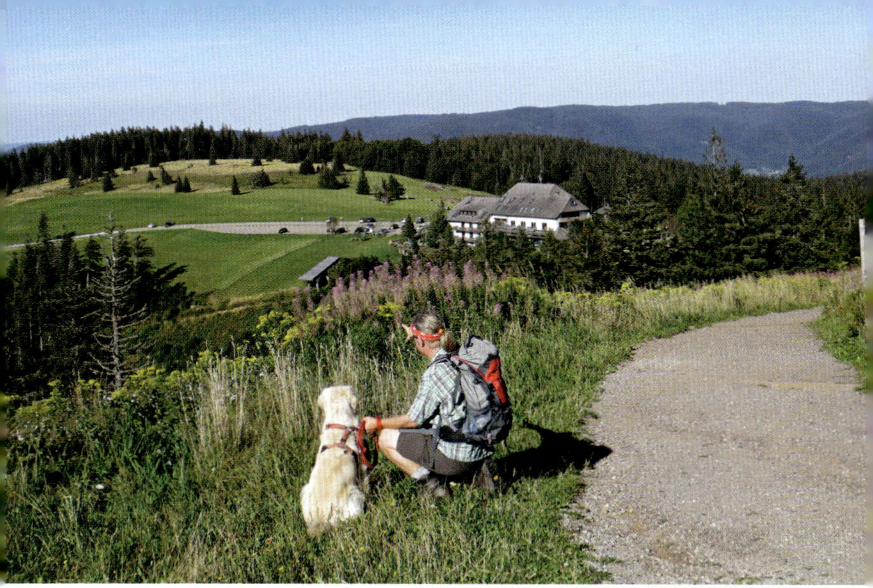

Blick zur Kandelpasshöhe.

Richtung und biegen dann beim **Kaibeloch**, wie schon zuvor erwähnt, links ab, hinab zur Wiese, die als Gleitschirmfliegerstartplatz dient. Dabei erfreuen wir uns am herrlichen Panorama. Bald schon gelangen wir zur teilbewirtschafteten **Gummenhofhütte (6)**, 1142 m, dann wandern wir in nordwestlicher Richtung durch den Wald, immer wieder an Gesteinsbrocken und Felsen vorbei, hinüber zum **Hoschgetkreuz**, 1132 m, wo wir rechts abbiegen. Nach wenigen Minuten gelangen wir ans Hesstelsele beim Kandelfelsen. Hier wenden wir uns zum finalen Schlussanstieg Richtung Süden. Der Wanderweg führt uns rasch aus dem Wald heraus, an Borstengraswiesen vorbei, hinauf zur herrlichen **Aussichtspyramide** des **Kandel (7)**, 1242 m.

Von dem weitläufigen Rundblick lassen wir uns faszinieren und sind beeindruckt von der einzigartigen Schönheit des Schwarzwalds. Unser Fernblick schweift im Norden weit über den Mittelschwarzwald. Im Osten in Richtung Schwäbische Alb, im Westen nach Frankreich zu den Vogesen und im Süden (bei klarer Sicht) bis hin zu den Schneeriesen der Schweizer Alpen. An Weiden vorbei wandern wir nun in ländlicher Idylle wieder hinunter zur **Kandelpasshöhe (1)** und dem Berghotel Kandel. Etwas weiter unterhalb der Kirche liegt der Kandelhof, beide Gastwirtschaften bieten jetzt Erfrischungen für erholungsbedürftige Wanderer.

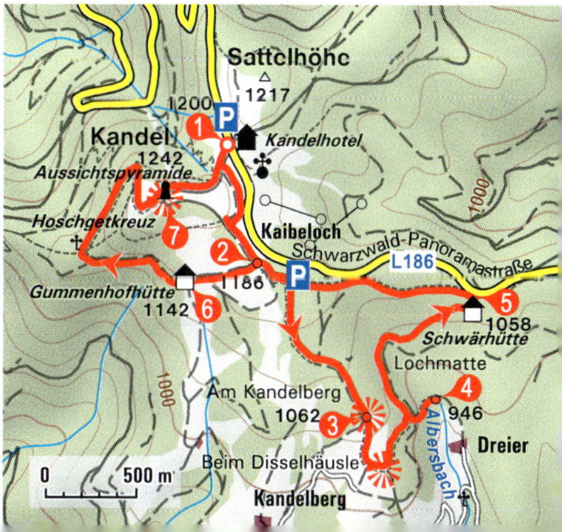

38 Rothaus-Runde

Sieben Quellen und Dr. Brinkmann

Zur Braustätte des »Tannenzäpfle«

Kristallklares, weiches Brauwasser aus sieben Quellen in 1000 Meter Höhe und gewisse Zutaten machen das Rothaus-Bier so wohlschmeckend, so die Werbung der bekannten Brauerei. Ja, diese Höhenwanderung führt uns durch eine wasserreiche Gegend, und glauben Sie mir, das »Wasser« ist nicht nur für den Menschen gut, nein, es schmeckt auch ganz besonders dem Vierbeiner. Der nicht nur durch das Bier bekannt gewordene Ort wird vom Gebäudekomplex der Staatsbrauerei dominiert. Das »Hüsli« in Rothaus wurde durch die TV-Arztserie »Die Schwarzwaldklinik« bekannt, es war damals das »Wohnhaus von Professor Dr. Brinkmann«; das wunderhübsche »Hüsli« gilt schlichtweg als Musterschwarzwaldhaus, so wie man es sich eben vorstellt.

KURZINFO

Ausgangspunkt: Rothaus, 972 m, Parkplatz, Busanschluss.
Anfahrt: Rothaus liegt zwischen dem Schluchsee und Bonndorf im Schwarzwald.
Gehzeit: 3.30 Std.
Höhenunterschied: 320 m.
Anforderungen Mensch: Herrliche Höhenwanderung.
Anforderungen Hund: Durch die wasserreiche Landschaft leidet der Hund keinen Durst. Am Tourenschluss wandert man kurz an einer Straße entlang.
Wasserstellen: Steina, sowie mehrere Bächlein und Brunnen.
Einkehr: Rothaus und Sommerau.
Unterkunft: Brauereigasthof Rothaus, Rothaus 2, 79865 Grafenhausen, Tel. +49 7748 5229600, brauereigasthof-rothaus.de.
Tierarzt: Dr. K. Schnellbach und S. Schreiber, Schweizer Str. 5, 79848 Bonndorf, Tel. +49 7703 933955.
Tierbedarf: Fressnapf, Hauptstr. 30, 79822 Titisee-Neustadt, Tel. +49 7651 939493.
Karte: Freizeitkarte Nr. 509, 1:50.000.

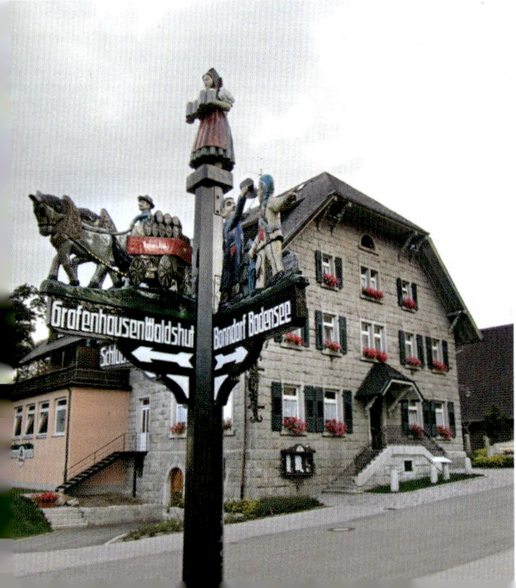

Bei der **Brauerei** in **Rothaus (1)**, 972 m, beginnen wir diese wunderschöne Tour, indem wir uns zunächst vom Parkplatz des Bierherstellers zum Kreisverkehr halten und von dort den Weg links hinüber zum beliebten Fotomotiv »Hüsli« weiter wandern. Ein Fußweg führt uns dann im nahen Wald zu einem Forstweg, auf dem wir links entlangschreiten und nach 10 Minuten einen Bach queren. Etwa einen halben Kilometer danach halten wir

Der berühmte Brauereigasthof von Rothaus.

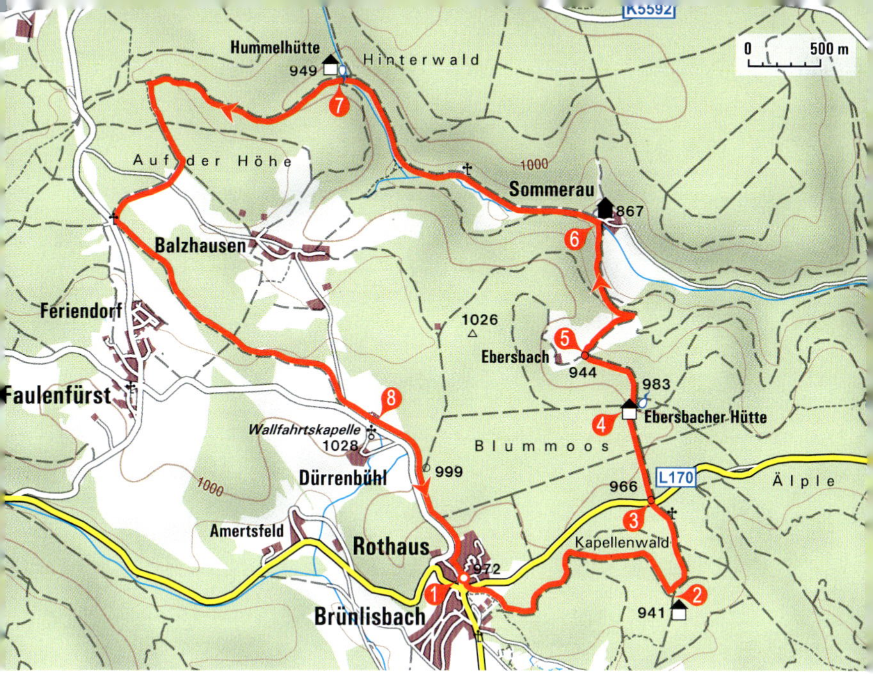

uns am Wegetreff östlich, durchwandern den lieblichen Kapellenwald und schreiten nach dem dritten Bach südöstlich zu einer **Lichtung (2)**, 941 m, mit Hütte. Hier treffen wir auf einen Forstweg, dem wir nun nach links folgen. Am nächsten Abzweig gehen wir abermals links, halten fortan dem Weg die Treue und queren dann nach etwa 15 Minuten die **Landstraße L 170 (3)**, 966 m. Jenseits der Straße gelangen wir im Wald bald in eine wasserreiche Gegend, kreuzen einen weiteren Weg und erreichen danach die **Ebersbacher Hütte (4)**, 983 m, mit ihrem Brunnen. Zunächst behalten wir nun die nördliche Wanderrichtung bei und folgen dem unbefestigten Waldweg zur wunderschönen Lichtung **Ebersbach (5)**, 944 m. In einer großzügigen Schleife gehen wir anschließend durch einen kleinen Wald, danach setzen wir am Waldrand die Wanderung nach **Sommerau (6)**, 867 m, fort. Hier können wir uns im Gasthaus wohltuend erfrischen und treffen linker Hand auf die **Steina**. Ein angenehmer Weg leitet jetzt beständig steigend durch das herrliche Steinatal, wo wir die **Hummelhütte (7)**, 949 m, Bach und Brunnen passieren. Weiter entlang der romantischen Steina kreuzen wir bald das Winkelbächle und treffen nach gut einer Viertelstunde auf die Markierung des **Fernwanderwegs Mittel-**

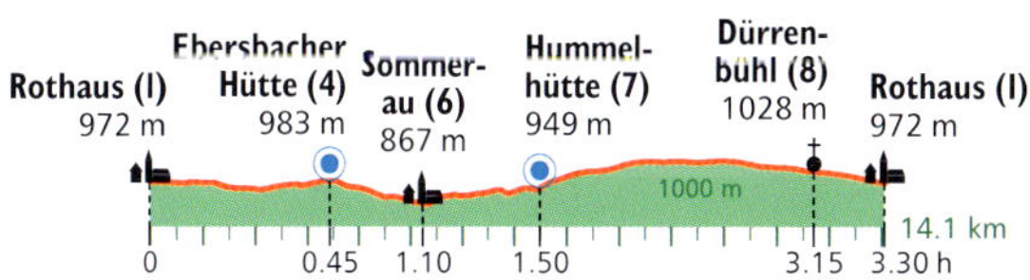

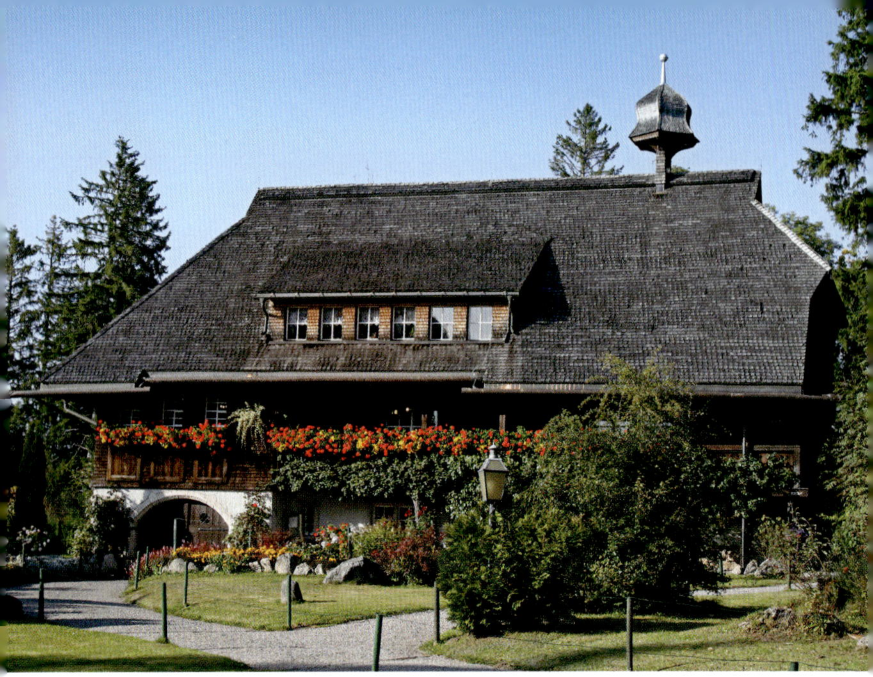

Das Hüsli war in der Schwarzwaldklinik Dr. Brinkmanns Haus.

weg. Hier biegen wir links ab zur Holzbrücke über die Steina. Auf wurzeligem Waldboden wandern wir durch dichten Tannenwald, wo sich nun beidseits riesige Heidelbeerfelder ausbreiten. Wir queren einen Weg und biegen »Auf der Höhe«, 1100 m, bei einer Holzhütte rechts ab, dort wandern wir entlang einer großen Grünfläche. Von hier aus gehen wir über einen Teerweg

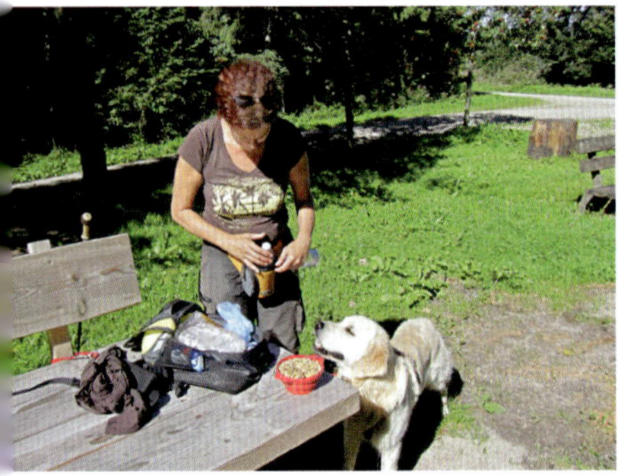

und gerade weiter auf dem Heitermoosweg bis zu einem Bildstock. Gegenüber einer Fahrstraße bietet sich eine Schutzhütte zur Rast an, wir aber wenden uns vor der Straße links dem Forstweg zu und folgen dem Verlauf einer Fernwasserleitung. Rechts zurückblickend erhaschen wir einen flüchtigen Blick auf das stattliche Feldbergmassiv. Nach einem kürzeren Waldstück genießen wir den weiten Blick auf die herrlichen Schwarzwaldberge. Der Wanderweg bringt uns in einem Rechtsbogen zu einer Straßenkreuzung und wir folgen dem Straßenverlauf nach Südosten. An der kreideweißen **Wallfahrtskapelle Dürrenbühl (8)**, 1028m, vorbei gelangen wir entlang grüner Wiesen wieder nach **Rothaus (1)**.

Endlich gibt es wieder was zu futtern.

Vom Titisee zum Feldberg

39

Wo der Schwarzwald am höchsten ist

Hinauf zum »Höchsten« des Schwarzwalds

Die Überschreitung des Feldberges lässt uns nicht nur den höchsten Schwarzwaldgipfel erklimmen, sondern ebenso auch den höchsten Berg der deutschen Mittelgebirge. Diese Tour ist aufgrund ihrer Länge sowie der Höhendifferenz die Königsetappe dieses Buches und darf deswegen für Mensch sowie Tier keinesfalls unterschätzt werden!

KURZINFO

Ausgangspunkt: Titisee, 857 m, Bahn- und Busanschluss.
Wohnmobilabstellmöglichkeit: In Titisee schwierig, deshalb kann der Rundkurs ab dem Feldbergpass oder dem Bahnhof Bärental begangen werden, hier bessere Möglichkeiten.
Anfahrt: Titisee-Neustadt liegt am Straßenknoten B 31, B 317 und B 500.
Gehzeit: 9 Std.
Höhenunterschied: 1480 m.
Anforderungen Mensch: Sehr anstrengende Tour, lange Tageswanderung.
Anforderungen Hund: Nur ausdauernde Hunde auf dieser kilometergewaltigen Tour! Die Bahnrückfahrt von Bärental nach Titisee erspart 6,5 km.
Wasserstellen: Immer wieder kreuzen Bäche den Weg.
Einkehr: Titisee, Oberzarten, St. Wilhelmer Hütte (abseits), Todtnauer Hütte, Feldbergpasshöhe, Bärental und Gasthaus Seegrube.
Unterkunft: Gästehaus Wald und See, Alte Poststr. 14, 79822 Titisee-Neustadt, Tel. +49 7651 8389, waldundsee.de; Pension Bergseeblick, Erlenweg 3, 79822 Titisee-Neustadt, Tel. +49 7675 9294440, bergseeblick.com.
Tierarzt: Heinz Mayer, Seebachstr. 76, 79822 Titisee-Neustadt, Tel. +49 7651 8302.
Tierbedarf: Fressnapf, Hauptstr. 30, 79822 Titisee-Neustadt, Tel. +49 7651 939493.
Karte: Freizeitkarte Nr. 508 und 509, 1:50.000.

Im Kurort **Titisee (1)**, 857 m, folgen wir bei der Westweggabelung der roten Raute zur Westvariante. Wir schreiten den Fußweg zum See hinab und wenden uns rechts dem Uferweg durch den Kurpark zu. Am Strandbad geht's entlang der Fahrstraße, die kurz darauf überquert wird. Nach dem Ortsschild weist die Markierung rechts bergauf und rasch gelangen wir zu ein paar Häusern. Wir erreichen bald den Campingplatz Bühlhof und wandern oberhalb von diesem in den Wald. Jetzt kann der Hund endlich getrost von der Leine.

Am Abzweig halten wir uns links und erreichen den **Bühlberg**, 965 m. Hier gehen wir links entlang einer Lichtung und nach fünf Minuten bei einem Steinkreuz rechts, in den schattenspendenden Wald. Steinmanderl zeigen uns den Weg hinauf zur **Kesslerhöhe**. Einige Minuten später sehen wir die mächtige **Skisprungschanze (2)**, 995 m, von Hinterzarten und genießen am Scheibenfelsen den Talblick auf den Kurort. Ein schmaler Fußweg führt uns links hinab zu einem großen Wegetreff zum Landhaus Färber, wo wir den Hermann-Dischler-Pfad wei-

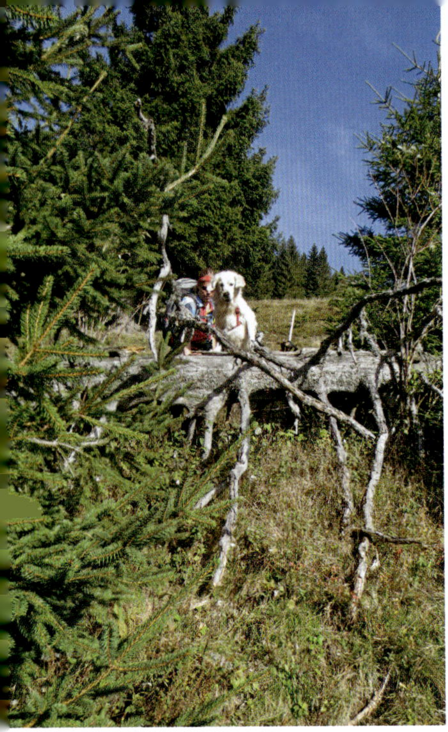

Ein alter Baumstamm liegt quer und versperrt den Weg.

terwandern. Bald kreuzen wir einen Privatweg und gelangen auf schmalem Waldpfad in die Kesslerhalde, wo ein Schotterweg links zu dem ruhigen Ort **Oberzarten (3)**, 918 m, führt. Hinterm Kesslerhof verlassen wir die Fahrstraße scharf links zu der Straße Am Kesslerberg. Dann nimmt uns am Hotel Sonnenberg ein berganführender Waldweg (Emil-Thoma-Weg) auf und in 10 Minuten erreichen wir einen kleinen verträumten See, wo der Hund kurz baden kann. Entlang des Waldrands genießen wir den Blick auf herrliche Blumenwiesen und wandern dann auf teils steinigem Grund an größeren Felsbrocken vorbei. Im Stuckwald setzen wir rechts versetzt über einen Forstweg und folgen weiter der Markierung, bis wir in gleichbleibender Richtung in einen breiten Waldwirtschaftsweg münden, den wir bereits drei Minuten später nach rechts verlassen. Fünf Minuten danach biegen wir links in einen Waldweg ein und folgen geradeaus einem weiteren. Inmitten der Waldstille wandern wir jetzt fast eben zur Lichtung **Häuslebauer (4)**, 1080 m. In voller Pracht breitet sich das Feldbergmassiv vor uns aus und lässt erahnen, welche Anstrengung bevorsteht. Nach dem Bauernhof geht's beim Wegetreff links und ein breiter Weg führt in südwestlicher Richtung zur schmucken Landratshütte. Hinter einer Schranke gelangen wir wieder in den Forst und zehn Minuten später zum **Sägenbach (5)**, 1052 m, den wir auf dem Rufensteg überschreiten.

Der Rufenholzweg leitet zur großen Wegspinne Rufenholzplatz, wo wir geradeaus und an der folgenden Gabelung rechts marschieren. Jetzt beginnt der Feldberganstieg. Wilder Naturwuchs säumt den Wegesrand und wir kreuzen im Seewald nach einem 15-minütigem Marsch links versetzt einen Forstweg. Ein schmaler Steig bringt uns weiter in die Höhe und das Gelände wird zunehmend sumpfiger, fast so, wie wir es von der Grindenlandschaft des Nordschwarzwaldes kennen. Nach gut 20 weiteren Minuten bergauf sehen wir links in der Tiefe den Feldsee liegen. Über Stock und Stein wandern wir durch den Naturpark Feldberg zum Wegetreff Unterm Grüble, wo wir die Richtung beibehalten. Die Vegetation ähnelt immer mehr der einer alpinen. Nach einer kräftigen Steigung wird der Pfad zunehmend flacher und beim Waldaustritt sehen wir die baumlosen Wiesenhänge des Feldberges vor uns. Der Wegverlauf über den **Grüb-**

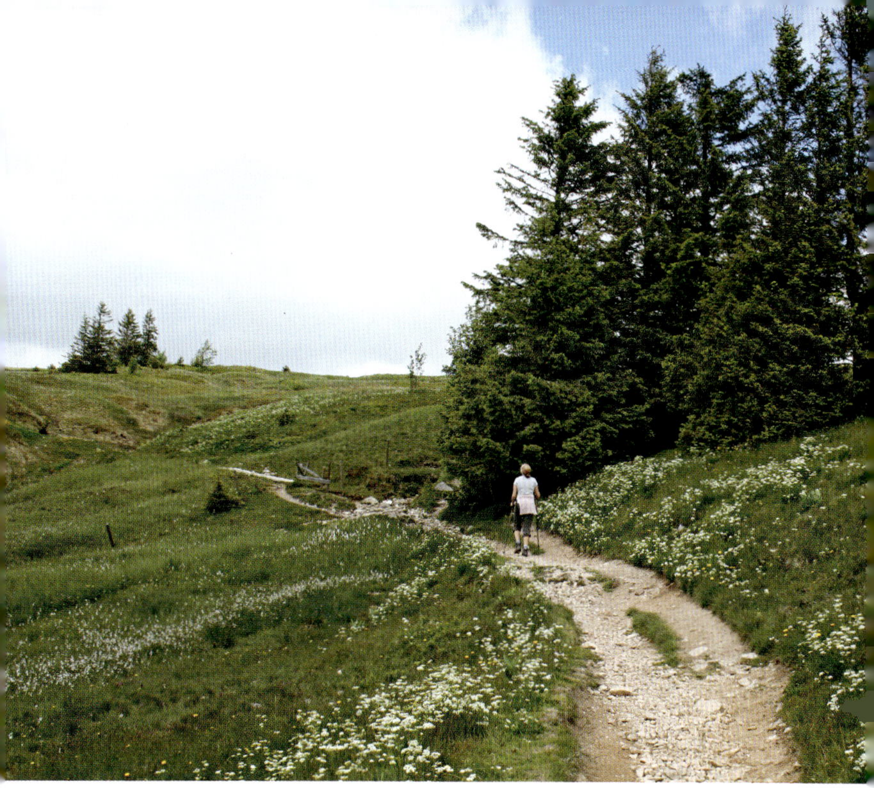

Der Weg steigt an zum Feldberg.

lesattel (6), 1415 m, zum Feldberggipfel ist selbsterklärend. Der viel besuchte **Feldberggipfel (7)**, 1493 m, belohnt mit einer großartigen Rundsicht, die bei klarem Wetter sogar bis zu den Alpen reicht. Vom Gipfel gehen wir etwa wieder 100 Meter retour und biegen rechts hinab, zunächst in Richtung der St. Wilhelmer Hütte, verlassen aber im Abstieg den Westweg und wandern mit herrlicher Aussicht ins Wiesental zur ebenso romantischen **Todtnauer Hütte (8)**, 1315 m, hinab, die wir auf dem Pfad in gut 10 Minuten erreichen.

Unterhalb des mächtigen Feldberggipfels treffen wir hier auf den Schwarzwaldradweg und wandern links durch wasserreiches Gebiet. Beständig oberhalb der Baumgrenze gelangen wir unterhalb des Seebuckgipfels. Kurz nach einem kleinen Waldstück verlassen wir den Radweg und ein Wanderpfad bringt uns halb rechts zur etwa 15 Minuten entfernten **Feldbergpasshöhe (9)**, 1233 m. Wir wenden uns links und passieren entlang der B317 bald die Menzenschwander Hütte. Am **Caritashaus** biegen wir rechts und erfreuen uns bald an dem sagenhaften Blick ins Menzenschwandertal. Nach der Hochkopfhütte wandern wir leicht steigend durch ein Hochmoor zur Aussichtskanzel **Zweiseenblick (10)**, 1292 m, wo sich ein großartiger Blick zum Titisee, Schluchsee und das Umland bietet. Jetzt folgen wir weiter der

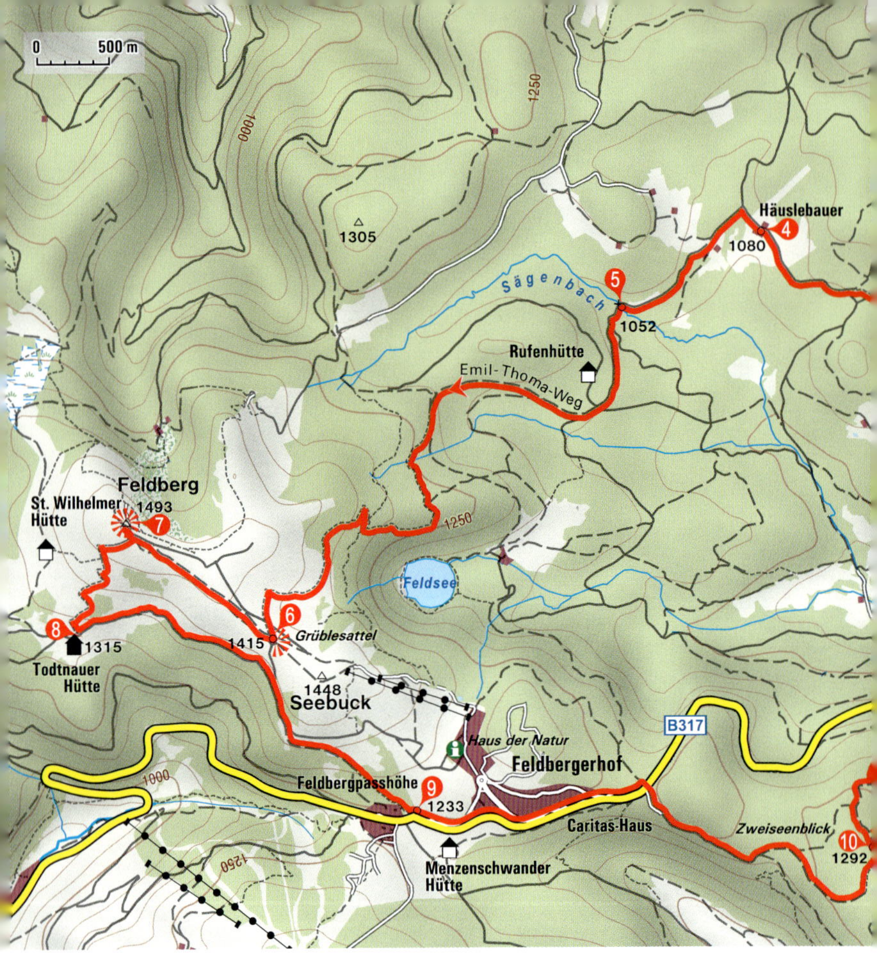

roten Raute, passieren die Wegpunkte Hirschbader und Happ und wandern entlang der Wiesen zu dem Ort Bärental. Nach der Straßenunterführung erreichen wir auf dem Fußweg durch den Park den **Bahnhof Bärental (11)**, 967 m. Bereits ermüdete Wanderer können jetzt ab hier mit Bahn oder Bus nach Titisee fahren. Wanderfreudige aber folgen dem breiten Waldweg hinab zum Seeufer, das wir fast nach einer Dreiviertelstunde erreichen.

Wir durchschreiten auf dem Teerweg mehrere Campinganlagen und am **Gasthaus Seegrube** wäre nun eine kleine Rast möglich. Hinter einer Schranke wandern wir entlang des Uferwegs und von links hinten grüßt über das blaue Wasser nochmals der mächtige Feldberg herüber. Während wir dem bunten Treiben auf dem See unsere Beachtung schenken, vergeht die Zeit wie im

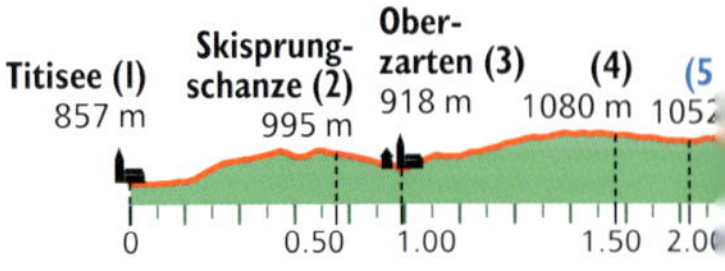

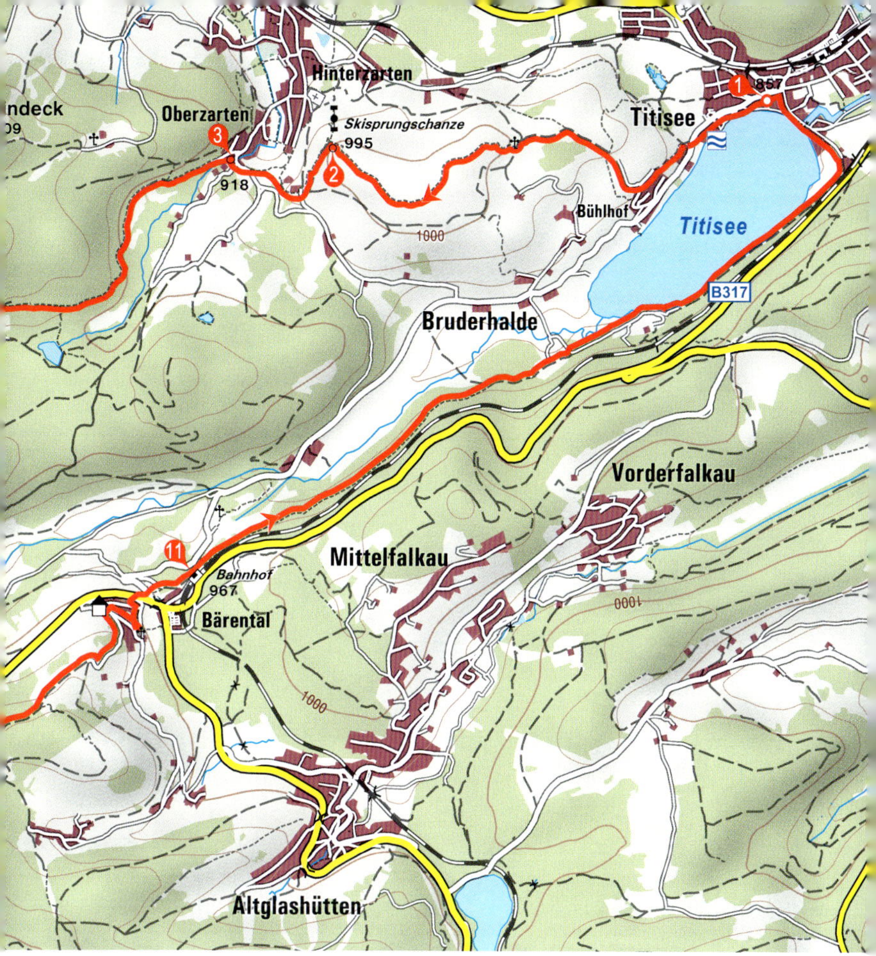

Fluge und wir gelangen bald zum Hotel Seehof. Wir biegen links ab, und zahlreiche Souvenirläden mit Kuckucksuhren, Krimskrams sowie allerlei Andenken und Mitbringsel bedienen hier mächtigst das Schwarzwälder Tourismusklischee. Am Nordufer des Sees könnten wir uns jetzt sogar die Zeit mit einer lustigen Schifffahrt vertreiben und dabei die ermüdeten Beine entspannen. Die Seestraße führt uns aber weiter durch die lebhafte Fußgängerzone und wir erreichen bald wieder unseren Ausgangspunkt in **Titisee (1)**.

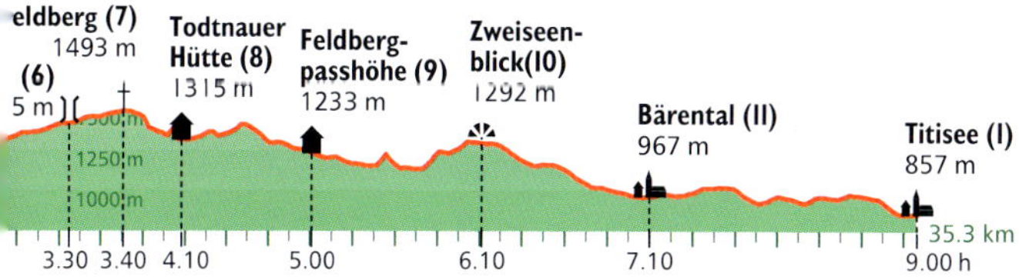

40 Hinauf zum Belchen

Belchen – der »schönste Schwarzwaldberg«

Gipfelglück mit Fernblick

Zwar könnte man den Auf- und Abstieg zum Belchenhaus mit einer Gondelfahrt der Bergbahn verkürzen, aber dann hätte der Gipfelrundkurs nur noch eine Länge von anderthalb Kilometern. Auch könnte man den Aufstieg auf einem Bergweg verkürzen, doch wir haben uns heute für die gemütliche Variante, der ehemaligen Belchenhöhenstraße entschieden. Falls Ihr Hund noch sehr jung ist, wäre allerdings die Bergbahnvariante zu empfehlen.
Vor allem an klaren Spätsommertagen besticht der Belchengipfel durch seine gigantische Fernsicht, die zu den schönsten ihrer Art im Schwarzwald zählt. Die schneegekrönten Alpengipfel des Hauptkamms erscheinen wie eine aufgereihte Perlenkette; und dieser Vergleich stimmt sogar in gewisser Weise, denn die schier ungezählten Gipfel sind wirklich wahre Perlen der Natur.

KURZINFO

Ausgangspunkt: Talstation der Belchenbahn, 1052 m, Parkplatz. Für Wohnmobile: Parkplatz beim Wiedener Eck oder Talstation des Lifts.
Anfahrt: A5 Ausfahrt Bad Krozingen, Staufen, Münstertal. Am Wiedener Eck rechts in Richtung des Belchen.
Gehzeit: 2.30 Std.
Höhenunterschied: 610 m.
Anforderungen Mensch: Einfache Gipfeltour auf guten Wegen.
Anforderungen Hund: An Schönwettertagen durchaus sehr viele Menschen. Wassermitnahme ist erforderlich.
Wasserstellen: Rübgartenbächle und Belchenhaus.
Einkehr: Belchenhaus.
Unterkunft: Belchenhotel Jägerstüble, Obermulten 3, 79677 Aitern, Tel. +49 7673 888180, belchenhotel.de.
Tierarzt: Kleintierpraxis Dr. Nicole Hemmer, Bromenackerweg 62, 79576 Weil am Rhein, Tel. +49 7621 162771.
Tierbedarf: Fressnapf, Klosterrunsstr. 4, 79379 Müllheim, Tel. +49 7631 9370310.
Karte: Freizeitkarte Nr. 508, 1:50.000.

Gott sei Dank wurde die Belchenhöhenstraße für den motorisierten Verkehr gänzlich gesperrt, sodass wir ohne Einschränkung auf dem

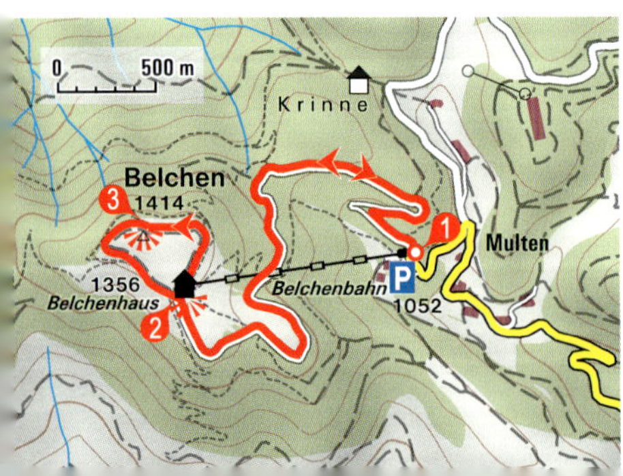

einstigen Sträßchen zum Belchen hinaufwandern können. Wir beginnen die Wanderung am großen Parkplatz der **Belchenbahn Talstation (1)**, 1052 m, und folgen hinter der Gondelbahn dem Weg nach Nordwesten. Anfangs begleitet uns das Rübgartenbächle, dann folgen wir den Windungen des einstigen Sträßchens und unterqueren dabei nach gut einer halben Stunde die Seilbahn, dann fällt unser Weg kurz leicht ab. Der Weg zum stattlichen **Belchenhaus (2)**, 1356 m, steigt

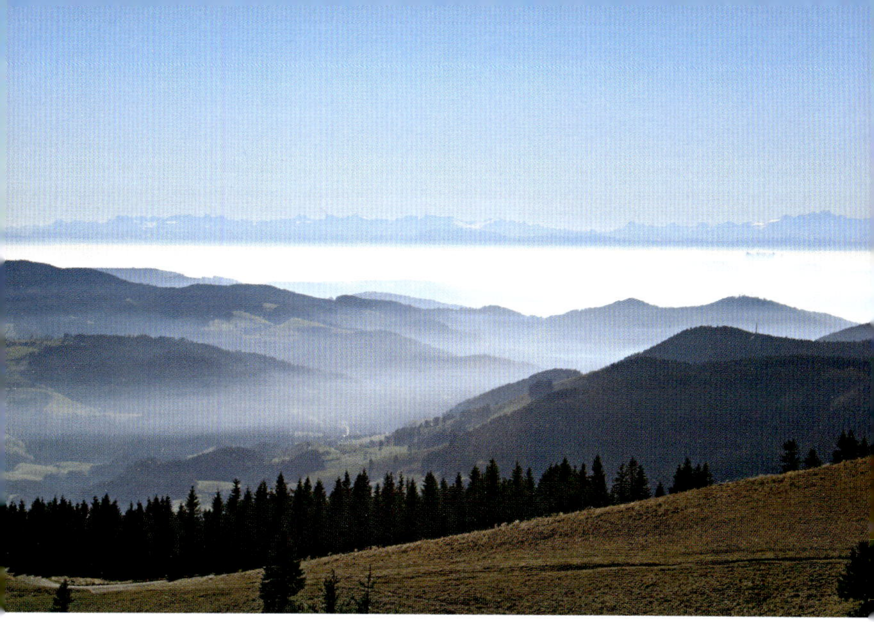

Alpenblick vom Belchen.

auf der baumfreien Fläche aber noch einmal kräftig an. Vor dem Bergrestaurant treffen wir jetzt auf den bekanntesten Schwarzwälder Fernwanderweg, den **Westweg**. Wir wenden uns nach rechts und folgen der roten Raute hinüber zur Gipfelstation der Bergbahn.

Oberhalb der Baumgrenze kann es gut sein, dass uns auf dem jetzt beinahe ebenen Bergpfad rucksacktragende, schweißtriefende Westwegwanderer entgegen wandern, die haben schon einen kräftezehrenden Anstieg vom Wiedener Eck in den Beinen. Dort wo der Westweg rechts hinab in den Wald geht, wenden wir uns links dem Aufstieg zum **Belchengipfel (3)**, 1414 m, zu. Eine recht karge Landschaft erwartet uns hier oben, die eine der grandiosesten Fernsichten des Schwarzwalds zulässt. Der weite Blick reicht bei klarer Sicht bis zu den Alpen. Nach dem Gipfelglück folgen wir weiter dem Bergweg und gelangen auf dem Rundkurs wieder zurück zum **Belchenhaus (2)**. Bevor wir uns wieder auf die Socken zum Abstieg machen, gönnen wir uns jetzt nach Möglichkeit eine entspannte Rast in dem Berggasthaus. Wundern Sie sich hier oben nicht, wenn Sie sandalen- oder stöckelschuhbesohlte Bergtouristen antreffen, aber die moderne Seilbahntechnik macht dies eben möglich … Da der Abstieg auf dem Anstiegsweg erfolgt, erfordert er an dieser Stelle keine weitere Beschreibung.

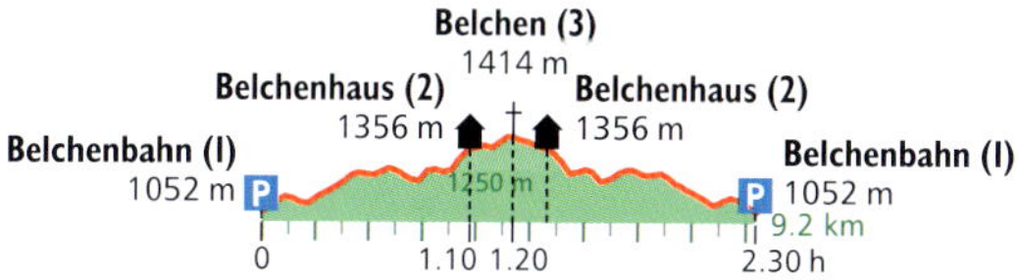

41 Am Schluchsee

Fast topfebene Traumtour

Badespaß im Schluchsee, dem größten Schwarzwaldsee
Auf dem Uferweg umrunden wir den Nordwestzipfel des herrlich gelegenen Schluchsees und finden beim Unterkrummenhof eine zünftige Einkehr vor. In einer superschönen Aussichtslage genießt man auf der Terrasse eine gutbürgerliche Küche, die den Wünschen des hungrigen Wanderers bestens gerecht wird. Da fast die gesamte Wegstrecke entlang des Schluchseeufers verläuft, kommen wasserliebende Hunde bei dieser Tour ebenfalls voll auf ihre Kosten.

KURZINFO

Ausgangspunkt: Bahnhof Unteraha, 936 m. Wohnmobile kann man am Straßenrand bei Oberaha abstellen.
Anfahrt: A5, Freiburg-Mitte, B31 bis Titisee und B500 zum Schluchsee; A81, Donaueschingen, und B31 bis Titisee und B500 zum Schluchsee.
Gehzeit: 2.15 Std.
Höhenunterschied: 80 m.
Anforderungen Mensch: Wunderschöne und leichte Wanderung.
Anforderungen Hund: Kaum Steigung, auch geeignet für junge und alte Hunde. Wegen der hohen Lage und des vielen Wassers, ist die Tour auch an warmen Frühlings- und Herbsttagen recht angenehm.
Wasserstellen: Schluchsee und mehrere Seebäche.
Einkehr: Unterkrummenhof (Mo. Ruhetag, aber nicht von Juni bis September).
Unterkunft: Hotel Jägerhof, Dresselbacherweg 6, 79859 Schluchsee, Tel. +49 7656 254; Schwarzwaldhotel-Restaurant Adler, St.-Fridolin-Str. 15, 79837 Häusern, Tel. +49 7672 4170, adler-schwarzwald.de.
Tierarzt: G. Schwarte, Bühlhofweg 6, 79822 Hinterzarten, Tel. +49 7652 981551.
Tierbedarf: Schwarzwaldhund, Freiburger Str. 1, 79853 Lenzkirch, Tel. +49 7653 2424166, schwarzwaldhund.de.
Karte: Freizeitkarte Nr. 509, 1:50.000.
Hinweis: Aufgrund der Rechtsverordnung über die Benützung des Schluchsees und seines Ufers (§ 5 Satz 12) ist zu beachten, dass das Baden von Tieren im Schluchsee in der Zeit von 01.06. bis 15.09. eines jeden Jahres untersagt ist.

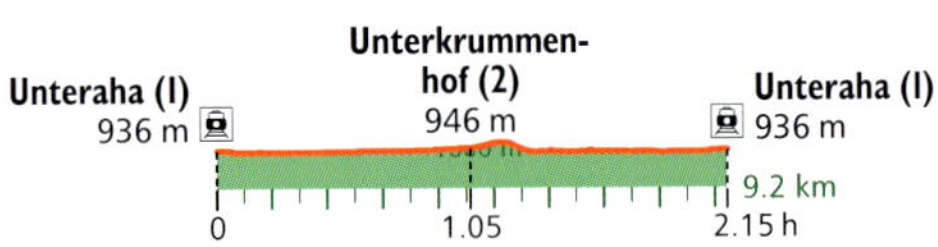

Bei der Bahnhaltestelle von **Unteraha (1)**, 936 m, beginnen wir diese Wanderung, die uns am Westufer des Schluchsees zunächst am Wellnesshotel Auerhahn vorbeiführt. Bereits wenig später unterqueren wir die meist viel befahrene B500 hin zu einem Bootsanlegeplatz und schreiten dann den Uferweg rechts weiter. Wunderschön schlängelt sich jetzt der Weg entlang des Schluchseeufers und wir blicken zu den liebevoll mit Blumen geschmückten alten Bauernhäuser von Oberaha. Am westlichen Ende des Sees überqueren wir einen gut begehbaren

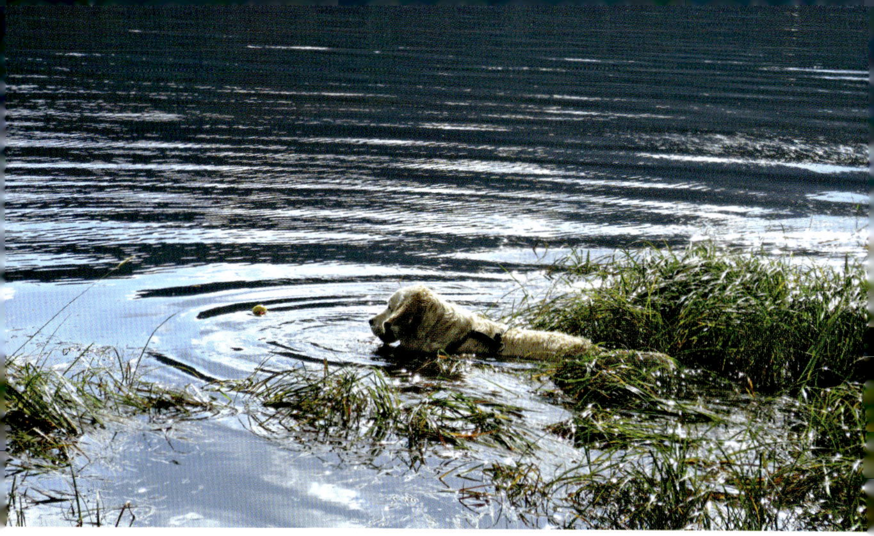

Baden im Schluchsee erfrischt ungemein.

Damm. Zahlreiche Badebuchten laden uns, sowie auch den badefreudigen Hund, an warmen Frühlings- und Herbsttagen immer wieder zur Abkühlung ein. Wir folgen, von Wald und kristallklarem Wasser begleitet, beständig dem sogenannten Seerundweg sowie der Schluchtensteigmarkierung und gelangen, nachdem wir an der Wegeverzweigung Waldmatt links abgebogen sind, bequemen Fußes zum rustikalen **Unterkrummenhof (2)**, 946 m. Der alte Schwarzwaldhof aus dem Jahre 1788 liegt wie gemalt inmitten einer weiten Lichtung und gibt einen exzellenten Seeblick preis. Eine zünftige Einkehr bietet sich hier geradezu an. Auf der aussichtsreichen Terrasse kann man leckere Gerichte, die vom deftigen Vesper über diverse Eintöpfe bis hin zum hausgemachten Kuchen reichen, genießen. Nach der Einkehr biegen wir mit dem Gasthaus im Rücken halb links ab, wandern in Richtung Nordosten bergan und verlassen für kurze Zeit schlagartig den Schluchseetourismus.

Entlang herrlich grüner Wiesen steigen wir die Allee empor und wenden uns nach etwa 500 Metern am Waldrand rechts. Ein breiter Forstweg geleitet uns wieder hinab zum Wegetreff Waldmatt, zuvor aber queren wir noch einen kleinen Bach, was den durstigen Vierbeiner bestimmt freuen wird.

Der Rückweg erfolgt auf der bereits bekannten Route des Herwegs und bedarf keiner weiteren Erklärung mehr, außer den Tipp: Nehmen Sie, oder Ihr Hund nochmals ein erquickendes Bad.

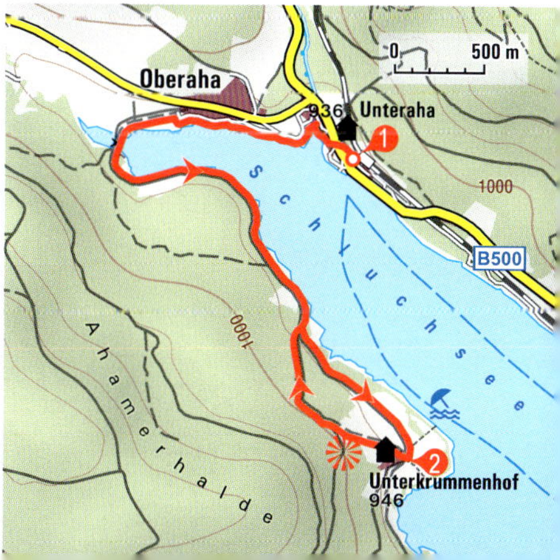

42 St. Blasien und das Muchenland

Herrlicher Hochschwarzwald

Zwischen St. Blasien und dem Schluchsee

Zweifelsohne ist das hübsche Kurstädtchen St. Blasien vor allem durch den mächtigen, ja fast majestätisch wirkenden Dom weithin bekannt. Die Lichtung des bezaubernden Hochtals Muchenland hingegen erfreut sich bei Weitem nicht der Popularität St. Blasiens oder gar des Schluchsees, wenngleich es geografisch gesehen zwischen beiden liegt.

Zahlreiche Bächlein quert dieser Rundkurs, der dabei auf knapp über 1200 Höhenmeter aufsteigt. Bedingt durch die relativ große Meereshöhe ist diese Tour auch an den etwas wärmeren Tagen gut wanderbar, jedoch sollte man trotzdem den kumulierten Tagesanstieg berücksichtigen. Wandern Sie deshalb diese Tour nicht an einem heißen Sommertag, Ihr Hund wird es Ihnen danken!

KURZINFO

Ausgangspunkt: St. Blasien, 756 m, Parkplätze meist gegen Gebühr, Busanschluss. Keine Wohnmobilabstellmöglichkeit im Ort, besser außerhalb!

Anfahrt: Vom Schluchsee die B500 nach Häusern und von dort die Landstraße nach St. Blasien.

Gehzeit: 5.15 Std.

Höhenunterschied: 700 m.

Anforderungen Mensch: Langer, anstrengender Rundkurs. Die Windbergschlucht sollte nach starken Regenfällen oder zur Schneeschmelze gemieden werden, ein Forstweg leitet ebenso nach St. Blasien hinab.

Anforderungen Hund: Viele Forstwege.

Wasserstellen: Zahlreiche Bäche und Krummenkreuzbrunnen.

Hinweise & Hundetipps: Relativ lange und anstrengende Tour, Ihr Hund sollte fit sein.

Einkehr: St. Blasien und Blasiwald-Althütte (etwas abseits).

Unterkunft: Pension Villa Waldeck, Albtalstr. 41, 79837 St. Blasien, Tel. +49 152 59526662, villawaldeck.de; Gästehaus Bernhardt, Hasenmatt 3, 79837 St. Blasien, Tel. +49 7672 2132, gaestehaus-bernhardt.de.

Tierarzt: Tierarztpraxis Rüger, St. Paulerstr. 12, 79837 St. Blasien, Tel. +49 7672 3410068.

Tierbedarf: Tiernahrung Eckert, Auweg 27, 79761 Waldshut-Tiengen, Tel. +49 7751 3030.

Karte: Freizeitkarte Nr. 509, 1:50.000.

In dem hübschen Kurstädtchen **St. Blasien (1)**, 756 m, gehen wir gegenüber des mächtigen Doms entlang der Alb die Hauptstraße nach Nordwesten. Am Abzweig folgen wir der Muchenländer Straße und halten dieser bis zum Wald die Treue. In mittelbarer Nähe zur Wohngegend folgen wir dem Forstweg und erreichen bald das Wildgehege und passieren dann das Wildgehegebächle. Nach 600 Metern entscheiden wir uns am Abzweig für den nördlichen Weg. Dieser leitet über die Neuhäuser Halde zum **Neuhäuserbächle (2)**, 900 m, wo wir einen Forstweg queren. Im weiten Rechtsbogen umwandern wir jetzt ständig im Wald den Kuhkopf und erreichen nach gut 25 Minuten das Geisbächle, das wir auf dem **Eselsbrückle (3)**, 973 m, kreuzen. Dann

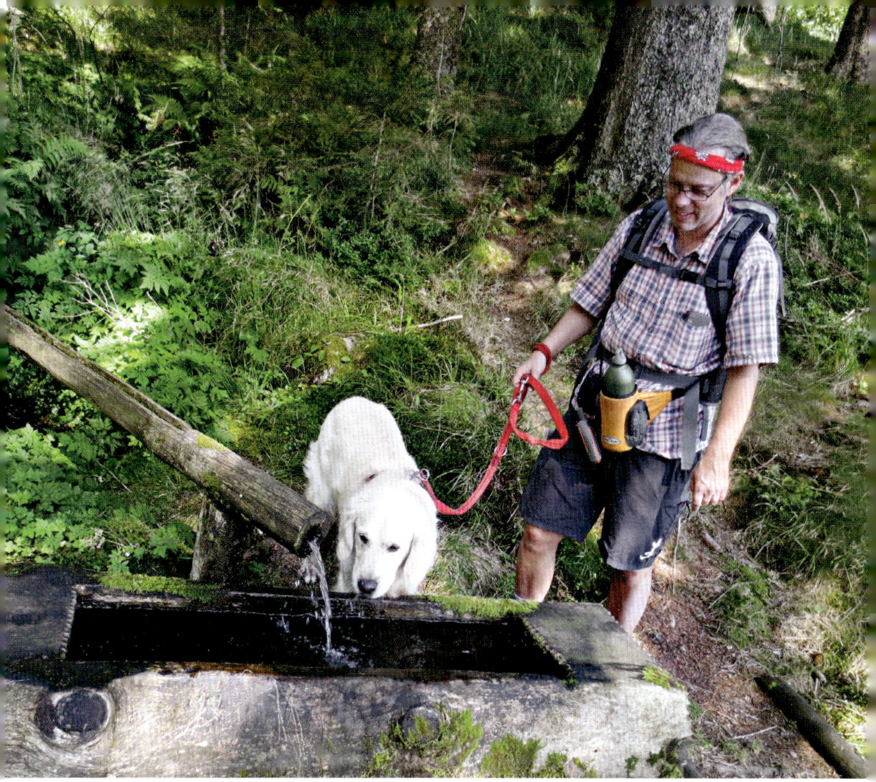

Und immer wieder lockt das Wasser ...

schreiten wir auf dem Forstweg zur 100 Meter entfernten Lichtung mit Hütte. Hier bleiben wir auf dem Waldwirtschaftsweg, kreuzen mehrere Bächlein und wandern erneut im weiten Rechtsbogen, dieses Mal jedoch um den Steppberg. Erst nach 2,5 Kilometern verlassen wir in einer Lichtung den Forstweg nach links, und folgen einem weiteren Forstweg, dabei erreichen wir eine stattliche Höhe von etwa 1200 m. Dieser Forstweg bringt uns jetzt eine Dreiviertelstunde lang immer mehr in wasserreiches Gebiet, dabei verlieren wir wieder konstant an Höhe. Schließlich treffen wir auf die Markierung des Schluchtensteigs und wandern auf dem Muchenländerweg vollends hinab zur ehemaligen Krummensäge, wo sich der treue Vierbeiner im **Krummenbach (4)**, 1065 m, ausgiebig erfrischen kann. Nach dem Badespaß steigen wir

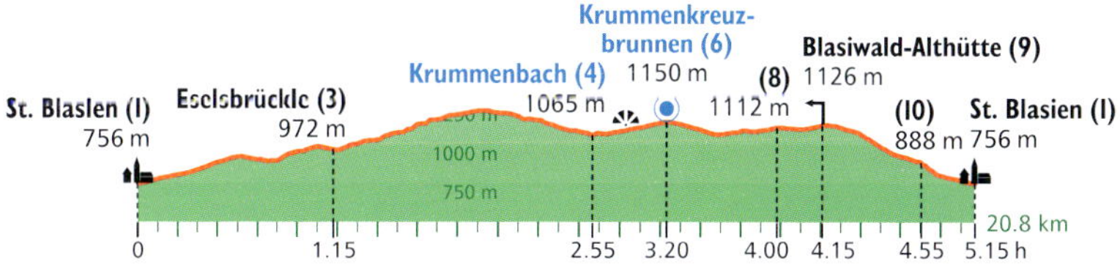

entgegen der Abstiegsroute wieder für 200 Meter bergan zum bereits bekannten Wegetreff. Wir biegen links ab und erfreuen uns bald bei einer Lichtung an dem traumhaften **Blick zum Schluchsee (5)**, 1094 m, dann wandern wir weiter empor. Oben auf dem Berg angekommen erfrischen wir uns bei der Krummenkreuz-Hütte mit dem erfrischenden Nass des **Krummenkreuzbrunnens (6)**, 1150 m. Nach 200 Metern gehen wir halb rechts leicht hinab, 600 Meter später beim Wegetreff links und passieren kurz darauf einen weiteren Brunnen. Zur rechten Seite öffnet sich die malerisch gelegene Lichtung **Muchenland (7)**, 1090 m, mit weit zerstreut liegenden Häusern. Hier finden wir sie noch, die heile Welt – Schwarzwaldidylle pur! Wir folgen dem Teerweg

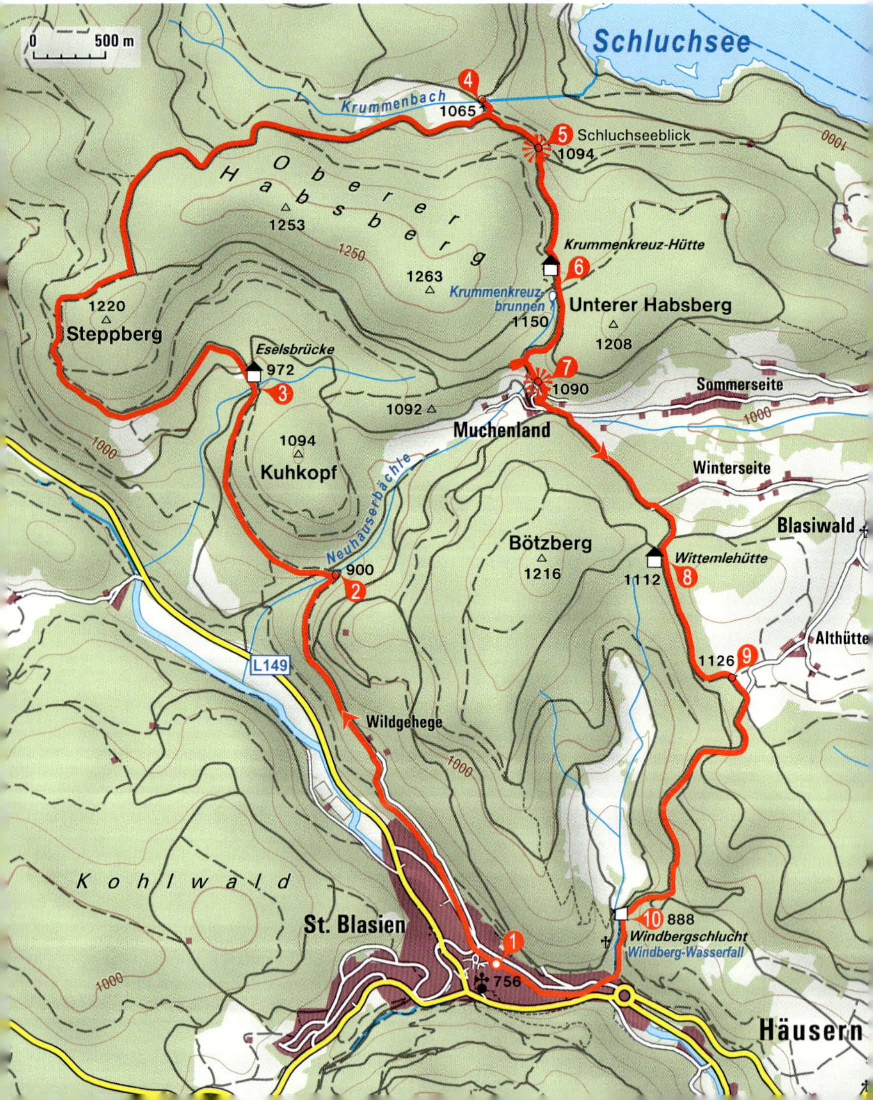

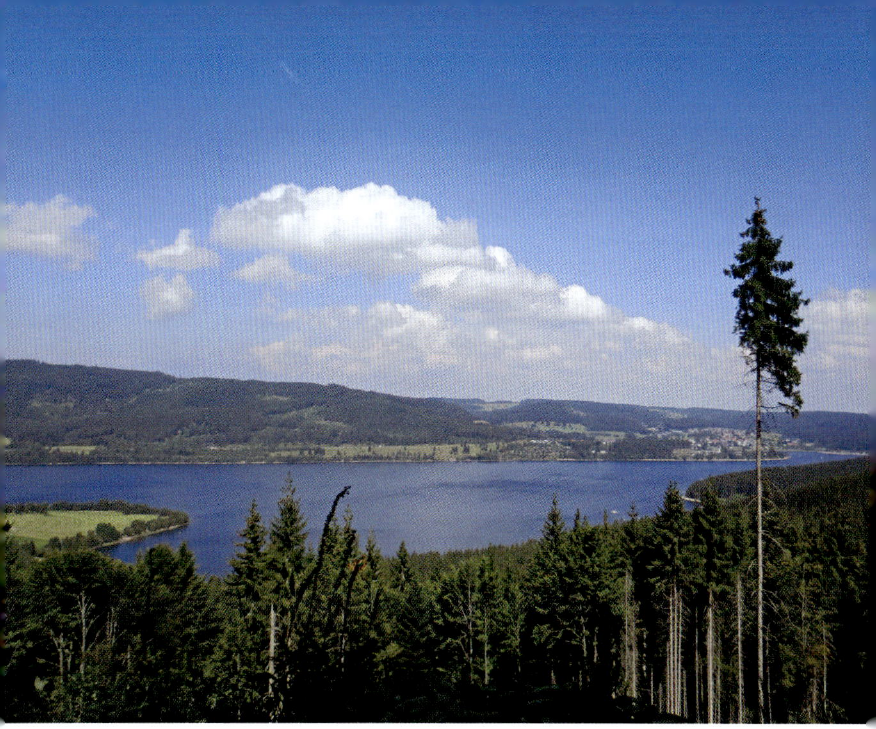

Gigantische Aussicht am Schluchseeblick.

entlang der Lichtung und gehen beim Wanderparkplatz rechts versetzt hinter einer Schranke bergan. Bevor uns der Wald wieder aufnimmt, erfreuen wir uns am Blick ins liebliche Hochtal »Sommerseite«. Der breite Weg führt in 15 Minuten zum Abzweig Wittemle, wo wir uns vom Schluchtensteig abwenden und geradeaus zur **Wittemlehütte (8)**, 1112 m, weiterwandern. Der breite Waldweg leitet konstant nach Süden und bei der Gabelung halten wir uns links. Schon bald treffen wir oberhalb von **Blasiwald-Althütte (9)**, 1126 m, beim Parkplatz am Waldrand, auf den Fernwanderweg Mittelweg. Diesen verlassen wir nach Kurzem bereits wieder bei der Sandgrube, 1080 m. Jetzt folgen wir geradeaus dem Forstweg und halten uns an der kommenden Gabelung rechts. Der steile Abstieg auf dem alten Blasiwalderweg geht Mensch wie Tier mächtig in die Knie. Kurz nach der **Sandbodenhütte** und dem Windbergbächle biegen wir links und gehen nach 100 Metern scharf links zum **Windberg-Wasserfall** in die **Windbergschlucht (10)**, 888 m, hinab. Wildromantisch schlängelt sich der Pfad durch den Taleinschnitt und wechselt abwechslungsreich auf Holzbrücken mehrmals die Uferseite. Über Stock und Stein folgen wir dem Wildbach, bis wir rechts die ersten Häuser erkennen. Ein Fußweg leitet ins Wohngebiet und wir leinen unseren Hund nun besser wieder an. Entlang der Alb gelangen wir rasch wieder ins Zentrum des heilklimatischen Kurortes **St. Blasien (1)** mit seinem mächtigen Dom.

Stichwortverzeichnis

Impressum

Titelbild: Zwei Freunde auf einer Blumenwiese vor der Kulisse des Feldbergs.
Bild Seite 1: Posieren im Kleinen Enztal.

Fotos:
Foto S. 122: Tourist Information Haslach.
Alle übrigen 126 Fotos vom Autor und von Heidi Maria Kuhnle.

Der Autor:
Martin Kuhnle ist seit Jahren im Schwarzwald unterwegs und kennt seine Heimat wie seine Westentasche. Als Musikerzieher betreibt er gemeinsam mit seiner Ehefrau Heidi Maria eine Musikschule und bietet Lagerfeuer-Gitarrenkurse und Wanderseminare mit Lichtbildervortrag an. Auf dem YouTube-Kanal »Wanderkult mit Martin Kuhnle« gibt es regelmäßig Clips und Videos rund um das Thema Wandern.
www.martin-kuhnle.de

Kartografie:
42 Wanderkarten im Maßstab 1:50.000
Geodaten © OpenStreetMap und Mitwirkende
Kartografisches Design: Freytag & Berndt, www.freytagberndt.cz
Übersichtskarten im Maßstab 1:2.000.000 und 1:800.000
© Freytag & Berndt, Wien

2., aktualisierte Auflage 2023

ISBN 978-3-7633-3388-2

MIX
Papier aus verantwortungsvollen Quellen
FSC® C021956

Liebe Wanderfreunde!
Alle Angaben dieses Buches wurden vom Autor nach bestem Wissen recherchiert und vom Verlag mit größtmöglicher Sorgfalt überprüft. Für die Richtigkeit der Angaben kann jedoch – soweit gesetzlich zulässig – keine Haftung übernommen werden.
Wir bitten dafür um Verständnis und freuen uns über jede Anregung und Berichtigung zu diesem Rother Wanderbuch:

Rother Bergverlag · Keltenring 17 · D-82041 Oberhaching
E-Mail: leserzuschrift@rother.de
Tel. +49 89 608669-0 · Fax 608669-69
Besuchen Sie uns im Internet: rother.de